없이 계시는 하느님

없이 계시는 하느님

: 절대자에 대해 동양적 사고로 이해하기

2022년 4월 1일 처음 찍음
2022년 10월 17일 두 번째 찍음

지은이 | 윤정현
펴낸이 | 김영호
펴낸곳 | 도서출판 동연
등 록 | 제1-1383호(1992. 6. 12)
주 소 | 서울시 마포구 월드컵로 163-3
전 화 | (02)335-2630
전 송 | (02)335-2640
이메일 | yh4321@gmail.com

ISBN 978-89-6447-767-0 93200

없이 계시는

절 대 자 에 대 해 동 양 적 사 고 로 이 해 하 기

하느님

윤 정 현 지 음

동연

추 천 의 글

세계 신학계에서는 서구 전통에 따라서 신론을 전개했다. 그런데 동방의 현자 다석 류영모多夕 柳永模(1890~1981)는 유가의 태극太極, 불가의 공空, 도가의 무無 등 동방 사상에 유념하여 신론을 전개했으므로 그의 신론은 동양인들에게 친숙하게 다가온다. 윤정현 신부님은 동양적 사고로 궁극적 실체를 성찰한 다석의 신론을 주제로 2003년 7월 영국 버밍엄대학교에서 신학박사 학위를 받았고, 이제 그 논문을 우리말로 펴내기에 나의 느낌을 몇 마디 보탠다.

다석 선생이 20년간(1955. 4. 26.~1974. 10. 28.) 쓴 『다석일지』, 다석이 종로2가 기독청년회관에서 행한 강의 1년치 속기록(1956. 10. 17.~1957. 9. 13.) 등 다석 연구의 1차 문헌이 제대로 출판되기 전에 박사학위 논문을 쓰느라 노고가 이만저만이 아니었을 것이다.

다석은 하느님을 단의적이 아니고 다의적으로, 일의적이 아니고 상보적으로 본 나머지 "없이 계시는 하느님"이라는 표현을 즐겨 쓰셨다. 하느님은 긍정적 ▢ 부정적 차원, 인격적 ▢ 비인격적 차원, 초월적 ▢ 내재적 차원을 아우르는 임이라는 말씀이다. 다만 다석은 긍정적 차원보다는 부정적 차원(空)을 선호한 나머지, "공과 함께 어울려 논다"(與空配享)는 시편을 자주 읊었다.

다석 선생과 윤정현 신부님의 영향으로 신론이 동양적 사고로 일신되기 바란다. 구린 치즈 냄새나는 서구 신론이 구수한 된장 냄새를 풍기는 동방 신론으로 변모하기를 두 손 모아 빈다. 윤 신부님의 노고에 깊이 감사하면서, 신심을 가꾸려는 이들에게 일독을 당부한다. 다석 선생의 심오한 신론을 우리 겨레와 온누리에 밝혀주신 윤정현 박사 신부님께 영광 있으라!

전 다석학회 회장
정양모 합장

　이 책은 영어로 쓰인 박사학위 논문을 번역 출간한 것이다. 자신
이 썼던 논문을 거의 20년이 지난 후 한글로 번역하여 출간하는 전
과정은 학위 논문을 또 하나 쓰는 만큼이나 지난한 일이었을 듯싶다.
필자 역시 학위 논문을 번역 출간코자 했으나 뜻을 이룰 수 없었기에
한국 독자를 위한 노고에 경의를 표한다. 번역하는 과정에서 영어로
표현키 어려웠던 다석의 뭇 개념에 설명이 보충되고 세심한 풀이가
더해졌을 것인바, 다석을 배우려는 독자들로서는 큰 은혜를 입은
셈이다.

　이 책이 뜻깊은 것은 다석 사상을 외국에 소개한 최초의 박사학위
논문이라는 사실에 있다. 주지하듯 박사학위 논문은 치열한 논리를
세워 자신의 학문적 입장을 설득해 나가는 과정의 산물이다. 우리말
로도 쉽지 않은 다석의 생각을 영어로 풀어내고자 엄청난 고생을
하였을 것이다. 이후 외국에서 다석을 연구하는 이들은 윤 신부님
덕에 어렵지 않은 길을 걷게 되었다. 한국을 대표하는 세계적 사상가
로 자리매김된 만큼 다석 사상이 더 많이 기독교 서구에 소개되길
바란다.

　그간 필자는 윤 신부님과 스치듯이 여러 차례 만난 적이 있었다.
피차 멀리서 서로의 활동을 지켜보며 언젠가는 깊이 만날 것을 예감
했었다. 그러던 중 지난여름 고창군립도서관에서 다석의 "도덕경

풀이"를 이끌던 신부께서 필자와 이은선 교수를 연이어 초대하여 말할 기회를 주셨다. 두 차례 그의 고향인 고창을 방문했고, 신부님 거처에서 잠을 잤으며, 살아온 이야기를 보고 들었고, 함께 지역 명소를 찾는 등 소중한 만남을 이뤘다. 한 미혼모가 맡긴 어린아이를 할아버지가 돌보는 모습이 아름답게 느껴졌다. 가는 곳마다 아이를 데리고 다니며 시간에 맞춰 우유를 타 먹이는 자상한 할아버지, 바로 그가 윤정현 신부였다. 본인이 몸소 지어 거주하던 움막도 살펴보았고 앞으로 그의 삶의 계획도 들을 수 있었다. 우리의 만남에 앞서 이미 이은선 교수와 그의 아내가 이미 여러 곳에서 일을 함께하고 있음도 놀랍게 다가왔다. 더더욱 윤 신부님과 필자가 55년 양띠생인 것을 알게 되었을 때 우리는 스승 다석을 매개로 도반 되었음을 여실히 실감했다.

　이번에 출간된 『없이 계신 하느님』도 그때 처음 보았고 내게 귀한 선물이 되었다. 번역 후 제본된 상태의 박사학위 논문을 주신 것이다. 당시 나는 뜻깊은 고창 방문에 즈음하여 『유영모의 귀일신학』을 선물했기에 우리는 피차 자신의 소중한 것을 나눠 갖게 되었다. 그때까지도 신부님은 이 책을 출판할 생각을 하고 있지 않았다. 학자로만 살았던 필자와 달리 다석 선생님처럼 사는 것을 우선했던 까닭이다. 당시 그 자리에서 필자는 출판을 권했고 그것을 계기로 도서출판 동연에서 묻혀 있던 보물을 세상에 드러내 주었다. 멋쩍어하며 마지 못해 필자의 권유를 받아들여 준 윤 신부님 당시 모습이 지금도 눈에 선하다. 이런 연유로 본 책의 출판을 축하하며 이렇듯 글을 쓰게 되었다. 마치 필자의 책이 출판된 것만큼, 아니 그 이상으로 기쁨이 크다.

　『없이 계시는 하느님』, 향후 다석 연구의 한 축을 담당할 이 책의 특징이자 공헌 점을 언급해 보겠다. 크게 보아 이 책은 동아시아의 종교 경험 속에서 하느님을 재구성하려고 시도했기에 그 의미가 크다. 다석의 신론, '없이 계신 하느님' 이해가 바로 그 실상이다. 유有가 곧 무無라는 발상은 서구에서 찾을 수 없는 실재관이다. 또한 이 책은 다석의 사상을 종교 간 대화의 원리로 제시했기에 독창성이 있다. 종교 간 대화 방법론으로 다석의 하느님 이해를 활용한 것이 새로웠다. 그렇기에 이 책은 '없이 계신 하느님'을 성리학의 '태극', 불교의 '무'(空) 그리고 노장사상의 '도'로 표현하며 본뜻을 교차시켰다. 저자는 서구의 '이것이냐 저것이냐'의 양자택일의 논리 대신 '이것도 저것도'의 역의 원리와 '이것도 저것도 아닌' 공의 원리를 종합하여 초월과 내재, 있음과 없음, 인격과 비인격을 아우르는 다석의 하느님, 즉 '없이 계신 하느님'을 이해했던 것이다. 필자 역시 이 점에서 이견이 없다. 서구가 발전시킨 어떤 종교다원주의 신학도 이런 이해에 미치지 못할 것이라 생각한다. 서구 신학자를 설득시킬 만한 이론을 찾는다는 일이 쉽지 않았을 터인데 이 점에서 신부님의 혜안이 돋보였다. 사석에서 듣기로는 다석을 풀어낼 실마리가 생각나지 않아 논문을 묵혀두고 있을 때 이 원리가 불현듯 계시처럼 떠올랐다는 것이다.

이 책의 좋은 점은 또 있다. 단순히 학술 이론 책이 아니라 이런 결론에 이를 수밖에 없었던 윤 신부님의 삶의 경험을 오롯이 읽고 느낄 수 있기 때문이다. 저자에게 다석은 실존적이고 경험적인 과정의 결과물일 뿐 결코 이론과 추상의 열매가 아니었던 것이다. 불교 신자인 어머니의 삶, 아버지가 요구했던 제사 문화, 감옥에서 출소한 이와의 만남, 동양 고전에 대한 내적 관심, 시대적 상황에서 만난 민중신학 등 자신을 성장시킨 씨앗들의 이야기가 감동적으로 서술되었다. 이 모든 경험이 축적되어 이론화된 것이 이 책이다. 독자들 역시 자신의 지난 삶을 회억回憶하며 이런 결론에 이를 수밖에 없었던 윤정현 신부님의 학문적 열매를 취하면 좋겠다. 한 사람의 오랜 경험과 지난한 학문 과정을 통해 우리 손에 쥐어진 한 권의 책의 무게와 가치가 그래서 참으로 크고 중하다.

이렇게 윤정현 신부님의 귀한 책에 추천사를 쓸 수 있게 된 것이 필자에게도 영광스런 일이다. 앞으로 고창에서 그가 일굴 삶의 족적들을 따라가며 배우고 때로는 응원할 것이다. 최근 「아주경제」라는 신문에서 다석 연구자들을 소개하는 중이다. 첫째 학위 논문을 썼던 윤 신부님이 맨 처음 소개되었고, 필자가 셋째로 소개되었다. 앞으로 다석 연구자라는 이름에 부끄럽지 않게 살며 공부할 과제가 우리들 몫이 되었다. 이 길에 도반된 것을 감사하며 이 글을 마감한다.

부암동 현장아카데미에서
이정배

머 리 말

　"없이 계시는 하느님"이라는 제목으로 2002년 12월에 박사학위 논문을 제출하고 난 이후에 논문을 들여다보지 않았다. 동양적 언어와 사고를 영어로 표현하는 것이 힘들어서 여러 차례 포기하려고 했던 기억들을 다시 떠올리고 싶지 않았기 때문이었다. 그러나 다석학회 회원으로 활동하면서 다석에 관한 소논문을 발표하고, "다석강의" 강독 시간에 다석 사상을 심도 있게 공부하면서, 동양적 사고로 하느님을 인식하려고 하는 도반들이 주위에 많이 있다는 것을 알게 되었다. 때때로 지인들이 번역본을 볼 수 있도록 해달라는 부탁을 하였지만, 5년 가까이 번역을 미루어 왔었다. 지난 7월과 8월의 더위는 나에게 번역할 수 있는 시간을 가져다주었다. 그 안에서 모든 것을 있게 하는 '없음'(無)을 보고, 한낮 폭염暴炎 속 '빈 마음'에서 '텅 빈 충만함'을 느꼈다.

　번역을 하면서 더 큰 어려움을 만났다. 이번에는 영어 표현을 우리말로 바꾸는 것이 용이하지 않았다. 논문을 다시 쓰는 기회를 갖게 된 것은 내게 행운이었다. 영어 논문에서 글자 수의 제한으로 일부분 삭제된 나의 신앙 여정을 다시 다루게 되어 기쁘다.

　2007년 번역을 한 후 2020년까지 100부씩 다섯 번을 제본하여 다석 사상을 연구하거나 류영모 선생에 관심 있는 분들께 드렸다. 2020년 8월에 이정배 교수님이 고창 인문학 강의에 오셔서 제본이

8부 남아 있어 한 권을 드렸다. 3~4일 후에 이 교수님이 전화하여 논문을 책으로 내자며 출판사를 소개해 주겠다고 하였다. 논문 파일을 보냈더니 도서출판 동연 김영호 대표께서 읽고 출판하자고 하였다. 2002년 박사학위 논문을 제출하고 20년 만에 우리말로 책을 내지만 기쁘고 고마운 일이다.

이 글을 쓰는 동안에, 여러 면에서 조언과 비평을 해 준 학우들이 있었던 것은 나에게는 행운이었다. 무엇보다도 먼저 영국에서 석사 과정과 박사과정에서 연구하는 동안에 논문을 지도해 주신 수기타라자Dr. R. S. Sugirtharajah 교수님께 감사드린다. 영국의 버밍엄대학에서 수기타라자 박사님과의 만남은 타 종교인들과 함께 살며, 서로 존중하고, 평화롭게 공존#共하는 삶에 대한 폭넓은 신학적인 통찰과 깊이 있는 연구를 하게 된 기회가 되었다.

또한 윈게이트Rev. Dr. Andrew Wingate 신부님께 감사드린다. 윈게이트 신부님은 내가 머무렀던 셀리옥에 있는 아센션 칼리지the United Colleges of the Ascension의 학장으로서 다양한 종교 간 대화 프로그램에 참여할 수 있도록 배려해 주었다. 시크교 성전(Sikh Temple)과 컴뮤니티, 힌두교 성전과 버밍엄에 있는 불교 스님 기거처(Buddhist vihara), 스메쓰윗Smethwick에 있는 동정녀 성모 수녀원 등등에서 가진 종교 간 대화 프로그램에 나를 데리고 다니면서 다양한 명상 프로그램에 참여할 수 있게 해주었다. 그리고 나에게 다문화와 다인종多人種의 도시인 버밍엄에서 연구할 수 있도록 배려해 준 영국해외선교부(USPG)와 아센션 칼리지의 실무자들에게 고마움을 표한다.

특별한 감사의 말을 휘트비Whitby의 라드Right Reverend Robert Ladds 주교님과 로버타 사모님께 전하고 싶다. 라드 주교님과 로버타 사모님은 프레스톤에 있는 사제관에 머물러 있는 동안 나에게 생활 영어를 가르쳐 주었고, 우리 가족을 잘 보살펴 주었다. 형제자매처럼 우리 가정을 사랑해 주고, 관심을 주었던 캔드라 박사님과 데니스 사모님께도 감사를 드린다. 장학단체인 Spalding Trust와 Allen & Nesta Ferguson Charitable Trust 그리고 Hibbert Trust 등에 장학금을 받을 수 있도록 추천을 해 준 치탐David Cheetam 박사님과 에드몬드 탕Edmond Tang 선생님에게 특별한 감사를 드린다. 이들 장학단체의 스탠리Mr. Stanley Tee, 테사Mrs. Tessa Rodgers 그리고 캐이Ms. Kay Millard 선생님께 고마움을 표하지 않을 수 없다. 나의 글을 읽고 친절하게 교정을 해주었던 에이린Mrs. Eileen Sewell, 이브Eve Richards 박사, 알머트Mrs. Almurt Koester, 잰나Mrs. Janna Bacon 와 마티우Mr. Matthew Collins 선생님들의 수고 없이는 이 논문이 완성될 수 없었다.

영국에서 공부할 수 있도록 추천해 주시고, 내가 사목지 정읍교회를 비우고 있는 동안 교회와 교인들을 돌봐주신 대전교구장 윤환(바우로) 주교님께 고마움을 표하지 않을 수 없다. 정읍교회의 교인들의 인내와 기도 그리고 후원 없이는 이 논문을 마칠 수 없었다는 것을 말하고 싶다.

공부하는 동안 사랑하는 아내 막달레나와 아들 프란시스의 인내와 지지 없이는 이 학위를 취득할 수 없었다. 전 사목지 묵방교회 교인들의 기도와 물심양면의 후원에 감사를 드린다. 또한 공부하는 도중 연구하던 것을 포기하였을 때 성 보나의 집의 헬레나 수녀님께서는 다시 도전하도록 장학금을 마련해 주셨다. 그리고 필요할 때 쓰고 나중에 언제든지 어려운 학생을 위해 사용할 수 있도록 돌려주면 된다고 하셨다. 다시 도전할 수 있도록 기도해 주신 성가수녀회의

애태, 카타리나 수녀님과 성프란시스딸 수녀회의 데레사 수녀님께 감사를 드린다. 또한 김성수 주교님을 비롯하여 부산교구장 이대용 주교님, 서울교구장 정철범 주교님 그리고 문상윤 신부님께 입은 은혜가 컸다는 것을 전하고 싶다. 그리고 제가 공부하기 힘들 때 저를 초대하여 격려와 성원을 아끼지 않았던 영국의 이루가 신부님과 루시 사모님께 감사드린다. 아울러 관장이었던 내가 자리를 비우고 연구하는 동안에도 변함없이 어려운 이웃을 위해 헌신한 정읍자활 후견기관의 실무자들과 사업단 참여자들께도 감사드린다.

사제 윤정현

차 례

1장

동양적 사고로 신학하기

I. 통종교적 사고를 하게 된 배경

던[John Dunne]은 그의 책, 『이 땅의 모든 길』(*Way of all the Earth*)에서 "우리 시대의 성자는 종교의 창시자인 부처, 예수, 무하마드와 같은 사람들이 아니라 자기 자신의 종교에서 출발하여 타 종교를 종합적으로 이해하고, 다시 새로운 안목으로 타 종교 관점에서 자기 자신의 종교를 이해하는, 다시 말하여 종교를 넘나들며 이해하는 사람, 예를 들어 마하트마 간디와 같은 사람이다"[1]라고 진지하게 말하였다. 그리고 종교를 넘나들며 사는 것이 우리 시대의 영성이 되어야 한다고 주장하였다. 이 관점은 종교 간 대화에서 아주 중요하다. 이러한 영성의 여정은 종교 간의 대화의 새로운 가능성을 열어줄 뿐만 아니라 종교 간 대화에 있어 전제조건이 된다고 본다.

나는 "없이 계시는 하느님"을 연구하면서 20세기 한국의 다원종교 상황 속에서 종교를 넘나들며 이해하고 산 인물을 보았다. 이 글에서 연구할 다석多夕 류영모柳永模(1890~1981)가 바로 그러한 분이다. 다석은 다원종교 상황 속에서 자신의 신앙에서 출발하여 그리스도교로 그리고 그리스도교에서 타 신앙을 종합적으로 이해하고 종교 간의 벽을 넘어 몸으로 살았다. 자신이 직접 타 종교와 상호 교통하면서 어떤 종교에도 구애받지 않고 종교의 벽을 넘었다. 다시 말하여 통종교通宗教하였다고 할 수 있다. 결국 다석은 자신의 삶과 경험을 통해서 동양적 사고로 그리스도교를 재해석해낸다.

지난 몇십 년 동안 종교 간 대화는 학문적 차원에서 연구해 왔고,

---

1 John S. Dunne, *The Way of All the Earth* (New York: Macmillan, 1972), ix-xiii.

다양한 방법과 모델을 제시하였으나, 일상적인 삶이나 실천적인 면에서는 종교 간 대화는 한계에 부딪히고 있다. 우리 시대에 있어 중요한 것은 학문적 수준에서 종교 간 대화의 연구와 더불어 실제의 삶가운데서 종교 간 대화를 실천하는 일이고, 그러한 실천들을 찾아내어 의미를 되새기며, 끊임없이 실천해나가는 일이라고 생각한다. 특히 종교다원 상황 속에서, 매일의 삶 가운데 어쩔 수 없이 타 종교인들과 몸을 부대끼며 사는 사람에게는 그냥 넘길 수 없는 문제이다. 나 역시 성공회 사제로서 교회에서 사목 활동을 하면서 타 종교인을 만날 수밖에 없었고 종교다원 사회 속에서 한 사람의 그리스도인으로서 타 종교인들과 살아갈 수밖에 없었다. 어떨 때는 나 자신이 성리학적인 사고로 판단하고, 그리스도인으로서 불교적인 생각을 하기도 한다. 이 글을 쓰게 된 동기 중의 하나도 오늘날 내가 불교인으로 살 수는 없으나 그렇다고 해서 불교사상을 거절할 수도 없는 현실을 극복하기 위한 것이다. 불교사상에 관한 한 불교 신자 이상으로 안다고 할 수 없으나, 우리 사회에 내재하는 집단 무의식으로서 불교나 전통문화가 되어버린 유 □ 불 □ 선 등 종교다원 상황 가운데 살아가는 그리스도교인으로서 불교적인 생각을 하지 않는다고 할 수도 없다. 나는 그리스도인과 불교인이 각기 아주 다르게 신앙 체험을 하나, 서로 다른 종교 체험이 갈등을 일으키는 것이 아니라 오히려 자신들의 삶을 통해서 서로를 풍요롭게 할 수 있다는 사실을 이해하게 되었다. 또한 나는 근본주의 그리스도교인처럼 불교를 거짓 종교로 보지 않고 함께 더불어 살아야 하는 이웃 종교로 여긴다. 그리고 나 자신 안에 불교와 성리학, 노장철학에서 온 다양한 타 종교의 사상이 내재하고 있는 것을 본다. 더구나 타 종교의 사상이 내 안에서 조화롭게 보완되며 이미 화해和解하고 있음을 안다.

어떤 사람은 어떻게 그러한 생각을 할 수 있느냐고 회의적인 반응을 보이기도 한다. 그러나 혹자는 열린 사고를 하는 사제로 여기기도 한다. 이러한 문제는 무엇보다도 내적 자아 안에서 일어나는 개인의 욕구가 있어야 한다. 나의 경우 종교 간 대화에 앞서 나의 자아 안에서 일어나는 다양한 신앙 간의 갈등을 극복하기 위한 내적 대화가 필요하다. 이 말은 다른 종교의 절대자 체험의 필요성과 가능성을 인정한다는 의미이기도 하다. 사실 이러한 사고를 받아들이면 종교 간 대화를 해야 한다고 주장할 필요도 없다. 자신의 종교 체험에서 내적 대화를 할 필요도 없다. 타 종교의 절대자 체험을 인정하면 다른 종교를 거짓 종교라거나 틀린 교리를 가졌다고 말할 수도 없다. 나는 교리 내에서 그리고 다소 교리를 넘어서 신앙 체험을 들여다보려고 한다. 한국과 같은 종교다원적 사회 상황 속에서는 다른 종교의 신앙과 다른 문화와의 진정한 만남은 내 밖에서 일어나는 것이 아니라 내 안에서 일어난다고 생각한다. 이러한 이유 때문에 개인의 자아 안에서 신앙 간의 대화가 먼저 일어나야 한다. 신앙 간의 대화에서는 나의 종교에 대해서 신실한 마음으로 대하는 것처럼, 이웃 종교에도 똑같은 마음을 가져야 한다.[2] 다른 종교의 전통과의 진정한 만남은 다원주의 상황 속에서 '밖에서'가 아니라 '안에서'부터 일어날 수 있다고 본다. 밖에 서 있는 방관자 입장에서는 다른 종교를 완전히 이해할 수는 없다. 그 종교 안에 들어가서 바라보아야 이해할 수 있는 것이다. 다른 종교적 체험을 나누기 위해서는 다른 종교 전통 안으로

---

2 Raimundo Panikkar, *Intra-religious Dialogue* (New York: Paulist, 1978), 40-44, 50.

들어가거나 그 안에 있어야 한다.[3]

다석 류영모의 하느님 이해는 이러한 차원에서 종교 간 대화의 장을 마련한다. 다석 류영모에 관한 책을 처음 읽었을 때 나는 그 책들로부터 깊은 감동과 영감을 받았다. 이제껏 어느 그리스도교 사상가나 신학자에게서 이러한 감동을 받은 일은 없었다. 다석의 상호보완과 조화의 심오한 사상은 불교나 노장사상에 매우 가깝게 느껴진다. 그래서 사람들은 다석 사상이 불교사상이나 노장사상에서 나온 것으로 생각한다. 나의 눈에는 다석이 아주 비범한 그리스도인으로 보인다. 다석의 그리스도교 이해는 독특하다. 그래서 보수적인 정통주의 사고나 배타적인 사고를 하는 사람들은 다석 사상을 이상하게 여긴다. 다석은 독특한 사상을 가지고 일반적인 이해와는 다르게 해석한다. 풍요한 사고와 깊은 종교적 개성에서 나온 자신의 종교적 경험의 바탕 위에 독특한 자신의 사고체계를 확립하였다. 류영모는 전승과 신화적 방법에 따라 그리스도교 사상보다는 역사적 예수의 관점에서 보는 그리스도교 사상을 자신의 종교적 사고를 통하여 해석하고 조화시켰다. 그리고 역사적 그리스도교 사상에 은밀하고 내적인 의미를 부여하였다. 그리하여 다석은 이제까지 그 어떤 사상가도 다루지 못했던 분야를 개척하였다.

또한 다석 류영모는 외부로부터 온 다양한 사고와 사상을 받아들였으나 거기에만 매이지 않았다. 통전적인 통찰과 종교적인 사고를 통해 세상과 사물을 전체적으로 이해하려고 하였다. 다석의 이러한 통찰력은 타 종교를 이해하는 데 관용적인 태도를 취하게 하였다.

---

3 W. C. Smith, *Towards a World Theology* (Philadelphia: Westminster, 1981), 111, 125-126을 보라.

그리스도교를 포함하여 모든 종교를 새롭게 재발견하고, 다른 종교의 경전과 성서를 재해석하였을 뿐만 아니라 한국의 다종교 상황 속에서 하느님의 개념을 재해석하였다. 내적인 신앙 간의 갈등을 극복하기 위한 내적 신앙 간 대화를 갖기 위해 나는 다석의 이러한 시도를 주목하였다.[4]

---

4 내가 유년 시절부터 겪어 왔고 부딪히게 되었던 더 구체적이고 상세한 종교적 다원주의 상황들은 "통종교적 사고로 이끈 종교적 다원주의 상황"이라는 제목으로 이 책 부록에 수록하였다.

II. 다석의 하느님 개념과 동양적 사고

1. 하느님 이해와 재개념화

오늘날 아시아 신학자들은 진리가 어느 곳이나 어떤 문화에서나 똑같이 나타나는가에 대하여 논쟁하고 있다.[1] 제삼세계 신학자들은 식민지 유산과 잔재를 청산하고 아시아, 아프리카, 남미의 신학을 새롭게 정립하고 있다. 지난 몇십 년 동안 제삼세계 신학자들은 기존의 신학에서 토착화 신학에로 또는 신학의 상황화를 시도해 왔다. 더 나가서는 탈식민주의 비평[2]을 시도하고 있다. 아시아 신학자들의 서구 신학에 대한 비판은 구체화되고 있고, 아시아 상황 신학은 세계 신학으로 새롭게 자리 잡아 가고 있다.[3] 주요 쟁점은 복음을 그대로 받아들이는 것이 아니라 아시아인 스스로 복음을 재구성하고 재개념화하여야 한다고 말한다.[4] 수기타라자R.S. Sugirtharajah는 개념화를 넘어 재개념화해야 한다며 '탈식민지적 비평'(postcolonial criticism)을 적용한다. 수기타라자는 "이 작업은 아시아인의 언어로 그리스도의

---

1 Kwok Pui-lan, *Discovery the Bible in the Non-Biblical World* (New York: Orbis Books, 1995), 11.

2 R. S. Surgirtharajah, *The Postcolonial Bible* (1998); *Asian Biblical Hermeneutics and Postcolonialism* (1998); *The Bible and the Third World* (2001); Fernado F. Sogovia, *Decolonising Bible Studies* (2000); Gayatri Spivak, *The Post-Colonial Critic: Interview, Strategies, Dialogues* (1990).

3 수기타라자와 곽퓨란은 텍스트-콘텍스트 해석과 상황화 신학을 극복할 수 있는 목소리를 내고 있는 대표적인 학자이다. R. S. Surgirtharajah (ed.), *Frontiers in Asian Christian Theology* (New York: Orbis Books, 1994), 4-5. 그리고 Kwok Pui-lan, *op. cit.*, 65를 보라.

4 *Ibid.*, 5.

복음을 개념화하는 일이 아니라, 아시아인의 현실과 상황 아래서 그리스도교의 신앙을 재개념화하는 일이다"[5]라고 말한다.

그러므로 신학을 상황화한다는 것은 복음의 본질이나 그리스도교의 전통을 강조하는 것이 아니다. 토착 언어로 문화를 분석하거나 개발하는 것도 아니고 주제화하는 것도 아니다.[6] 오히려 출발점은 자신의 종교 체험과 자신의 개인 체험에서 시작된다. 어느 누구라도 백지상태에서 신학을 하는 것도 아니고 할 수도 없는 것이다. 신학을 한다는 것은 자신이 처해 있는 상황 아래서 매 순간 결정해야 하는 일이다.[7] 베반스Stephen Bevans는 지극히 사적인 체험일지라도 개인적인 체험이 같은 상황 속에 사는 다른 사람의 체험이 될 수 있다는 사실을 강조한다.[8] 이 말은 가장 개인적인 체험이 가장 일반적인 것이라는 것을 의미한다. 한마디로 한 사람의 개인 체험이라 할지라도 같은 체험과 세계관을 공유하고 있는 사람들의 보편적인 체험이 될 수 있다는 것이다. 카우프만Gordon D. Kaufman은 신학이란 설명하거나 묘사하는 것이기보다는 사람이 처해 있는 상황 속에서 하느님을 신앙 체험한 것을 다시 구성하는 작업이라고 강조한다.[9] '신학 한다'는 것은 근본적으로 재구성하는 작업이라고 카우프만은 말하고 있다. 신학 작업에서 오는 혼란은 경험을 통해서 알게 된 대상의 개념을 연구하는 것보다 하느님 개념이 다양한 면에서 이해되는 상상력의 작업

---

5 *Ibid.*

6 Stephen B. Bevans, *Models of Contextual Theology* (New York: Orbis, 1992), 98.

7 *Ibid.*

8 *Ibid.*, 99.

9 Gordon D. Kaufman, *An Essay on Theological Method* (Atlanta: Scholar Press,1995), x.

이라는 것을 외면하는 데서 온다고 카우프만은 지적한다.[10] 더욱이 이러한 사실을 인식하지 못하거나 파악하지 못한다면, '신학 함'에 주제를 잘못 잡았거나 판단 기준을 잘못 설정하게 된다고 카우프만은 우려한다. 이와 같은 베반스나 카우프만의 신학방법론은 종교다원화 상황에서 하느님 개념을 재구성한다. 또한 다석 자신이 처한 다원적 종교 상황 속에서 자신의 경험을 통해서 다시 개념화한 다석 류영모의 하느님 이해를 분석하는 이론적 근거가 된다.

다석 류영모는 서구 열강에 의해 조선의 문호가 열릴 당시에 살았기 때문에 서구 문명의 영향을 받았다. 그리고 나라의 운명이 풍전등화의 상황에 놓인 가운데 그리스도교가 새로운 사회의 대안이 되리라 보고, 그리스도교를 받아들인다. 당시에 다석 류영모는 쇠망해가는 조선에서 하나의 대안인 그리스도교와 성서를 철저하게 공부하기 시작하였다. 이러한 여건 속에서 한국의 다원종교 상황은 동양사상과 그리스도교 사상을 보완하고 조화시킬 수 있는 기회를 류영모에게 주었다. 개화기 당시에 조선 사람은 점차로 서구 문화를 수용하였고, 서구의 과학적 사고와 논리 방법을 받아들이게 되었다. 그런데 우리가 주의해야 할 점은 아무리 우리가 서구의 과학적 사고와 논리를 수용하고 그 논리에 따라 사물을 해석해야 한다고 고집할지라도 어쩔 수 없이 한국 사람은 한국의 사상과 전통문화의 바탕 위에서 생각하고, 사고하게 된다는 것이다. 더욱이 우리가 사는 곳은 서양이 아니라 한국이라는 사실이다. 류영모는 한국의 문화에서 서구의 문화로 그리고 서구의 문화에서 한국 문화를 보고 다시 자기 자신

---

10 *Ibid.*, 82-88.

의 문화와 사상의 관점에서 새롭게 한국의 사상과 종교를 이해하였다. 류영모는 직접 한국의 다종교 속에서 종교 간 서로를 이해하는, 즉 통종교通宗教하는 사고를 통해서 동양적 관점으로 그리스도교를 재해석하였다. 다시 말해서 그리스도의 동양화를 시도하였다고 볼 수 있다. 동서양 사상의 상호보완과 결합이라는 그의 독특한 방법은 앞으로 동서양 사상의 화합과 상호보완의 새 틀을 마련해 주리라 본다. 새로운 동서양 문화의 창출은 서로를 이해하고 존중하는 계기가 될 것이고, 그리스도교의 사상을 더 깊게 그리고 폭넓게 이해하게 만들 것이다.

나는 이러한 관점에서 다석 류영모의 하느님 개념을 재해석하고 재구성할 것이다. 다시 말하여 동양 사상으로 하느님 개념을 재구성하고 재해석하는 신학 작업을 하고자 한다. 사실 류영모의 하느님 개념은 범재신론汎在神論이나 범신론汎神論에 가깝다. 인격적이면서도 비인격적이고 초월적이면서도 내재적인 하느님을 말하고 있다. 서구 신학의 실패는 우주적인 하느님에 대한 지극히 배타적인 상징물을 사용한 데서 기인하였다고 본다. 초월적 존재로서 왕, 주, 구주, 주인 등등으로 표현된 하느님은 인격적인 하느님을 말한다. 하느님을 인격적인 이름이나 상징으로 표현함으로써, 그리스도교는 우리의 종교적 상상력의 이해 범위에서 비인격적이고 내재적인 절대자 개념을 거의 제거해버렸다. 비인격적이고 내재적인 개념이 배제된 하느님은 전지전능하신 하느님이나 만물의 주관자가 될 수 없을 뿐만 아니라 모든 것을 초월하는 절대자로 존재할 수도 없다. 왜냐하면 하느님은 어떠한 개념이나 설명을 넘어 존재하시는 분이므로 하느님은 인격적인 범주에 가둬두거나 어떤 개념에 국한시켜서는 안 되기 때문이다.

여기에서 그리스도교의 동양적 해석은 동양적 사고의 바탕 위에서 재해석한 류영모의 하느님 이해를 분석하고 이해하는 것, 즉 그리스도교의 하느님을 태극太極, 태허太虛, 도道 그리고 절대무絶對無로서 해석하는 것을 의미한다. 또한 인격적이면서 비인격적이고, 초월적이면서 동시에 내재적인 실재라는 용어가 종교다원주의 입장에서 하느님 개념을 재개념화하는 데 중요하게 다루어질 것이다. 특히 종교 간의 내적인 대화를 위한 종교다원주의적인 접근방법은 한국의 다원종교적인 상황 속에서 하나의 대안이 될 수 있다. 종교다원주의적 접근 방법은 동양 사상에 내재된 조화 정신과 상호보완의 원리를 적용할 것이다. 그러나 이 방법은 서구 신학과 그리스도교 교리에 근저를 이루고 있는 구원이라는 교리에 초점을 맞춘다면 문제에 직면할 것이다. 한국 신학자들은 대개 서구 신학 방법이나 이론으로 종교 간 대화를 다룬다. 종교 간 대화에서 구원 문제에 집착하면 할수록 타 종교와 대화할 수 있는 공통점을 찾기 어렵다. 종교 간 상호이해와 존중 차원에서 종교 간 대화를 하기 위해 나는 동양적 사고로 하느님 개념을 재해석하고 재구성한 류영모의 사상을 살펴보고자 한다.

아는 바와 같이 서구 그리스도교 신학은 희랍철학의 영향을 크게 받았다. 다시 말해 예수의 가르침이 희랍 세계에서 서구 그리스도교로 다시 태어났고, 희랍 사상으로 재구성되었다. 오리엔트의 예수의 말씀이 서구문화와 사상으로 재해석되어 서구화된 것이다. 그러므로 희랍 사고가 서구 그리스도교 신학과 교리의 바탕을 이루고 있다. 예를 들면 삼위일체三位一體 교리는 희랍 존재론의 근저를 이루고 있는 존재와 본질의 개념에 근거하고 있다. 서구 교회사가敎會史家 하르낙

Adolph Harnack은 예수의 가르침과 그리스도교 교리는 분명하게 다르다는 사실을 지적하였다. 그 이유는 그리스도교가 희랍철학의 영향을 강하게 받았기 때문이다.[11] 하르낙이 "희랍 옷을 입은 그리스도교가 아니라 그리스도의 옷을 입은 희랍 사상"[12]이라고 지적한 바와 같이 희랍철학은 서구 그리스도교 사상에 강하게 작용하고 있다. "하느님을 사랑하고 네 이웃을 너 자신과 같이 사랑하라"는 예수의 단순한 가르침이 희랍 사상으로 재해석되고 체계화되면서 점차로 그리스도교 제도교회에 의해 형이상학적이고 교리적인 가르침으로 복잡하게 변화되었다. 또한 희랍 사상과 문화의 영향으로 서구 정통 신학은 타 종교와 문화에 배타적인 태도를 취하게 됨에 따라 많은 선교사들이 아시아의 선교지에서 배타적인 입장을 취하게 된다. 선교사들은 타 종교와 대화하거나 공존共存하려고 하지 않고, 어떠한 희생을 무릅쓰고서라도 타 종교인들을 개종改宗시키고 그리스도교를 확장시키는 데만 관심을 가졌다.[13] 역易의 신학자 이정용은 만약 그리스도교가 세계적인 종교로 활력있는 종교가 되기 위해서는 다른 사상思想과 철학으로 설명되고 이해되어야 한다고 주장한다. 그래서 그리스도교가 희랍 사상뿐만 아니라 다른 문화와 사상으로 설명되어야 하고, 동양 사상으로도 설명할 수 있어야 한다고 이정용은 말한다.[14]

---

11 Adolph Harnack, *What is Christianity?*, trans. by Thomas B. Saunders (New York: G. P. Putnam's Sons, 1901), 204-262. 기독교 사상사를 통해서 보면, 그리스 철학은 기독교 교리와 신학을 수립하는 데 중요한 역할을 해 왔다. 예를 들면 토마스 아퀴나스가 아리스토텔레스 철학 체계 위에 로마 가톨릭 신학을 수립한 것처럼 성 어거스틴은 네오 플라톤 사상 체계 위에 그의 신학 체계를 세웠다.

12 *Ibid.*, 221.

13 Jung-young Lee, *The Theology of Change: A Christian Concept of God in an Eastern Perspective* (New York: Orbis Books, 1979), 1.

서구 신학의 제한된 하느님 개념을 극복하고 보완하기 위해서 그리고 종교 간 대화를 위해 하느님의 개념을 동양 사고로 재개념화하고자 한다. 하느님은 인격적이면서 비인격적이고 초월적 존재이면서도 내재적인 존재ㅉ이다. 하느님에 대한 이러한 이해는 그리스도교를 포함하여 모든 종교가 성서뿐만 아니라 자신의 경전을 재해석하고 재발견해야 한다는 것을 말한다. 특히 한국의 다종교 상황 속에서는 하느님의 개념을 동양적 사고로 재해석하는 작업이 필수적이다. 여기서 말하는 동양적 해석은 사서오경四書五經 등 동양 고전에 나오는 언어를 사용하여 그리스도교를 해석함을 의미한다. 이 말은 다석이 이해하고 적용한 동양적 사고의 틀을 통하여 그리스도교의 하느님 개념을 재해석하고 재구성한다는 것이다.

다시 말하여 종교 간 대화에 대하여 신실한 자세로 신학적인 접근을 하기 위해 그리고 하느님 개념을 재해석하기 위해 동양 사상, 즉 조화의 정신과 상호보완의 원리原理를 대안으로 제시하고자 한다. 음양陰陽의 원리에 입각하여 다석 류영모는 상호의존적이고 보완하는 사고를 발전시켰다. 이 책은 하느님의 개념을 재구성하고 재해석하는 데 유교와 도교의 고전인 『역경易經』을 참고하고자 한다.

음양의 상호작용과 상호보완의 원리는 '이것이면서 저것도'(both this and that) 그리고 '이것도 아니고 저것도 아닌'(neither this nor that) 논리를 제공한다. '이것이면서 저것도'의 논리는 유대 그리스도교 전통에 잘 부합된다. 유대 그리스도교 전통에서는 신의 초월성과 내재성이 공존한다. 하느님이 초월적이거나 내재적이라고 말할 수

---

14 *Ibid.*

없다. 유대 그리스도교에서는 하느님이 초월적이면서 동시에 내재적이다는 것을 믿는다. 만약 하느님이 초월적인 존재라면 인간과 교통할 수 없다. 또한 하느님이 단지 내재하는 신이라면 하느님은 신이 아니다. 음이 양으로부터 분리될 수 없듯이 하느님의 내재성은 하느님의 초월성과 연결되어 있다. 하느님의 본성은 '이것도 아니고 저것도 아닌' 논리로 상호보완하는 논리인 '이것이면서 저것인' 논리로도 설명될 수 있기 때문에 하느님의 내재성은 하느님의 초월성을 내포하고, 하느님의 초월성은 그 내재성을 전제하고 있는 것이다.

이와 같이 하느님 개념은 '이것도 아니고 저것도 아닌' 논리 외에는 설명할 수 없다. 왜냐하면 궁극적 존재는 말로 표현할 수 없고, 묘사描寫할 수도 없고, 어떤 이미지나 개념을 넘어 존재하기 때문이다. 그런데 '이것도 아니고 저것도 아닌' 논리는 '이것이면서 저것'인 논리로 보완되어야 한다. 하느님은 우리의 인식능력으로 다 묘사할 수 없다 하더라도 가능한 한 완전하게 인식할 수 있는 능력을 하느님께서 주셨기에 우리는 이 지식知識을 사용해야 한다. 이러한 점에서 하느님을 이해하는 데 이 역설逆說적인 논리 '이것도 아니고 저것도 아닌' 접근법은 음양陰陽의 원리에 의해 설명되는 '이것이면서 저것인' 논리와 병행하여 사용할 때 가장 포괄包括적인 이해를 할 수 있다. 상호보완과 상호작용의 조화는 동양 사상의 근저根底를 이루고 있다. 음양원리에서 기인하고 있는 '이것이면서 저것도'라는 사고는 하느님은 내재성 안에서 인격적이면서 동시에 비인격적이고 선과 악을 동시에 내포하고 있는 것으로 설명할 수 있게 한다. 그러나 하느님은 초월성超越性 안에서는 인격적인 것도 비인격적인 것도 아니고 선善도 악惡도 아니다. 왜냐하면 하느님은 '이것이면서도 저것'인 동시에 '이것도 아니고 저것도 아니기' 때문이다.

이 글은 이러한 논리에 입각하여 동양적 사고, 즉 종교 간에 야기되는 불일치나 화합의 문제를 해결할 수 있는 상호보완과 상호작용의 조화 원리를 통하여 하느님을 재개념화하는 데 중점을 두고자 한다. 상호보완의 논리인 '이것도 저것도'(both-and) 논리는 이중부정 二重否定의 논리인 '이것도 저것도 아닌'(neither-nor) 논리와 병행될 때, 하느님은 그의 내재성 안에서는 인격적인 존재도 아니고 비인격적인 존재도 아닌 반면에 그의 초월성 안에서는 인격적이면서도 비인격적인 존재가 될 수 있다. 이러한 논리를 적용하여 동양적 사고로 하느님의 개념을 재해석할 수 있다. 특히 동양 사고에 입각하여 하느님을 이해한 류영모의 사고를 통하여 하느님 개념을 새롭게 재해석하고 재구성할 수 있다고 생각한다. 여기에서 초월적이면서도 내재적일 뿐만 아니라 인격적이면서도 비인격적인 하느님 개념과 더불어 초월적인 존재가 아니면서도 내재적인 존재도 아닐 뿐만 아니라 인격적인 존재가 아니면서도 비인격적인 존재가 아닌 하느님 개념은 타 종교와 대화의 장을 제공하는 중요한 논리이자 사고이다.

2. 다석과 재개념화의 중심 논리

류영모의 하느님 이해를 연구하는 가운데 동양 사고의 근저를 이루고 있는 '이것도 저것도'(both-and)와 '이것도 저것도 아닌'(neither-nor) 논리를 자주 적용할 것이다. 위에서 설명했듯이 이 두 논리는 초월적이면서도 내재적일 뿐만 아니라 인격적이면서도 비인격적인 하느님의 상호보완과 상호의존성을 설명할 수 있기 때문이다. 류영모의 주요 사고를 분석하기에 앞서 동양인들의 삶과 사고 속에 내재해 있는 음양 사고를 설명하고자 한다. 여기에서 동양인들의 우주관을 이해하는 주요 개념인 역易과 관련하여 음양원리를 설명할 것이다. 서구의 형이상학은 실체를 파악하기 위해 그것을 객관적으로 나누고 과학적으로 분석하는 경향이 있는 반면에 동양인들은 유기체적 사고로 실체의 본성을 통전적이고 종합적으로 다루고 직관을 통해 이해는 편이다. 『역경易經』에서 팔괘八卦와 팔괘의 조합인 64괘六十四卦는 동양인의 우주의 기본원리와 세계관 그리고 그것들이 어떻게 함께 상호작용하고 서로를 보완하는지를 잘 보여준다.

1) 음양의 원리

중국, 한국, 일본의 기본적인 철학과 사상을 이루고 있는 세계관과 우주관은 『역경』에 그 근거를 두고 있다. 이 『역경』의 양의兩儀는 음陰(--)과 양陽(─)으로 이루어졌다. 『역경』에서 이 음양陰陽은 모든 사물의 주요 원리이다. 이 두 근원적인 힘의 작용으로 사물이 생성되고 변화한다. 음陰과 양陽이 상호작용함으로써 변화가 일어난다. 이 음양의 원리는 대립이나 갈등의 관계가 아니다. 다시 말하여 이 두 힘의 원리는 이원론二元論적인 관계가 아니다. 왜냐하면 이 둘은 서로 모순되거나 갈등을 이루는 것이 아니고 서로를 보완하고 상호 보충해 주기 때문이다. 이원론에 기초한 서구 사상은 빛과 어둠, 생명과 죽음, 선과 악, 긍정과 부정과의 싸움 과정에서 빛과 생명, 선, 긍정 등이 어둠, 죽음, 악, 부정을 물리치는 것으로 갈등과 대립 관계를 나타난다. 그러나 음양陰陽의 관계는 전기에서 양陽과 음陰의 양극 없이 설립될 수 없는 것과 같이, 음양은 갈등과 대립하는 관계가 아니라 서로 협력하고 조화하며 상호보완해 주는 관계로서 서로 떼어 놓고 생각할 수 없는 관계이다. 음양은 같은 본체의 서로 다른 면일 뿐이다.

우주적인 기氣인 음양은 같은 산의 각기 다른 면, 즉 양지陽地 쪽과 음지陰地 쪽을 말한다. 어둠과 밝음 또한 한 본질의 다른 현상들이다. 삶과 죽음도 같은 관계이다. 이런 까닭에 음陰의 속성은 여성과 양陽의 속성인 남성도 대립 관계가 아니라 상호보완의 관계이다. 어둠을 뜻하는 음陰의 속성은 여성, 추움, 부드러움, 땅, 하강 등을 나타내는 반면에 밝음을 나타내는 양陽의 속성은 남성, 따뜻함, 딱딱함, 하늘, 상승 등을 의미한다. 모든 사물은 음陰과 양陽으로 귀결된다. 그것은 음陰을 붙잡고 양陽을 밀어내는 것으로 보이는 것이 아니라 음陰과 양陽을 균형있게 유지하고 있는 것이다. 음陰은 양陽 없이 있을 수 없고, 양陽은 음陰 없이 존재할 수 없기 때문이다. 그러므로 음양의 관계는 서로 일으켜 세우고 보완하는 상생相生의 관계이다. 양陽은 같은 산山의 밝고 따뜻한 면을 말하는 반면에 음陰은 어둡고 응달진 부분을 일컫는다. 이러한 의미에서 음양은 한 본질의 다른 현상일 뿐이다. 다른 말로 표현하자면 음은 양이 분리된 것이요 양은 음이 연합된 것이다. 그러므로 연합은 양을 가능하게 하고 분리는 음을 가능하게 한다. 음과 양의 구분은 실존적이고 현상학적인 것에 의한 것이지 본질적인 차원에 의한 것은 아니다. 음양은 본질상으로는 하나이나 나타나는 현상은 둘일 뿐이다. 음은 언제나 연합함으로써 양으로 변화하고, 양陽은 항상 나누어짐으로써 음陰으로 변화한다. 또한 음이 팽창함으로써 연합이 일어나고, 양이 수축하여 분리가 일어난다. 이 양의兩儀는 역易을 구성하고 있다.[15] 활동적인 양과 수동적인 음이 상호작용할 때 변화가 일어난다. 음과 양을 낳는 역易의 이러한 변화의 과정에는 일정한 변화 원리가 있다. 「계사전繫辭傳」에 이르기를, "『역경』은 광대하고 크며 모든 것을 포함하는 책이다. 이는 하늘의 도道와 땅의 도道와 인간의 도道를 함유하는 것으로, 이 근원적인 세 힘이 배로 작용하여 6개의 효爻를 만든다. 6효는 단지 세 근원적 힘의 도道일 따름이다"16라 했다. 대성괘大成卦는 소성괘小成卦 두 개가 결합된 것이지만, 하나의 다른 실체를 나타내는 것이다. 역의 신학자 이정용은 이러한 현상을 원자에 비유하여 설명한다. "전자와 중성자를 함유함에도 원자 나름의 독특성을 가지고 있는 것과 같은 것이다. 원자가 또한 소우주小宇宙로서 우주의 기초 요소인 것처럼, 대성괘는 우주의 모든 근원적 상황을 나타낸다."17

　『역경』은 64괘를 통하여 우주에서 일어나는 모든 현상을 설명한다. 이 원리는 현상적으로 보이는 세계뿐만 아니라 보이지 않는 세계까지 설명한다. 순환원리에서 보는 바와 같이 시작을 찾아서 끝으로 돌아온다.18 역易의 기본적인 변화 유형, 64괘는 각각 독자성을 가지지만 이 독자성은 전체와의 관계 속에서 이해되어야 한다. 대성괘는 각각의 소성괘의 괘卦들과의 관계 속에서 이해되어야 한다는 말이다. 역易의 변화의 전 과정 가운데 모든 만물의 관계는 음양陰陽의 관계처럼, 상호의존적이고 보완적이다.

---

15 是故易有太極 是生兩儀 兩儀生四象 四象生八卦(「繫辭傳」, 上, 第十一章).

16 易之爲書也 廣大悉備 有天道焉 有人道焉 有地道焉 兼三材而兩之 故六 六者非陀也 (「繫辭傳」 下, 第十二章).

17 Lee, *The Theology of Change*, 8.

18 易與天地準 故能彌綸天地之道 仰以觀於天文 俯以察於地理 是故知幽明之故 原始 反終(「繫辭傳」 上, 第四章).

상호의존적이고 보완적인 동양 사고의 원리는 우주를 바라보는 기본적인 관점이다. 이러한 형이상학적이고 우주론적인 체계는 유기체적인 세계관과 맥을 같이 한다. 이러한 실존과 실체의 개념을 가진『역경易經』의 사상은 인격적이면서 비인격적이고 초월하면서도 내재하는 다석 류영모의 하느님 개념을 이해하는 데 도움이 된다. 왜냐하면 류영모는 세계와 절대자와의 관계를 상호의존적이고 보완적인 관점에서 보았기 때문이다. 다석 류영모의 이러한 세계관 이해는 다음 장에서 설명될 '이것이면서 저것도' 또는 '이것도 저것도 아닌' 논리에 의해 살펴보아야 한다.

2) '이것이냐 저것이냐'

아리스토텔레스 논리학論理學에 근거하고 있는 서구의 사고는 절대적으로 이원론二元論적인 사고, 즉 '이것이냐 저것이냐'는 논리를 전제하고 있다. 초기 그리스도교의 간단명료한 메시지는 포괄적이었으나 희랍希臘 사상의 영향을 받으면서 점차적으로 배타적인 태도를 취하게 되었다. 희랍철학과 사고에 의해 해석된 그리스도교 교리는 발전되고 확고하게 체계화되었다. 따라서 자연스럽게 희랍 사고는 그리스도교 사상의 절대적인 바탕이 되었다.[19] 예를 들어 정통 그리스도교의 핵심 사상인 삼위일체三位一體 교리는 희랍 사상의 존재론存在論의 뼈대를 이루고 있는 실재의 개념에 의해 설명되고 구체화되었다. 따라서 간단명료한 예수 그리스도의 메시지는 어쩔 수 없이 형이

---

19 Harnack, *What is Christianity?*, 204-262.

상학적이고 사변적인 교리로 변모해갔다.

　희랍철학의 배타적인 사상을 깊이 영향받은 그리스도교는 '예수만이 길이다'라고 주장하는 배타적인 종교가 되었다. 그리스도교의 배타성은 서구 기독교 선교사들이 분명하게 보여주었다. 대부분의 서구 선교사들은 타 종교와 협력하기보다는 어떤 희생을 치르더라도 예수 그리스도의 이름으로 그들의 선교 영역을 확장하려고 하였다. 공동선共同善과 진리를 구현하기보다는 비그리스도인들을 개종시키는 데 거의 모든 힘을 기울였다. 따라서 서구 그리스도교의 배타성은 타 종교와 관계에서 극명하게 드러난다.

　그리스도교가 하나의 분파 종교가 아니라 보편적인 종교가 되기 위해서는 그리스도교의 배타성의 근거가 된 '이것이냐 저것이냐'[20]라는 사고를 하루 속히 극복할 필요가 있다. '이것이냐 저것이냐' 논리는 상호의존과 상호보완의 정신을 나타내는 '이것이면서 저것도'의 논리나 '이것도 저것도 아닌' 사고와는 상반된다. 비록 현대 과학이 기존의 세계관을 혁신시키고 있지만, 아직도 대부분의 서구 과학은 아리스토텔레스의 논리에 근거하고 있다.[21] "서구에 사는 우리 지성인들은 어떤 문제에서나 이것이냐 저것이냐를 선택해야만 한다"[22]고 스미스Wilfred Smith는 지적한 바가 있다. 서구의 논리는 언제나

---

20 중도의 길을 배제한 아리스토텔레스 원리에 기초한 '이것이냐 저것이냐' 사고는 주체와 개체, 본질과 존재, 초월성과 내재성의 구분을 넘어서 존재하는 하느님의 형상을 묘사하는 데는 한계가 있다. '이것이냐 저것이냐' 논리에 의하면 하느님은 한 분이거나 세 분이어야 한다. 하느님은 논리적으로 하나이면서 동시에 셋일 수는 없다. 따라서 성 삼위일체를 설명하기 위해서는 가장 포용적인 논리인 '이것이면서 저것도'의 논리가 요구된다.

21 Lee, *The Theology of Change*, 16.

22 Wilfred Cantwell Smith, *The Faith of other Man* (New York: New American Library,

주관과 객관을 상정하기 때문에 서구의 지성은 이원론적인 경향을 나타낼 수밖에 없다. '이것이냐 저것이냐'의 사고가 서구 지성인의 삶에 깊이 내재해 있기 때문에 신학에서 이 문제를 극복하는 일이란 거의 불가능한 것처럼 보인다. 동양 사고와 서로 통하는 점이 있는 과정철학에서조차도 이원론적 사고를 제거해야 하는 어려움이 있다고 역의 신학자 이정용은 지적하고 있다. 서구 이원론의 한계와 문제점을 이해하고, 주관과 객관을 나눈다는 것이 위험한 발상發想이라는 것을 인식한 화이트헤드Whitehead마저도 이원론적 사고에서 벗어나지 못했다고 이정용은 주장한다. 왜냐하면 화이트헤드의 분석적 방법은 결국에는 배타적인 사고[23]를 전제하고 있기 때문이다. 화이트헤드는 실재를 그 전체성全體性이나 통전성通傳性 안에서 파악하지 않고, 과학 세계에 적용되어온 분석적이고 객관적인 방법을 통해서 보편적인 상호시발相互始發 혹은 창조적 유입을 탐구하는 계기로 삼았다.[24] 만약 궁극적 실재가 주객主客을 넘어서 존재하는 것이라면 '이것이냐 저것이냐'의 논리로 궁극적 실재를 설명하는 것은 불가능하다고 이정용은 말한다. 스미스가 말한 바와 같이 "모든 궁극적인 문제에서 진리는 '이것이냐 저것이냐'의 사고 속에 있는 것이 아니라 '이것이면서 저것도'의 사고 속에 있다."[25] 따라서 이원론적 사고를 극복하기 위해서는 궁극적 진리는 '이것이냐 저것이냐'의 논리 속에

1963), 72.

23 Lee, *The Theology of Change*, 17.

24 Ryusei Takeda and John B. Cobb, Jr., "Mosa-Dharma and Prehensions: Nāgārjuna and Whitehead Compared," *Process Studies* 4/1(1974).

25 Smith, *The Faith of Other Men*, 72.

있는 것이 아니라, 이것뿐만 아니라 저것도 모두를 포용하는 '이것이면서 저것도'의 사고를 받아들여야 한다고 본다.

'이것이냐 저것이냐'의 논리 사고에 따르면 존재의 범주는 주관과 객관의 실재에 대한 갈등의 문제를 해결할 수는 없다. 그러나 변화의 범주, 즉 '이것이면서 저것도'의 사고에 의하면 주객主客의 실재는 서로를 포용하면서 상호보완적이다. 상호보완적인 동양적 사고에 의하면 사람이 자기 자신의 의식상태를 직접적으로 경험할 때 주관 객관의 구분이 없는 것으로 나타난다. 주객主客의 구분이 없을 때 앎과 앎의 대상이 완전히 하나로 일치된다. 아직 어떤 의미가 반영되지 않은 무의식의 상태, 즉 주관과 객관이 구분되거나 나누어지기 이전의 일치 상태가 류영모의 유기체적 사고의 출발점이다. 의식과 사건이 객관적으로 서로 직면하지 않는, 즉 무의식과 작용하고 있는 의식이 일치되는 곳, 주관과 객관이 구분되지 않거나 분리되지도 않은 상태에서 주객의 일치가 다석 류영모의 사고의 궁극점이다. 류영모는 그의 전 삶을 통하여 실체와 일치, 즉 '하나에로 귀일歸一'하려고 했다. 류영모의 사상에서 '하나'는 궁극적 실재로서 하느님을 의미한다.

그러므로 유기체적인 사고에서는 유有로부터 분리되는 무無는 순수한 무無가 아니다. 모든 것에서 분리된 '하나'는 순수한 '하나'가 아니고, 차별에서 분리된 '동등성'은 순수한 '동등성'이 아니다. 이와 같은 방법으로 세상이 존재하지 않는다면 하느님도 존재하지 않는다. 불교의 기본적인 사고인 이 순수한 무無는 정통 그리스도교 사상과는 다른 부정신학否定神學의 전통에서 볼 수 있다. 그리스도교 전통 안에서 하느님을 아는 길은 두 가지의 방법이 있다. 하나는 하느님이 누구인지 개념의 정의를 통해서 아는 방법이고, 다른 하나는 부정否定의 언어를 사용하여 개념을 넘어 있는 하느님을 아는 방법이다. 전자를 긍정적인 방법(kataphatic way)26이라고 하고, 후자를 부정적인 방법(apophatic)27이라고 말한다. 그리스어 '카타파시스kataphasis'는 '긍정肯定'을, '아포파시스apophasis'는 '부정否定' 또는 '부인否認'을 뜻한다. 카타파틱 방법은 '긍정'을 통해서 하느님을 이해하는 전통이라면, 아파파틱 방법은 '부정'을 통해서 하느님을 이해하는 전통을 말한다.

『내적 체험』(Inner Experience)을 쓴 머튼Thomas Merton은 긍정적인 방법으로 하느님을 아는 전통을 거부하지는 않았지만, 궁극적으로는 부정적인 방법을 통해서 하느님을 인식해야 한다고 생각한 사람이다.

---

26 카타파틱(긍정의) 방법은 하느님의 이름이나 형상을 사용하여 긍정의 언어로 피조물에서 발견할 수 있는 하느님의 완전함을 알아가는 것이다. 관상기도 체험에서 하느님 경험을 설명하기 위해 피조물을 상징으로 사용한다. 이 세상의 선함과 아름다움은 하느님의 완전하심과 선함을 긍정하는 데 도움이 된다. 종교 체험에서 하느님에 대하여 설명하기 위해서는 비유를 들어 말하게 된다. 그러나 카타파틱 방법은 하느님이 누구인지 어떠한 일을 하는지에 대해서만 말할 수 있다. 하느님의 존재 자체의 깊이에로 설명해 들어가는 데는 한계가 있다. 왜냐하면 어떠한 상징물도 깊이 있게 경험하는 하느님의 실재를 적절한 언어로 설명할 수 없기 때문이다.

27 아포파틱(부정의) 방법은 관상기도 체험으로 들어가는 본질적인 단계이다. 개념과 형상으로 더 이상 설명할 수 없기에 부정의 언어로 설명하게 된다. 사실 선불의 깨달음의 체험에서처럼 개념이나 상징물은 깊은 실체 경험하는 데 장애물이 된다. 모든 피조물이 하느님의 형상을 가지고 있음에도 불구하고 하느님과 피조물 사이에는 건너갈 수 없는 거리가 있기 때문이다. 존재 자체의 하느님 현존 속으로 피조물을 들여보낼 수 없기 때문이다. 이런 까닭에 관상기도가는 마음의 활동을 잠시 멈추고 말로 표현할 수 없는 실재의 체험을 지성의 빛으로 어둠의 경험 속으로 들어간다. 하느님의 현존은 명확하게 알려지지 않고 알 수 없는 그 무엇으로 나타난다. 아포파틱 방법으로 어둠이란 표현을 한다. 어둠이란 위디오니시스, 무지의 구름의 저자, 마이스터 에크하르트, 십자가의 성요한 등의 체험에서 보이는 중요한 개념이다. 현재에 와서는 궁극적인 실재를 무(無)로 표현하는 토마스 머튼의 글에서 볼 수 있다. 불교에서는 그것을 공(空)이라고 하고, 기독교 신비자 에크하르트는 그것을 무(無)라고 말한다.

점차로 '부재하는' 하느님에 익숙해 있다. 말하자면 모든 인간 경험에서 '없이 계시는' 하느님에 익숙해 있다. 말로 표현할 수 없는 '어둠'(darkness), 즉 모든 이름과 형상을 넘어 설명되는 아포파틱 빛(apophatic light)으로 파고 들어가서 하느님 개념을 이해하는 신학이라고 할 수 있다.[28]

머튼은 모든 생각, 욕구, 희망, 공포, 형상 그리고 모든 야망 등 이 모든 것들은 망각의 구름 아래서 모두 제거해야 한다고 말한다. 머튼의 "잊어라, 잊어라, 잊어라…"라는 말은 십자가의 성 요한의 "무無, 무無, 무無"라는 말을 생각케 한다.[29] 우리가 하느님을 아는 것이 아니라 어둠 속에서 하느님은 알려진다고 머튼은 말한다. 우리가 하느님을 발견하는 것이 아니라 하느님은 발견된다는 것이다. 하느님은 '번쩍이는 어둠'으로써, 가장 '황홀한 밝은 밤'으로써 체험된다. 이 역설적逆說的인 표현은 다석 류영모의 사상에서도 보인다. 이 글에서 이러한 역설적인 면을 자세히 살펴볼 것이다.

'모든 것과 무無' — Todo y Nada. 이 스페인어는 '모든 것과 무'를

---

28 머튼은 무지의 구름 저자처럼 역설적으로 말한다. 무지의 구름의 저자는 부정의 방법으로 두 개의 구름을 말한다. 1) 개념과 형상을 포함하는 피조물과 자신 사이를 갈라놓는 망각의 구름, 2) 말로 형언할 수 없는 체험 가운데 하느님을 찾아 들어가야 하는 무지의 구름(See Shannon, *Thomas Merton's Dark Path*, 9).

29 "모든 것 안에서 기쁨을 가지기 위해서 무(無)에서 기쁨을 찾아라. 모든 것을 가지기 위해서는 아무것도 소유하지 말라. 모든 것이 있게 하기 위해서는 아무것도 있게 하지 말라. 모든 것을 알기 위해서는 아무것도 알려고 하지 말라"(*The Ascent of Mount Carmel*, Bk I, 13:11, Peers, vol. I, 62). Cf. Thomas Merton, *The Ascent to Truth* (London: Hollis & Carter, 1951), 39-40. See Johnston, *The Still Point*, 31; Waldenfels, *Absolute Nothingness*, 141: 십자가의 성 요한에게 있어 무(無)는 모든 개념을 넘어 있는 순수 신앙의 어둠과 모호성 속에서 하느님을 만나기 위해 하느님에 대한 일체의 생각과 형상을 없애라는 뜻이라고 발덴펜스는 주장한다."

뜻한다. 여기에서 토도^{Todo}, 즉 '모든 것'은 '하느님'을 의미한다. 이 하느님은 모든 것의 완전성 안에 포함된다.[30] 하느님과 '무無'가 같은 것으로 생각하는 것에 대하여 서구 사회에서는 두 가지 의미로 해석한다. 하나는 하느님께서 '무無'에서 세상을 창조하셨다(creatio ex nihilo)는 뜻에서의 '무'이고, 다른 한편으로는 아무것도 없는 '무', 즉 허무적인 의미(nihilistic sense)에서의 '무'이다. 이러한 주장은 인간에게 의미를 주고, 완성을 약속하는 하느님이라는 신학에서는 상호 모순적이다. 서구세계에서 이해하는 일반적인 의미의 무無와는 대조적으로 사용하는 서구의 부정신학(apophatic tradition)의 전통에서 무無는 동양 사상의 무無나 공空과 상통相通하는 개념이다.

류영모는 허공虛空에서 절대 존재를 찾는다. 오로지 부정否定이나 무無와 직면하는 차원에서 절대를 말한다. 류영모의 하느님 이해는 불교사상과 서구의 부정신학의 전통에서 말하는 개념과 매우 가깝다. 다석 류영모의 절대 존재는 '이것이냐 저것이냐' 논리로 인식되지 않고 '이것이면서 저것도' 그리고 '이것도 저것도 아닌' 논리로 인식된다.

3) '이것이면서 저것도'

'이것이냐 저것이냐'의 논리는 아리스토텔레스 철학에서 기인된 정적靜的인 세계관에서 온 이원론二元論에 근거하고 있는 반면에 '이것이면서 저것도' 사고는 『역경易經』의 유기체적 세계관에 근거하고 있

---

30 Merton, *The Ascent to Truth*, 40-43.

다. 『역경』은 상호보완과 상호보완의 사상을 내포하고 있다. 이 사상은 '모든 것은 하나 안에 있는 동시에 모든 것 안에 하나가 있다'는 생각과 관계가 있다. 동서양의 문화가 만나는 시점에 살았던 류영모의 사상 근거가 된 동양 사상은 '이것이면서 저것'의 이중긍정=重肯定과 '이것도 저것도 아닌' 이중부정=重否定을 통해서 상호의존과 상호보완의 정신을 말한다. '이것이면서 저것'의 논리와 '이것도 저것도 아닌' 논리는 동양 지성사에 깊이 자리 잡고 있으며, 특히 불교와 노장사상에 잘 반영되어 있다. 류영모의 하느님 이해는 마음의 깨침인 득도得道에 근거하고 있으며, 불교의 논리와 잘 통하고 있다. 이 불교의 논리는 대승불교의 설립자인 나가르주나(龍樹)에 의해 완성된 중도中道의 논리論理인 사구四句를 매개로 해서 어떠한 문제의 토론도 모두 담아낼 수 있다. 이 논리는 제3장에서 설명할 것이다.

다른 한편으로 '이것이면서 저것도'의 논리는 『역경』에 나오는 궁극적인 실재인 역易의 원리에서 기원한다. 궁극적인 존재로서 역易 그 자체는 음양陰陽의 상호작용 속에서 실재화된다. 음양은 모든 사물 안에 고유하게 내포되어 있는 것으로, 음양은 서로를 포용하는 것이기 때문에 '이것이면서 저것도'의 논리를 필요로 한다. 이러한 이중긍정과 이중부정의 사고와 논리는 동양 사고의 핵심을 이루고 있다. 동양 사고에서는 음양의 상호작용으로 인하여 궁극적 존재는 '이것이면서 저것도'의 사고로 설명된다.

'이것이면서 저것도'의 사고에 부정 개념을 덧붙이면 절대자 하느님은 인격적인 존재도 비인격적인 존재도 아니라는 논리가 가능하다. 하느님이 속성을 가지고 있다는 객체적인 관점에서는 실체의 개념을 거부한다. 하느님은 내재하는 존재가 아니라 초월적인 존재이기 때문에 하느님은 인간과 하나가 될 수 없고, 세상과는 완전히 분리되어 있다는 주장을 여기서는 비판한다. 하느님과 세상은 긴밀하게 연결되어 있다고 생각하는 다석 류영모의 사상에 의하면, 초월적인 하느님에 의해 세상의 자유 창조의 교리는 아무 작동도 할 수 없다. 따라서 다석 류영모의 하느님 개념은 인격적이면서 비인격적이고, 초월적이면서 내재적인 존재이다. 다시 말하여 인격적 하느님은 비인격인 하느님이다. 동시에 초월적 하느님은 내재적인 하느님이다. 이에 덧붙여서 다음 장에서 설명될 이중부정, '이것도 저것도 아닌' 논리를 적용하면 하느님은 인격적인 존재도 아니고 비인격적인 존재도 아니다.

4) '이것도 저것도 아닌'

『역경易經』에서 궁극적 존재로서 역易은 초월적이면서 동시에 내재적이다. 역의 초월성은 내재성을 가능케 하고, 역의 내재성은 초월성을 가능케 한다. 또한 역易은 인격적이고 비인격적인 실재로 이루어졌다. 궁극적인 존재는 지성의 논리로 설명될 수 없기 때문에 에크하르트Meister Eckhart는 그것을 '부정의 부정'이라고 부르고, 베단타에서는 그것을 어떠한 묘사를 넘어서 있는 '네티 네티neti, neti'(neither this nor that)라고 부른다. '이것도 저것도 아닌' 논리는 '이것이면서 저것도'의 부정이며 상대 개념이다. 이 논리는 위에서 언급한 용수龍樹(Nāgārjuna)의 중도론中道論 사구四句의 마지막 논리와 통한다. 궁극적窮極的 존재는 어떠한 묘사나 말로 설명될 수 없으므로 인격적이면서 비인격적인 모습 안에서 단순히 '그것'(it)이라 말한다.

궁극적인 존재, 즉 인도 철학에서 말하는 브라만^Brahman은 말이나 상상^想像으로 설명할 수 없고 볼 수도 없다.

> 우리는 어떻게 궁극적 존재를 설명해야 할지 모르며, 그것을 이해할 수도 없다. 그것은 우리의 앎을 넘어서 존재하고 우리의 무지^無知를 넘어서 존재한다.[31]

그러므로 부정의 언어로 궁극적인 존재를 설명할 수밖에 없다. 이와 같이 궁극적 존재는 그 이유가 어떠하든지 이중부정^二重否定, '네티 네티^neti, neti'를 통해서 알려진다. 이중부정은 존재 자체를 부정^否定하는 것이 아니다. 오히려 존재를 적절하게 설명하고 정의하는 것을 거부한다.[32] 이 궁극적인 존재는 거울 속에 분명하게 비치는 어떤 사물처럼, 순수한 영혼에게는 창조주가 하늘 안에서 빛처럼 투명하게 보여진다. 그러나 절대자는 인간의 상상으로 설명할 수 없는 존재이고, 어떻게 정의할 수도 없다. 절대자는 인간의 상상과 정의를 넘어 존재한다.[33] 따라서 궁극적 존재는 상상할 수 없고, 이해할 수 없고, 묘사할 수 없다. 궁극적 존재는 존재와 실존의 구분을 넘어서고 주관과 객관의 구분을 넘어서 있다. 궁극적 존재는 순수 의식이며 영원한 주체이다.

신비가들이 말하는 것처럼 하느님의 개념은 말로 표현할 수 없고 인식할 수도, 묘사할 수도 없다. 형상이나 개념을 넘어서 존재하기

---

31 *The Upanishads*, trans. by Juan Mascarro (Middlessex: Penguin Books, 1970), kena part 1, 51.

32 Lee, *The Theology of Change*, 33.

33 *The Upanishads*, Kantha part 6, 65.

때문에 '이것도 아니고 저것도 아닌' 논리로밖에 설명할 수 없다. 그런데 '이것도 저것도 아닌' 논리 개념은 '이것이면서 저것도'의 논리로 보완되어야 완전한 사고가 된다. 실링Schilling이 말했듯이 비록 하느님이 지적인 논리로 설명되지 않더라도 하느님을 알려는 노력을 멈추어서는 안 된다. 하느님이 우리 인간에게 주신 능력能力을 활용하여 가능한 한 완전하게 이해할 수 있도록 노력해야 한다.34 이러한 면에서 이중부정, '네티 네티neti, neti' 방법론은 '이것도 저것도 아닌' 논리를 보완해 주는 '이것이면서 저것도'의 논리와 함께 가장 포괄적인 사고 방법이라고 말할 수 있다. 모순을 상호보완하는 논리, 즉 이 역설적인 이중부정二重否定의 논리는 음양陰陽의 원리에 의해 표현되는 '이것도 저것도'의 사고와 병행되어야 한다. 상호보완과 조화되는 상호작용은 동양 사람들의 논리 사고의 중심에 자리 잡고 있다. 음양의 원리에서 나오는 '이것이면서 저것도'의 사고는 하느님의 내재성 안에서는 인격적이면서 비인격적이고, 선이면서 악이라고 결론 짓게 한다. 그러나 하느님은 '이것이면서도 저것도'의 논리 사고와 함께 '이것도 저것도 아닌' 사고를 병행해서 이해하여야 하므로 하느님의 초월성 안에서는 인격적인 것도 비인격적인 것도 아니고, 선善도 악惡도 아니라는 논리가 성립된다.

상호보완과 상호의존의 이론 안에 '이것이면서 저것도'의 논리와 '이것도 저것도 아닌' 논리를 적용하여야 한다. 옥덴Ogden은 새로운 유신론을 위해 새로운 논리 사고와 철학이 필요하다고 말한다. 이 유신론은 하느님이 궁극적으로 상대적이고, 궁극적으로 절대적인

---

34 Paul Schilling, *God in an Age of Atheism* (Nashville: Abingdon Press, 1969), 215.

존재로서 표현될 수 있는 사고와 철학이 요구된다고 주장한다.35 옥
덴은 궁극적 존재로서 가장 포괄적인 하느님의 개념을 이해할 수
있는 사고로 '이것이면서 저것도'의 논리를 들고 있다. 그러나 내 생
각으로는 '이것이면서 저것도' 논리는 이중부정인 '이것도 저것도 아
닌' 논리와 병행하여야 한다고 본다. 이러한 차원에서 나는 '네티 네티neti,
neti'라는 논리를 적용하여 류영모의 하느님 이해를 연구하려고 한다.
'이것이면서도 저것인' 하느님은 '이것도 저것도 아닌' 하느님이라는
것을 덧붙여서 생각해야 하기 때문에, '이것이면서 저것인' 사고는
하느님의 초월성 안에서는 인격적이지도 비인격적이지도 아닌 반
면에 하느님의 내재성 안에서는 인격적이면서도 비인격적이라고
말할 수 있다.

3. 다석 류영모의 유산들

1) 다석이 남긴 글들

다석 사상의 연구에서 가장 주요하게 다루어야 할 자료는 『다석
일지多夕日誌』이다. 류영모는 자기 죽음을 예언한 1955년 4월 25일부
터 1975년 1월 1일까지 20년 동안 일기를 남겼다. 『다석일지』는
1990년에 김흥호, 박영호, 서영훈이 4권으로 편집하였다. 『다석일
지』는 류영모의 생각과 사상이 완성될 즈음에 썼기 때문에 다석의
핵심 사상을 찾아볼 수 있다.36 『다석일지』에서 류영모의 종교 체험

---

35 Schubert Ogden, *The Reality of God and Other Essays* (New York: Harper & Row, 1966), 48.

과 관련된 그의 사상을 볼 수 있다는 점에서『다석일지』는 류영모의 사상과 신학을 확실하게 반영하고 있다고 본다.[37] 이러한 점에서 『다석일지』는 류영모의 사상을 연구하는 데 가장 중요한 참고자료로 사용할 것이다.

다석일지와 함께 류영모의 제자들이 기록한 다석의 말씀인 강의록을 엮은『다석어록多夕語錄』도 주요 자료로 사용할 것이다. 다석어록은 1928년부터 1963년까지 서울 YMCA 연경반에서 강의를 듣고 몇몇 제자들이 다석의 강의내용을 기록하였는데, 박영호는 이 기록물들을 재편집하여 1993년에『다석어록』이라는 이름으로 책을 펴냈다. 주요 자료는 1956년에서 1957년까지 김흥호 교수가 속기록한 것[38]과 1960년에서 1961년까지 주규식이 속기록한 것[39]으로, 박영호는 이 두 자료를 발췌 편집하여『다석어록』으로 출판하였다.

『다석어록』은 다석의 하느님 이해와 신학적 사고에 관하여 알아보고 연구할 수 있는 귀중한 자료이다.『다석일지』는 해설서 없이는 이해하기 힘든 시詩들이 많이 들어 있지만,『다석어록』은 이해하기 쉽게 편집되어 있어 관심을 끈다.[40] 이 글에서『다석어록』은 다석

---

36 Park Myung-woo, "Building a Local Christian Theology in the Context of Korean Religious Pluralism: A Critical Analysis of the Theology of Ryu Yŏng-mo (1890~1981)" (Ph.D. Dissertation, 2001, The University of Edinburgh), 17.

37 김흥호,『柳永模의 명상록』I (서울: 선천문화재단, 1998), 7.

38 속기록은 다석의 제자 김흥호가 1983년에 펴낸『제소리』에 들어 있고,『다석일지』 4권 안에도 있다. 다석학회에서는 2005년에 속기록을『다석강의』라는 제목으로 펴냈다.

39 『다석어록』, 267.

40 Park, op. cit., 18.

사상을 설명하고 이해하는 데 주요 참고 자료로 사용하였다. 또한 당시 다석이 기고한 잡지,「청춘靑春」,41「동명東明」,42「성서조선」43의 글들을 참고하였다.

1914년에서부터 1922년까지 잡기 기고문들은 다석의 20대 사고를 이해하는 데 있어 귀중한 자료들이다. 그리고 1937년부터 1942년 사이의 글들은 다석의 40대 후반에서 50대 초반의 성숙기의 사상을 엿볼 수 있다. 이들 잡지 기고문들은 1955년부터 1971년 사이에 기록한 다석일지와 위에서 언급한『다석어록』이전의 다석의 종교적인 사상을 알아볼 수 있는 자료들이다.44

---

41 월간지「청춘」(靑春)은 민족의식을 고취하기 위해 류영모의 친구인 최남선이 1914년 10월 1일에 발간하였으나 일제 총독부는 민족의식을 고취한다는 이유로 1915년 3월(6호)에 발간을 못하게 하였다. 1917년 5월 16일 다시 발간하여 월 1회 내다가 2개월에 한 번, 3개월에 한 번 1918년 8월 26일(15호)까지 펴냈다. 일제 총독부는 같은 이유로 폐간시켰기 때문이다.「청춘」잡지에 류영모의 길이 있다. "나의 一, 二, 三, 四"(1914, 2호); "活潑"(1915, 6호); "農牛"(1915, 7); "오늘"(1918, 14호); "無限大"(1918, 15호).

42 월간지「동명」(東明)은 1922년 9월 3일부터 1923년 6월 3일까지 총 41호를 펴냈다. 이 잡지는 타블로이드 주간지로 편집인은 진학문이고, 경영인은 최남선이었다. 「동명」(東明)에 류영모의 글, "南崗 李先生님"(1922. 8).

43 성서조선(聖書朝鮮)」은 1927년 7월에 김교신(金敎臣), 함석헌(咸錫憲), 송두용(宋斗用), 정상훈(鄭相勳), 유석동(柳錫東)과 양인성(陽仁性)에 의해 계간지로 발간되었으나 차차 매월 발행되었다. 주간은 김교신으로 민족의식을 일깨우기 위해 발간하였다. 158호를 내고, 1942년 일제 총독부에 의해 폐간되었다. 성서조선(聖書朝鮮)에 게재된 류영모의 글은 다음과 같다: "故 三醒 金貞植 先生"(1937년 5월, 100호); "湖岩 文一平 兄이 먼저 가시는데"(1939년 5월, 124호); "決定함이 있으라"(1940년 4월, 135호); "저녁 찬송"(1940년 8월, 139호); "奇別: 落傷有感"(1941년 9월, 152호); "消息."(1941년 11월, 154호); "消息 二"(1941년 12월, 155호); "消息 三"(1942년 1월, 156호); "부르신지 三十八年 만에"(1942년 2월, 157호); "消息 四: 우리가 뉘게로 가오리까"(1942년 3월, 158호).

44 박영호,『씨알: 多夕 柳永模 의 生涯와 思想』(서울: 홍익재, 1985), 155; Park, op. cit., 19-20.

다석 사상에 관한 다른 일차적인 자료는 다석이 1959년에 풀이한
『노자老子』, 1968년에 풀이한『중용中庸』과『다석일지』에 풀이해 놓
은 사서오경四書五經에 나오는 글들을 들 수 있다.[45]

2) 다석 사상 연구 논저들

다석 사상 연구에서 중요한 또 다른 참고자료는 무엇보다도 다석
의 제자인 박영호가 정리한 다석의 신앙과 사상에 관한『다석전집』
(7권)일 것이다.『다석전집』은 1994년 5월부터 1995년 12월까지
325회 걸쳐「문화일보文化日報」에 기고한 내용을 책으로 출판한 것이
다. 이 기고문들은 그 어느 출판물보다도 다석의 생애와 사상을 대중
화하고 흥미를 갖도록 하였다. 그리고 다석 사상을 현대 한국 지성사
와 종교사에서 의미 있는 사상으로 각인시키는 데 성공하였다.[46]
    그러나 박명우는 자기 박사학위 논문에서 박영호의 다석 사상
해석은 높이 평가할 만한 것이지만, 다석 사상을 해석하는 데 류영모
의 사상인지 박영호의 생각인지 불분명하게 한 부분이 많아 논의할
점이 많다고 지적하고 있다.[47] 류영모의 생애와 사상의 해석에서 박
영호는 류영모의 사상보다도 박영호 자신의 사고를 많이 사용했다
고 박명우는 지적한다. 박영호는 자신의 독특한 사고와 해석 방법으
로 다석의 사상을 이해함으로써 다석 사상인지, 자신의 사고인지

---

45 『다석일지』 1권, 4권에 노자『도덕경』을 1959년에 순우리말로 해석한 글이 있다.
    제자 박영호는 1993년에『노자 에세이』라는 책을 펴냈다. 순우리말로 풀이한『중용』
    은 박영호가 1994년에『중용 에세이』라는 이름으로 책을 펴냈다.
46 Park, *op. cit.*, 22.
47 *Ibid.*, 22-23.

불분명하게 한 경향이 있다. 따라서 박영호가 류영모의 사상을 대중화하는 데 혁혁한 공을 세웠음에도 불구하고, 나는 이 글에서 박영호의 다석 사상 해석이나 그가 쓴 책보다는 류영모의 어록을 주로 참고하였다.

김흥호에 의해 1983년에 발간된 『제소리』라는 책 안에 있는 "버들푸름"이라는 제목의 글은 1956년에서 1957년까지 1년 동안의 연경반의 강의를 기록한 글이다. 이 글들은 1970년에서 1981년까지 12년 동안 김흥호가 「사색思索」이라는 잡지에 연재했던 것들이어서 "버들푸름"에 나오는 글들은 본래 다석의 사상을 그대로 포함하고 있다고 볼 수 있다.

다석의 제자들은 강의와 책의 발간을 통하여 다석 사상을 폭넓게 알리려고 하였다. 특히 박영호는 다석이 돌아가신 지 4년 후인 1985년에 다석의 생애와 사상을 편집한 『씨알: 多石 柳永模의 生涯와 思想』이라는 책을 펴서 다석 사상을 알리는 데 핵심 역할을 하였다. 이어서 박영호는 다석 류영모의 생애와 사상에 관하여 7권의 책을 썼다.[48]

다음으로 중요한 이차 자료는 류영모를 사랑하고 신실하게 따랐던 제자들의 유고집인 『동방의 성인, 다석 유영모』이다. 다석의 죽음을 기념하는 모임에서 제자들이 다석에 대한 기억과 회상의 글을 쓰게 되면서 다석의 사상과 생애는 학문적인 조명을 받고 재구성되었다. 박영호는 이러한 추모하는 글과 다석 사상을 재해석한 글들을

---

48 『多夕 柳永模의 생각과 믿음』(1995), 『多夕 柳永模의 기독교사상』(1995), 『多夕 柳永模의 불교사상』(1995), 『多夕 柳永模의 유교사상』 상 □ 하(1995), 『多夕 柳永模의 생애와 사상』 상 □ 하(1996).

모아 책으로 출간하였다. 이러한 박영호의 두드러진 활동으로 다석 류영모의 생애는 한국의 지성인들에게 알려지게 되었고 일반인들에게 소개되었다.『동방의 성인, 다석 유영모』는 18편의 글과 제자들이 쓴 4편의 논문을 포함하고 있다. 류영모에 관한 소논문과 글들은 류영모의 사상을 신학적으로 또는 체계적으로 분석하고 해석한 글이라기보다는 선생인 류영모의 사상을 충성스럽게 드러내는 데 중점을 두었다.

또 다른 중요한 이차 자료는 『다석일지多夕日誌』를 해석한 책들이다.『다석일지』는 한글과 한문으로 기록된 다석의 매일매일의 일지이나 다석의 글을 이해하기는 쉽지 않다. 다석의 글이나 종교적 사고를 정확하게 이해하는 데 시간이 필요하다. 다석의 글을 이해하기 어려운 것은 류영모가 옛 한글을 즐거이 사용하였고, 사고의 표현의 한계를 극복하기 위해 한글을 자유자재로 해석하고 새로운 말들을 만들어 냈기 때문이다. 근자에 김흥호는 다석의 사상을 더 쉽게 이해할 수 있도록 하기 위해서 다석일지의 글들을 해석한『유영모의 명상록』과 7권의『다석일지 공부』를 펴냈다. 그러나 김흥호가 다석 사상을 이해하기 쉽게 해석한 글들을 이해하는 것 역시 용이하지만은 않다. 최근에는 박영호가 다석 류영모의 한시 99편을 해석하여 2000년에『다석 유영모의 명상록』을 펴냈다. 어느 정도 난해한 다석 사상을 이해하는 데 좋은 안내를 하는 책이라고 할 수 있다.

1983년 다석이 돌아가신 이후 여러 신학자들이 신학 잡지에 다석 류영모에 관한 소논문을 내고, 다석 사상을 활발하게 연구하고 있다. 여러 신학대학원에서 다석 사상에 관한 몇 편의 석사학위 논문이 나왔다. 석사학위 논문에서는 다석의 하느님 이해, 다석의 그리스도 이해, 다석의 종교다원주의 사상, 다석 사상을 통하여 동양적 기독교 신앙이해 등등을 다뤄왔다. 그리고 2000년도에는 영국 에든버러대학교에서 "종교다원주의 상황 속에서 다석 류영모의 생애와 사상을 통하여 지역 신학을 재구성"하는 박사학위 논문이 나왔다. 다석 류영모의 신학 사상을 연구하는 박사학위 논문이 한국에서보다도 해외에서 먼저 나왔다. 이 논문은 다석 류영모에 관한 첫 박사학위 논문으로서 그 의의가 크다.[49]

49정양모, "多夕 柳永模 先生의 信仰", 「宗敎神學硏究」 6(1994); 최인식, "다석 유영모의 그리스도 이해", 「宗敎硏究」 11(1995), Kim Sŏn-bo, "多夕 柳永模 의 宗敎觀", 「씨알마당」 126-127호(1995); 심일섭, "다석 류영모의 종교다원사상과 토착신앙", 「기독교사상」 1993년 10월호; 박경서, "다석 류영모의 그리스도 신앙이해"(한신대학교 대학원 석사학위 논문, 1995); Yu Yŏng-chong, "다석 류영모의 생애와 종교사상"(감신대학교 대학원 석사학위 논문, 1996); 심일섭, "多夕 柳永模의 東洋的 基督敎 信仰 연구", A Collection of learned papers, No. 27(강남대학교, 1996); 이정배, "기독론의 한국적, 생명신학적 연구", The Korean Echo-theology as the Systematic Theology(서울: 감신, 1996); 강돈구, "多夕 柳永模의 宗敎思想, 1, 2", The Study of Spirit and Culture, No. 65-66, The Institute of Korean Spirit and Culture, 1996, 1997; Ryu Chae-shin, "다석 류영모의 그리스도 이해"(한신대학교 대학원 석사학위 논문, 1997; 최인식, "그리스도의 유일성과 보편성", The Church and Theology in the Pluralistic Era(천안: 한국신학연구소, 1995, 21998); Park Myung-woo, Building a Local Christian Theology in the Context of Korean Religious Pluralism: A Critical Analysis of the Theology of Ryu Yŏng-mo(Ph.D. Dissertation, Edinburgh University, 2000).

III. 다석 연구의 구성

이 책에서 다석 사상은 두 가지 관점에서 살펴보았다. 첫째로 동양적 사고로 하느님 개념을 이해하기 위해 상호보완과 화합, 상호작용과 연속적인 관계에 있는 음양관계陰陽關係와 역易의 원리原理에 초점을 맞추었다. 둘째로 동양의 언어로 하느님을 이해하는 데 역점을 두었다. 특히 류영모의 태극太極으로서의 하느님, 절대무絶對無로서의 하느님, 도道로서의 하느님 개념을 해석하였다. 더 나아가 나 자신의 내적인 신앙 대화를 위해 초월적이고 내재적인 하느님, 인격적이고 비인격적인 하느님 개념을 이해하고자 하였다.

참으로 진리眞理를 안다는 것은 그 진리를 몸으로 실천할 때이다. 몸으로 실천하는 것은 이미 진리라고 알려진 것이 단순히 외적으로 나오는 것을 의미하지 않는다. 니터Paul Knitter가 주장하듯이 진리의 실천은 스스로 진리의 바른 근거가 되고 진리의 바탕이 되는 것을 의미한다.[1] 우리의 구체적인 상황 속에서 예수의 삶을 따라 살고, 예수의 말씀을 실제로 실천할 때 우리는 예수가 누구이고, 예수의 말씀이 무엇을 의미하는지를 진정으로 이해할 수 있다.[2] 그런데도 어떤 신학자에게는 "타 종교에도 계시啓示가 있고 구원이 있는가", "그러한 계시는 어떤 내용이고 어느 정도인가" 그리고 "세계의 종교들 가운데 그리스도교의 위치는 무엇인가", "그리스도교는 다른 종교들의 완성인가" 등등의 논의가 주요한 문제로 남는다. 더 나아가서는 구

---

1 Paul F. Knitter, *No Other Name?* (London: SCM Press, 1985), 206.
2 S. Wesley Ariarajah, "Today's A Theology of Dialogue," in *Interreligious Dialogue*, ed. by Rechard W. Roussau (Montrose, Pa.: Ridge Row Press, 1981), 32-45.

체적인 삶의 차원次元에서는 "타 종교의 사람들과 어떤 종류의 사회 정치적 협조가 허용될 수 있는가", "전례에 『도덕경道德經』을 사용하고, 기도하는 데 불교의 선禪 방법을 적용하는 것이 적절한가"라는 문제가 여전히 남아 있다.

제도적인 종교 차원이 아니라 일상적인 삶의 차원에서는 매일 타 종교他宗敎 신앙인들과 몸을 부대끼고 살아가는 사람들이 개인적으로 더 많은 실제적인 질문에 직면하고 있다. 말하자면 "불교인佛敎人들은 크리스천이 아니므로 실제로 저주받는가", "한 집 울타리 안에서 불교인들과 유교인들과 함께 사는 크리스천들은 어떻게 사는 것이 복음을 적절하게 증거하는 것인가?" 이러한 질문에 대해 내가 제안하는 대답은 성서에서나 전승에서 간단하게 찾아질 수 없는 것들이다. 적절한 대답은 그리스도교와 타 종교의 전통과의 대화 실천을 통하여 찾아야 한다. 종교 간의 대화 없이 이론적으로 대화를 말하는 종교신학이 있다면 그것은 마치 고객의 몸 치수를 재지 않고 옷을 만드는 재단사와 같은 격이 될 것이다.

그러므로 이 책의 출발점은 내가 살아오면서 느끼고 교회 사목활동을 통해서 겪었던 그리스도교 개념과 타 종교의 사고와의 내적인 신앙 갈등을 원만하게 극복하기 위한 시도로써 내적 종교 간 대화에서 시작된다. 서두에서 언급했듯이 나는 동양 사고로 하느님을 이해한 류영모의 사고를 통하여 내적 신앙의 갈등을 극복할 가능성을 보았다. 그러므로 이 글은 종교 간의 대화의 구체적인 실천을 하기에 앞서 개인의 내적인 신앙 갈등을 극복하기 위한 하느님 이해에 목적을 두고 있다. 더 나아가 이 책은 구체적인 종교 간의 대화對話의 방법을 찾는 것이 목표가 아니라 종교 간의 대화를 위한 노장사상,

성리학, 불교의 궁극적 실재를 이해하는 데 있다. 그러므로 본 연구에서 나는 위에서 제시한 종교 간의 대화 문제를 다루지 않고, 류영모의 궁극적인 존재에 대한 이해에 중점을 둘 것이다.

이 책은 5장으로 구성하였다. 1장은 연구하게 된 동기와 배경, 연구의 목적과 방법, 책의 주요 개념과 연구의 한계限界를 간단하게 소개하였다. 특히 '이것이면서 저것인' 논리와 '이것도 저것도 아닌' 논리論理를 바탕으로 하고 있는 동양적 사고는 하느님의 인격적, 비인격적인 면과 내재적이고 초월적인 면을 연구하는 데 중심 논리로 사용하였다.

2, 3, 4장은 본서의 핵심으로서 류영모의 하느님 이해를 다루었다. 무엇보다도 2장에서는 성리학性理學 관점에서 류영모의 태극太極으로서 하느님에 대한 개념을 다룬다. 3장은 불교의 관점에서 류영모의 공空과 무無로서의 하느님을 알아본다. 4장은 노장사상老莊思想의 관점에서 절대 진리 또는 도道로서 다석 류영모의 하느님 이해를 논한다. 제5장은 종교다원주의 상황 속의 그리스도교 신학을 해석하는 차원에서 하느님 개념을 재해석하고 재개념화하기 위해 류영모의 하느님 개념을 수용한다. 그리고 재개념화를 통한 종교 간 대화의 가능성을 타진한다.

다석多夕 류영모는 1890년에 태어나 어려서부터 천자문과 사서오경四書五經을 배우고, 1905년 기독교청년회관(YMCA)에서 행한 개화기의 명사들의 강연을 들으러 다니다가 초대 YMCA 총무 김정식金貞植의 인도로 연동교회에 나갔다. 그리스도교에 입교한 후 경신학교를 다니며 서양의 신학문을 배웠다. 1910년부터 1912년까지 오산학교 교사로 활동하면서 이승훈을 도와 오산학교를 그리스도교 학교로 만들었다. 1912년 일본의 도쿄(東京) 물리학교에 입학하였다가 귀국하였으며, 1921년 조만식 선생의 후임으로 1년 동안 오산학교 교장으로 있었다. YMCA 총무 현동완의 부탁으로 1928년부터 1963년까지 35년간 연경반硏經班에서 성서와 동양 고전을 지도하였다. 류영모는 그리스도교에 입교한 후 7년 동안 교회주의 정통 신앙인으로 살다가 비정통신앙인이 되었다. 톨스토이의 저서를 통해서 그리고 오산

다석 류영모(1890~1981)

학교에서 신채호, 여준 선생의 조언으로 한국 사상과 불교 경전과 『도덕경道德經』을 읽고 영향을 받았기 때문이다. 불교 경전과 노장사상老莊思想, 사서오경四書五經과 서구의 과학 정신을 함께 받아들여 성서를 다석 나름대로 독특하게 해석하였다. 순수 우리말로 성서를 해석한 다석은 서구 그리스도교를 한국화하였다고 할 수 있다. 다시 말하여 한국적 그리스도교 사상을 펼쳤다고 할 수 있다.

　다석 류영모는 한국 그리스도교 역사에서 손꼽히는 종교 사상가이다. 160㎝ 단구의 몸으로 서울 구기동에서 농사를 짓고 벌을 치며 전깃불도 없이 살던 다석은 1942년 그의 나이 쉰둘이 되자 간디처럼 아내와 해혼解婚(부부 성관계를 그만둠)을 선언한 뒤 늘 무릎을 꿇고 생활하였다. 다석은 하루에 한 끼만 먹고, 널빤지에서 잠을 자면서 철저히 수행하며 '하나'에로 귀일歸一하는 삶을 살았다. 1955년에는 1년

후 1956년 4월 26일에 죽는다고 선언을 하고 하루하루를 철저히 사는 신앙인으로서 늘 생각이 깨어 있는 삶을 살았다. 다석은 탐 □ 진 □ 치貪瞋癡를 극복하여 참나를 깨달아 하느님과 하나가 되는 깨달음의 신앙을 강조하였다. 태일太一인 '하나'는 '하늘'과 '나'가 하나가 된다고 다석은 해석하였다. 다종교 상황 속에서 동서양의 사상을 접한 류영모의 통종교通宗教의 삶을 이웃 종교와의 대화의 좋은 본보기로 삼고자 한다.

2장

태극(太極)으로서의 하느님

I. 성리학 관점에서 본 하느님 개념

본 장에서는 성리학性理學의 관점에서 태극太極으로서 하느님 개념을 알아본다. 인격적이면서 비인격적일 뿐만 아니라 초월적이고 내재적인 궁극적 존재를 살펴보고자 한다. 이미 1장에서 언급했듯이 시간과 공간 안에서 인식의 한계를 느끼며, 유한한 존재로 살아가고 있는 인간이 궁극적 존재의 속성과 본질本質을 이해한다는 것은 불가능하다. 『도덕경道德經』이 말하는 것처럼 "아는 사람은 말하지 않고 말하는 자는 알지 못한다."[1]

하느님의 속성은 언어로 표현할 수 없다는 관점에서는 하느님으로서 태극太極을 말하고 논한다 할지라도 그것은 하느님 자체가 아니라 하느님에 관한 인식認識일 뿐이라는 것이다. 제한된 시간과 공간 안에서 경험되는 것을 인간이 상징이나 형상을 통해서 하느님을 인식하는 것이다. 그래서 동양 사고와 그리스도교 신비주의자들이 말하는 부정신학否定神學에서는 궁극적 존재를 형상화할 수도, 생각할 수도 없고 인식할 수도 없으며 말로 설명할 수도, 묘사할 수도 없다고 한다. 역설적으로 말하면 하느님을 규정할 수 없다면, 하느님은 초월적인 존재도 내재적인 존재도 아니고 또한 인격적이지도 비인격적이지도 아니라는 논리가 성립된다. 하느님은 정의할 수도 없는 존재이고 인간의 사고를 넘어서 존재하지만, 그런데도 우리는 하느님이 누구인지 설명해야 한다. 또한 절대자 하느님의 이미지를 말로 설명해야만 한다. 유사 이래 인간은 하느님에 대하여 끊임없이 질문하여 왔는데,

---

1 知者不言, 言者不知(『道德經』, 第五十六章).

이에 대한 대답 없이 침묵으로 일관할 수 없는 일이다.

종교 사상가로서 다석 류영모는 동양 고전과 성서를 잘 이해한 사람이다. 동양적 사고로 성서를 이해하고 해박한 지식으로 절대자를 나름대로 설명한 사상가이다. 다석은 밖으로부터 다양한 철학과 사상을 받아들였지만, 거기에만 매몰되지 않고 유기체적 사고와 통전적인 사고로 동서양 사고를 조화시키고 통찰하였다. 첫머리에서 설명했듯이 다석의 하느님 개념은 인격적이며 비인격적인 존재일 뿐만 아니라, 초월적이며 내재적인 존재이다. 앞에서 소개했듯이 하느님의 개념에 대한 반대 논리의 정의도 성립된다. 이중부정二重否定의 논리論理를 적용하면 하느님은 인격적인 신神도 아니고 비인격적인 존재도 아닐 뿐만 아니라, 초월적인 신도 내재적인 존재도 아니다. 그래서 하느님의 존재를 언어로 다 설명할 수가 없다. 그럼에도 본 장에서는 다석 류영모의 태극太極으로서의 하느님 이해를 '이것이면서 저것도'의 논리와 더불어 '이것도 저것도 아닌' 논리를 적용하여 설명해 보고자 한다.

II. 초월적인 하느님 이름

하느님의 이름이 여럿 있는데, 대개 하늘의 최고 통치자와 관계가 있는 이름들이다. 유교가 천제天帝를 믿었던 것처럼 우리나라 사람들은 천상의 통치자를 믿었다. 유교에서는 상제上帝, 천주天主, 제帝, 천天이라는 말을 사용하였다. 우리나라 개신교인들과 선교사들이 오직한 분이라는 뜻에서 '하나님'이라는 말을 사용하기로 결정하기 전에처음으로 성서를 번역할 때는 상제上帝라는 말을 사용하였다. 한국의 유학자들은 천天이라는 말을 주로 사용하였으나 선교사들은 유일신을 강조하기 위해 천주天主보다는 '하나님'을 선호하였다. 천주天主라는 이름은 1603년 마태오 리치가 『천주실의天主實義』에서 사용한 말이다. 그 이후로 중국과 한국의 천주교는 천주天主라는 말을 사용하여왔다. 천주는 하느님이라는 이름과 함께 한국 천주교에서는 아직도사용하고 있다. 1971년에는 개신교와 천주교가 공동번역을 내기로했을 때 '하느님'이라는 이름을 사용하기로 하였다. 천天은 비인격적인 하늘과 섭리를 나타내는 말인 반면에 상제上帝는 세상의 지배자를다스리는 하늘의 존재로서 초월적이며 인견적인 신이다. 넓은 의미에서 천天은 비인격적인 하늘을 의미하는 동시에 왕중의 왕王으로서인격적인 상제上帝를 나타내기도 한다. 문자로는 하늘을 그리고 상징적으로는 하느님을 의미하는 천天의 개념은 '하늘이 안다', '하늘이여용서하기를' 또는 '하늘은 스스로 돕는 자를 돕는다'는 표현에서 보듯이 서양 사람에게도 익숙한 말이다.

일반적으로 중국 문화의 영향을 받아 온 한국이나 중국의 종교사상의 발달 과정은 세계 다른 나라의 종교 사상 발달 과정과 비슷하다. 처음에는 다신적^{多神的}인 개념에서 초월적인 단일신^{單一神}으로 그리고 나중에는 내재하는 일원론^{一元論}으로 발전해 왔다. 여기에서 제^帝와 천^天의 개념은 인간의 생사를 주관하고 모든 사물을 존재케 하면서도 인간과 사물을 초월해 계시는 단일신을 의미한다. 그러나 단일신론적인 관점에서도 고대 중국 종교에 나타난 신앙 유형은 두 가지로 정의할 수 있다. 하나는 인격적인 신^神의 개념이고, 다른 하나는 비인격적인 개념이다. 고대 중국인들은 선^善은 권하고 악^惡은 벌주는 권선징악^{勸善懲惡}의 신으로 그리고 전쟁에서 지켜주는 신인동형론적^{神人同形論的}(anthropomorphic)인 신으로서 제^帝라고 불렀다. 이러한 신의 개념이 차차 초월적인 영적 존재로서의 천^天으로 대치되었으나 천^天과 제^帝는 둘로 분리된 별개의 신의 개념이 아니다. 제^帝는 상주^{上主}로서 천^天이 인격화된 반면에 천^天은 더 일반적이고 보편적인 개념으로 사용되었다. "공자^{孔子} 시대로 올라가면 초월적인 신을 제^帝나 상제^{上帝}로 불렀다. 이러한 신의 개념은 신인동형론적인 의미로 이해하였다. 공자는 제^帝라는 말은 사용하지 않았다. 그 대신에 천^天이라는 말을 자주 사용하였다."[1] 천^天을 모든 존재의 근원으로서 여긴다는 점에서는 신의 개념은 초월적이다. 또한 인간 세상의 사회질서를 관장할 뿐만 아니라 모든 사건을 지배하는 초월적인 존재이다. 이러한 의미에서 천^天과 제^帝는 인격적이며 비인격적인 개념이 있다고 본다.

그러나 공자 시대에 천^天은 일반적으로 인격적인 개념보다는 비인격적인 개념으로 사용되었다. 예를 들면 천^天은 인간사회의 도덕원리나 우주 근원의 원리로 생각하기 시작하였다. 비인격적인 천^天

---

1 Wing-Tsit Chan, *A Source Book in Chinese Philosophy* (Prinseton: Priseton University Press, 1963), 16.

은 인간 본성을 포함한 자연의 도^道로 간주하였다. 인간의 덕^德의 길은 하늘의 명령인 천명^{天命}과 관계 있는 천도^{天道}이다. 천명의 개념은 인간사와 관계있는 하늘과 연관되어 있다. 유학자들은 수신^{修身}이나 격물치지^{格物致知}로 얻어진 윤리적인 행위와 덕행으로 자신의 운명을 관리할 수 있다고 생각하였다. 천명과 관련된 이러한 하늘의 개념을 통하여 공자와 유학자들은 인간의 운명과 윤리적인 복종을 이해하려고 하였다. 그리스도교의 하느님의 섭리^{攝理}(providence) 개념과 비슷한 의미이다. 이와 같은 인간사의 원인과 윤리적인 복종의 개념은 이미 이 당시에 확립되었다. 진영첩^{陳榮捷}(Wing-tsit Chan)에 의하면 천명은 운명으로 이해한다. 지식인들은 천명을 영적인 존재에 의해 신비스럽게 다스려지는 운명으로 이해하지 않았지만, 일반사람들은 자신들의 삶이 신에 의해 직접으로 다스려지기 때문에 천명을 하나의 운명으로 받아들였다. 그러나 점차로 천명을 하늘이 인간에게 준 윤리 규범이나 하늘이 인간에게 부여한 하늘의 명령으로 생각하게 되었다.[2] 여기에서 지식인이란 유학자들을 말한다. 유학자는 인간의 운명으로서 명^命을 하늘의 영적인 존재가 내리는 것이 아니라 단지 하늘에 의해 주어지는 것으로 이해하였다. 그러므로 명^命은 따라야 하고 실현되어야 하는 것이다. 『논어^{論語}』에서 이러한 의미의 하늘의 숙명이나 하늘의 뜻을 천명이라고 공자는 말한다.

그러나 공자는 하늘의 뜻을 인격적인 하느님의 명령으로 생각하였다고 칭^{Julia Ching}은 주장한다. 줄리아 칭은 그 증거로 『논어』의 「요왈^{堯曰}」과 「위정편^{爲政篇}」에 나오는 내용을 언급한다. "공자께서 말씀하기를,

---

2 Chan, *A Source Book in Chinese Philosophy*, 6-8, 22-23.

사람이 명을 모르면 군자라고 할 수 없다",3 "나이 오십에 이르러 천명을 알게 되었다"4고 한 공자의 말에서 칭은 천명을 인격적인 하느님의 명령이라고 해석한다. 또한 "천을 거스리는 사람은 아무도 하늘에 기원할 수 없다"5는 말을 예로 든다. 사실 칭은 천天이 모든 영靈을 초월해서 존재하는 하느님, 사람들의 기도 대상으로서의 '절대적 당신'으로 결론을 내린다.6 그러나 제帝나 상제上帝라는 말이 『논어』에 거의 나오지 않으나 천天이라는 말은 자주 언급된다. 유학자들이 사용하는 천이 인격적인 신을 나타내든 나타내지 않든 상관없이, 천을 다른 관점에서 해석하기도 한다. 다음의 공자의 가르침을 보면 공자는 죽음의 세계와 신神에 대하여 말하는 것보다는 근본적인 인간관계에 더 관심을 가지고 말하고 있음을 알 수 있다.

> 공자께서 괴변怪變이라거나, 완력腕力이라거나 또는 난동亂動이라거나, 귀신鬼神이라거나, 이런 것에 대해서는 절대로 말씀하지 않았다.7

> 계로季路가 귀신 섬기는 도道를 여쭈어보자, 공자께서 대답하셨다. '아직 사람 섬기는 도도 모르면서 어떻게 귀신 섬기는 도를 알려고 하느냐?' 계로가 거듭 여쭈어보았다. '그러면 죽음이란 무엇일까요?' 공자께서 대답하셨다. '아직 삶이 무엇인지도 모르는데, 어떻게 죽음이 무엇인지를 알

---

3 子曰, 不知命, 無而爲君子也(『論語』, 「堯曰」, 3).

4 五十而知天命(『論語』, 爲政, 6).

5 子曰, 予慾無言. 子貢曰, 子如不言, 則小子何述焉. 子曰, 天何言哉, 四時行焉, 百物生焉, 天何言哉(『論語』, 陽貨, 19).

6 Julia Ching, *Confucianism and Christianity* (Tokyo: Kodansha International, 1977), 122.

7 子不言, 怪, 力, 亂, 神(『論語』, 述而, 20).

졌는가?"8

또한 공자는 『논어』에서 하늘에 의해서 결정되는 인간의 운명이라는 관점에서 하늘의 운명과 뜻에 대하여 말하였다. 아래의 글에서 이런 관점을 확실하게 볼 수 있다.

백우伯牛가 병에 걸려 위독한 상태에 있었다. 공자께서 문병하시어, 창 너머로 그의 손을 붙잡으시고 슬퍼하시며 다음과 같이 말씀하셨다. "이럴 수가 있나. 이것도 천명天命일세그려. 이 착한 사람이 이런 병에 걸리다니. 이 아까운 사람이 이런 병에 걸리다니!"9

공자께서 말씀하셨다. "도道가 베풀어지는 것도 천명天命이고, 도가 없어지는 것도 천명이다. 공백료公伯寮 따위에게 천명이 움직이지도 않을 테니까, 너무 상심하지 마십시오."10

공자께서 말씀하셨다. "군자에게는 세 가지 두려운 일이 있다. 천명을 두려워하고, 높은 인물을 두려워하고, 성인聖人의 말씀을 두려워하는 것이다."11

위의 글에서 천명은 인격적인 궁극적인 존재의 계획과 목적에

---

8 季路問事鬼神. 子曰, 未能事人, 焉能事鬼, 敢問死. 曰, 未知生, 焉知死(『論語』, 先進, 11).
9 伯牛有疾, 子問之, 自牖執其手, 曰, 亡之, 命矣夫, 斯人也, 而有斯疾也, 斯人也, 而有斯疾也(『論語』, 雍也, 8).
10 子曰, 道之將行也與, 命也, 道之將廢也與, 命也, 公伯寮其如命何(『論語』, 憲問, 38).
11 孔子曰, 君子有三畏, 畏天命, 畏大人, 畏聖人之言(『論語』, 季氏, 8).

의해 주관되는 운명과 같은 뜻으로 표현된다. 공자는 인간에게 특별한 운명을 부여하는 초월적인 존재로서의 하늘(天)이 자신에게 거룩한 사명을 부여한 것으로 의식하였다. 공자는 이 거룩한 사명을 위해 자신에게 덕德을 주었다고 생각하였다.[12] 따라서 공자는 자신을 주周 왕조의 문화를 지키는 사람이나 전달자로 인식하였다. "만일 문文을 망하게 하려는 것이 하늘의 뜻이라면 어째서 후세後世에 태어난 나에게 문文을 좋아할 기회를 주었겠는가. 문文을 망하게 하지 않으려는 것이 하늘의 뜻이라고 한다면 광匡이라는 고장의 사람들이 나에 대해서 무엇을 어떻게 하겠다는 말인가?"[13] 하늘의 뜻으로서 천명天命은 또한 나라의 흥망에 관계하고, 천자天子인 황제를 세우기도 하고 제명하기도 한다. 다른 한편으로 숙명이라는 말은 위의 백우伯牛에 관한 일에서 보듯이 무자비한 것이나 어쩔 수 없는 운명을 의미한다. 다시 말하여 그 당시에 천天의 뜻은 네 가지의 의미를 가지고 있다고 말할 수 있다. ① 자연의 단순한 창공蒼空이나 땅의 반대 개념으로서 하늘, ② 신인동형론적인 천天이나 제帝가 상징하는 황천상제皇天上帝로서 세계를 지배하는 하늘, ③ 명命의 개념과 같은 의미로서 인간이 어떻게 할 수 없는 숙명적인 하늘, ④ 윤리의 원리로서 하늘 등 네 가지 의미로 쓰인다.

그러나 『맹자孟子』에 나오는 하늘의 뜻은 좀 다르게 변화된 개념이다. 맹자(372~289 BC)에 의하면 하늘은 사람의 마음에 존재한다. 수신修身하여 자신의 마음과 본성을 깨우친 사람이나 앞에서 언급한 격물

---

12 子曰, 天生德於予(『論語』, 述而, 22).
13 天之將喪斯文也, 後死者不得與於斯文也, 天之未喪斯文也, 匡人其如予何(『論語』, 子罕, 5).

치지格物致知를 통하여 완전한 지知를 얻은 사람만이 천도天道를 안다. 천명天命의 내재적이고 자연적인 해석은 천명天命이 인간의 도道와 같은 천도天道로 이해될 때 가능하다. 유학자들은 인간사회의 천도天道란 하늘의 의지로 본래 천성天性적으로 타고난 도덕적인 본성이라고 생각한다. 인간 삶의 관점에서 보면 이 천명天命은 인간 본성本性과 같은 의미이다. "자기 마음을 극진히 하는 사람은 자기 본성을 알 수 있으니, 자기의 본성을 알 수 있으면 천명을 알 수 있다. 자기 마음을 보존하여 자기 본성을 키워가는 것이 하늘을 섬기는 것이다"[14]라고 맹자는 말하였다. 이러한 해석은 윤리의 법과 자연의 원리로서의 천天의 개념을 내재화한 것이다. 공자는 천天을 인격적인 신으로서 초월적 존재로 말한 반면에 맹자는 인격적인 신보다도 자연의 원리로서 천天의 개념을 사용하였다. 이러한 면에서 천의 개념이 초월적인 단일신론에서 내재적인 일원론으로 변하였다는 것을 알 수 있다. 이러한 변화가 유교를 인본적인 사상이나 윤리로 잘못 이해하게 만든 원인 가운데 하나이다. 유교의 인간 본성 안에 내재하는 사상은 『중용中庸』에서도 볼 수 있다. 유교에서 발달한 성性의 철학은 앞에서 설명한 천天의 학설에서 유래한다. 중용에서 천도天道는 신비주의적인 합일合一사상을 나타내며 하늘과의 합일合一은 인간 안에서뿐만 아니라 인간 본성 안에서 우주적인 조화調和로 특징지을 수 있다.[15]

위에서 언급한 천도天道는 하늘과 인간의 완벽한 합일合一이라는 표현에서 더 잘 나타나는데, 이는 우주-도덕적 혹은 인간-사회적

---

14 盡其心者, 知其性也, 知其性則知天矣. 存其心養其性, 所以事天也(『孟子』, 盡心章句 上).
15 唯天下至誠, 爲能盡其性, 能盡其性, 則能盡人之性, 能盡人之性, 則能盡物之性, 能盡物之性, 則可以贊天地之化育, 可以贊天地之化育, 則可以與天地參矣(『中庸』, 22).

차원의 사고를 통합한 것이라고 줄리아 칭은 해석한다.16 『중용中庸』
에서 중요하게 다루는 문제 중의 하나는 하늘이 부여한 인간의 성性
이 무엇이냐는 것이다. 또한 인간과 하늘의 합일은 마음의 평정平靜과
화합和合에 의해 일어난다는 점을 중요하게 생각한다. 이 말은 이 세
상에 존재하는 모든 것이 성性에 의해 생성되고 존재한다는 의미이
고, 인간의 삶의 목적은 이 본성本性과 조화롭게 사는 것을 뜻한다.
『중용』의 머리말에서 "하늘이 명命한 것이 곧 성性이다"17라고 말하
고 있다.

　류영모는 인간의 성性을 영靈과 연결시켜 해석한다. 한자 '성性'이라
는 말은 마음 '심心'자와 날 '생生'자로 구성되어 있다. 초기 유교인들은
성性을 정신적인 활동으로 해석하였지만, 성리학자들은 성性을 단순
히 도덕적 규범과 형이상학적인 원리로 해석하는 경향을 보인다.
다석은 성리학자의 이러한 해석을 비판한다.18 다석은 초기 유교의
신神 이해에 근거하여 그리스도교에서 말하는 하느님이라는 관점에
서 신神의 개념을 해석한다. 그리고 영靈이라는 관점에서 유교의 천天
의 개념을 해석하고, 영적인 하느님을 말한다. 다석은 '유교의 성性,
그 자체는 하느님이 보낸 자'라고 말한다. "요한복음 6장 29절에
한아님이 보내신 이를 믿는 것이 한아님의 일이니라고 하였다. 이
성性을 찾아야 원혁명元革命을 할 수 있다"19고 다석은 생각하고 성性을
'하느님이 보낸 자'로 해석한다. 다석 류영모는 인간의 성性에 나타난

---

16 Ching, *Confucianism and Christianity*, 123.
17 天命之謂性(『中庸』, 第一篇).
18 『다석어록』, 62-63.
19 『다석어록』, 371.

하느님의 현존을 바로 '성령聖靈'으로 이해한다. 이 인간의 성性을 깨달은 사람을 유교에서는 군자君子라고 말한다. 자기 수양을 통하여 자기를 실현實現하는 것이 군자가 이루어야 할 과제이다. 유교의 정신적인 자기 수양의 최종 목적은 성誠의 삶을 통하여 하늘과 하나가 되는 것이다. 결국에 천도天道를 깨달아 성인聖人이 되는 것이다. 이 성誠은 유교의 윤리 교훈의 전체를 요약해 놓은 것이라 말할 수 있다. 성誠은 성인聖人의 마음의 상태로 해석할 수 있다. 이 성誠이 군자가 자기 수양을 통하여 성취해야 할 궁극적인 목적이다.

진영첩陳榮捷은 성誠이란 마음의 상태가 아니라, 인간과 하늘이 동시에 '하나'가 되어 실천하는 힘이라고 해석한다.[20] 성誠이란 하늘의 도道이며, 정성되게 하는 것이 인간의 도道이다. 이 인간의 도道는 꼭 성취되어야 하는 것으로 『중용』은 정의한다.[21] 이와 같은 의미의 성誠은 『맹자』에서도 찾아볼 수 있다. "성誠이란 하늘의 도道이며, 인간의 도道는 어떻게 해야 성실하게 되느냐를 생각하는 것이다."[22] 다석 류영모는 이러한 유교의 성誠 개념을 받아들이고, 성誠을 하느님의 말씀 또는 하늘의 진리로 나름대로 해석하였다

성誠이라고 하는 것은 하느님의 말씀이다. 유교에서 분명히 말하기를 참(誠)은 하늘이다. 이 참을 하려는 것이 사람의 길이다. 이 참을 얻는 것이 군자君子의 길이다.[23]

---

20 Chan, *A Source Book in Chinese Philosophy*, 96.

21 誠者, 天之道也, 誠之者, 人之道也. 誠者, 不勉而中, 不思而得, 從容中道, 聖人也. 誠之者, 擇善而固執之者也(『中庸』, 20:18).

22 誠者, 天之道也, 思誠者, 人之道也(『孟子』, 離婁章句 上).

성誠을 생각하는 것이 사는 길이다. 참(誠)을 그리워해야 한다. 참은 하늘의 길이고 참을 그리워하는 것이 참의 길이다.[24]

유교의 성誠의 윤리가치관을 다석은 '매일 하느님께 헌신하는 삶'으로 적용하였다. 다석 류영모는 '참나'(眞我)를 실현한 사람을 성인聖人으로 여겼다. 참사람을 깨달은 성인이 곧 하느님의 아들이라고 하였다. 하느님의 아들인 성인은 자기 수양뿐만 아니라 지적, 윤리적, 영적 삶 등 모든 면에서 완덕完德의 길에 들어선 사람이라고 하였다. 이 영적 자기 수양의 기준은 『대학大學』에 잘 나와 있다.[25] 자기 마음과 본성本性을 다스리는 자기 수양의 중요성을 이해하려면 『대학』을 공부하라고 하였다. 류영모는 무엇보다도 유교를 알려면 『대학』을 공부하여야 한다고 하였고, 군자君子나 진인眞人이 되고자 하는 사람은 『대학』의 말씀대로 마음을 수양하여야 한다고 강조하였다.

옛날부터 사람은 밝은 속알(明德)을 세상(天下)에 밝히려고 애썼다는 것을 알아야 한다. 세상에 명덕明德을 밝히려고 하는 이는 먼저 천하보다 제나라를 다스릴 줄(治國)을 알아야 한다. 나라를 다스리고자 하는 이는 무

---

23 『다석어록』, 93. 다석은 여러 곳에서 성에 관해 언급했다. 『다석어록』, 23, 91, 93, 101, 134, 140, 312.

24 『다석어록』, 93.

25 『대학』의 핵심적인 사상은 修己와 格物致知이다. 해당 원문은 다음과 같다. 古之欲明明德於天下者, 先治其國欲治其國者, 先齊其家, 欲齊其家者, 先修其身, 欲修其身者, 先正其心, 欲正其心者, 先誠其意, 欲誠其意者, 先致其知, 致知, 在格物. 物格, 而后知至, 知至, 而后意誠, 意誠, 而后心正, 心正 而后身修, 身修, 而后家齊, 家齊, 而后國治, 國治, 而后 天下平. 自天子, 以至於庶人, 壹是, 皆以修身爲本. 其本亂, 而末治者否矣, 其所厚者薄, 而其所薄者厚, 未之有也(『大學』, 4-7). 다석이 '수기'에 대해 언급한 것을 볼 수 있다. 『다석어록』, 53, 54, 56-58, 91, 92, 151.

엇보다 먼저 제집을 바르게(齊家) 할 줄 알아야 한다. 집을 바르게 하기 앞서 제 몸을 닦아야(修身) 한다. 몸을 닦기 앞서 마음을 바로 가져야(心正) 한다. 마음이 바르자면 뜻이 참되어야(意誠)한다. 뜻을 참되게 하려면 무엇을 알아야(致知) 한다. 참 뜻인지 못된 뜻인지 알려면 만물의 성질을 알아야(格物) 한다. 곧 과학을 하여야 한다. 이것이 물유본말사유종시物有本末, 事有終始이다.26

유교의 신神의 문제는 이와 같은 하느님 이해와 하느님 개념의 발전 과정을 통해서 흥미진진하게 전개되었다. 유교의 신神의 문제는 초기 유신론적인 믿음에서 하늘과 인간의 합일合一의 의미로 발전되었다. 그리고 인간의 본성本性 안에 하늘이 있다는 것을 강조하는 방향으로 전개되면서 범신론汎神論적인 경향을 띠게 되었다. 인간 본성本性 안에 내재하는 하늘을 깨달아야 하기 때문에 자기 수양과 자기의 훈련을 통하여 자신의 덕德과 영靈적인 마음을 닦는 것이 절대적으로 필요하였다. 이렇게 마음을 닦고 사물의 이치理致를 깨닫는 것을 성誠이라고 한다. 『대학』의 자기수신己修身은 다석의 경건한 종교 생활과 관계가 있음을 알 수 있다. 다음 장의 글에서 성리학에서 말하는 태극太極의 철학적인 의미를 살펴본 후에 태극太極을 재해석하고 재개념화하고자 한다.

---

26 『다석어록』, 91, 94.

III. 태극(太極)으로서 하느님

1. 주렴계(周濂溪)의 태극도설(太極圖說)

본 장에서는 일반적으로 성리학을 세운 주렴계周濂溪(1017~1073)[1]와 장재張載(1020~1077, 장횡거라고 불리기도 함) 그리고 주희朱熹(1130~1200) 사상에서 보인 '되어감의 존재'로서 절대자에 대한 질문을 정리하면서 성리학의 절대자 문제를 논의하고자 한다. 주희는 공자, 맹자, 주렴계, 장재, 정호程顥(1032~1085)와 정이程頤(1033~1107)로 이어지는 정통 유학파의 전달자이다. 이 장에서는 장재(張橫渠)가 이해한 절대자와 우주 그리고 주희에 의한 절대자 해석을 알아보고자 한다.

태극도太極圖와 통서通書를 쓴 주렴계는 성리학性理學을 위한 윤리학과 형이상학의 기초를 세웠다. 주렴계의 태극도는 도교道敎의 영향을 많이 받았지만, 도교의 도설은 아니다. 주렴계는 능동적인 양陽과 수동적인 음陰의 상호작용에 의한 태극太極의 생성 과정을 설명하는 데 도교보다도 『역경』을 주로 참고하였다.[2] 그러나 주렴계는 태극의 전체 개념은 대부분 『역경』에서 빌려오지만, 『역경』의 팔괘八卦 대신에 오행五行에 관하여 언급함으로써 『역경』과는 다르게 태극을 설명한다. 태극에 대한 『역경』과 다른 체계는 주렴계 자신의 태극 이해라 할 수 있다.[3] 진영첩陳榮捷(Wing-tsit Chan)은 그의 책 『중국철학문헌선

---

1 Chan, *A Source Book in Chinese Philosophy*, 460.

2 *Ibid.*

3 Fung Yu-lan, *A History of Chinese Philosophy*, vol. II, trans. by Derk Bodde (Princeton: Princeton University Press, 1983), 483.

편』(*A Source Book in Chinese Philosophy*)에서 주렴계가 노장사상의 무위無爲4 개념을 유학에 적용시켰으나 적용하는 과정에서 도교의 환상과 신비주의 요소를 제거하였다고 주장한다. 무엇보다도 주렴계가 성리학 체계를 세우는 데 크게 공헌한 것은 태극도설太極圖說이다.5 주렴계가 그림을 그리고 설명한 태극도설에서 시작한 성리학과 오늘의 유학을 이해하기 위해서는 무엇보다도 태극도설을 이해해야만 한다고 류영모는 말하였다. 장재와 정호, 정이 형제, 주희 등도 주렴계의 사상의 영향을 크게 받았다.6

태극도설은 지난 800년간 성리학의 철학과 우주관의 근본적인 핵심을 제공해왔다. 앞에서 살펴보았듯이 태극을 설명하는 주렴계의 태극도의 첫 몇 구절은 분명히 『역경』의 「계사전繫辭傳」의 영향을 받았다고 본다. 앞에서 설명한 것같이 『역경』에 의하면 태극은 역易 안에 있고, 역은 양의兩儀를 낳고, 양의는 사상四象을 낳고, 사상은 팔괘八卦를 낳는다.7 팔괘는 인간사의 길흉吉凶을 정하고, 길흉은 큰 사업을

---

4 무의 개념(無存)은 『도덕경』 29장과 『장자』 11장에서 기인한다. 天下神器, 不可爲也, 不可執也. 爲者敗之, 執者失之. 是以聖人無爲, 故無敗; 無執, 故無失.夫物, 或行或隨, 或歔或吹, 或强或羸, 或載或隳. 是以聖人去甚, 去奢, 去泰(『道德經』, 第二九章); 聞在宥天下, 不聞治天下也. 在之也者, 恐天下之淫其性也. 宥之也者, 恐天下之遷其德也. 天下不淫其性, 不遷其德, 有治天下者哉?(『莊子』, 外篇, 11)

5 Fung, *A History of Chinese Philosophy*, II, 435-7. 無極而太極, 太極動而生陽, 動極而靜, 靜而生陰, 靜極復動, 一動一靜, 互爲其根, 分陰分陽, 兩儀立焉. 陽變陰合而生水火木金土, 五氣順布, 四時行焉. 五行一陰陽也, 陰陽一太極也, 太極本無極也. 五行之生也, 各一其性. 無極之眞, 二五之精, 妙合而凝. 乾道成男, 坤道成女. 二氣交感, 化生萬物, 萬物生生, 而變化無窮焉 惟人也, 得其秀而最靈. 形旣生矣, 神發知矣. 五性感動, 而善惡分, 萬事出矣. 聖人定之以中正仁義而主靜, 立人極焉. 故聖人與天地合其德, 日月合其明, 四時合其序, 鬼神合其吉凶. 君子修之吉, 小人悖之凶. 故曰: 立天之道, 曰陰與陽; 立地之道, 曰柔與剛; 立人之道, 曰仁與義. 又曰: 原始反終, 故知死生之說. 大哉易也, 斯其至矣(『太極圖說』).

6 『다석어록』, 303.

낳는다. 「계사전」과 비슷한 방법으로 주렴계는 양의, 음과 양이 어떻게 생성되고 전개되는지를 설명한다. 『태극도설』마지막 부분(각주 5 참조)에서 역을 인용하기는 하지만, 주렴계는 『역경』의 팔괘 대신에 오행을 적용하였다. 그러므로 태극도는 전적으로 『역경』에 근거한 것은 아니라고 본다. 이 말은 주렴계가 음양학파陰陽學派의 개념을 차용하여 『역경』의 내용과 절충하였다는 것을 의미한다. 주렴계의 사상은 자연과 우주질서, 도덕과 사회질서와 관련된 인간과 땅, 하늘과의 신비적 화합和合에 초점을 맞추고 있다고 본다. 하늘과 땅의 관계에 대한 언급은 초월적인 것보다도 내재적인 것에, 인격적인 존재보다도 비인격적인 우주의 원리를 강조하는 경향을 보이면서 인격적인 신에 대한 믿음은 점점 모호해졌다.

2. 장횡거(張橫渠)의 태극 개념

1077년 어느 날, 장횡거[8]는 이상한 꿈을 꾸고 제자들에게 글을 써 보냈는데, 후에 그 글들을 모아 장횡거는 죽기 일 년 전에 『정몽正蒙』이라고 불리는 책을 편집하였다. 『정몽』은 장횡거의 평생 철학적 사고

---

7 易有太極, 是生兩儀, 兩儀生四象, 四象生八掛, 八掛定吉凶, 吉凶生大業(「繫辭傳」上, 右第 十一章).

8 Fung, *A History of Chinese Philosophy*, II, 477-478. 장재(張載)는 송대의 장안 사람이다. 젊어서 병법의 논의를 좋아했다. 장재는 중용을 읽었지만 만족하지 못하고 불교와 도가를 전전하며 여러 해 동안 연구했으나 소득이 없음을 깨닫고 돌이켜 육경(六經)을 공부했다. 이정(二程)과 더불어 도학(道學)의 요지를 이야기한 다음 새로운 확신을 얻고 "우리의 도(吾道)만으로 충분하니 다른 무엇을 구하랴?"라고 하면서 이단의 학설을 전부 폐하고 진정 순수해졌다. 장재는 옛것을 배우고 실행에 힘써 마침내 선비들의 종사가 되었다. 사람들은 그를 횡거 선생이라 불렀다.

의 진수를 담고 있다고 할 수 있다. 또한 장횡거는 두 권의 중요한 책을 썼다. 한 권은 『경학리굴經學理窟』이고 다른 한 권은 『역설易說』이다. 이 두 권의 책은 『역경』의 영향을 많이 받은 책이다. 특히 다석 류영모는 『정몽』에 나오는 「서명西銘」을 장횡거의 작품 가운데 가장 뛰어난 책이며, 유학의 진수라고 주장하였다. 또한 공자와 맹자의 사상을 정확하게 설명하고 있다고 말하였다.9 다석은 연경반研經班에서 특별한 관심을 가지고 『역경』과 더불어 「서명」을 가르쳤다. 다석 류영모 역시 『역경』과 장횡거의 「서명」으로부터 많은 영향을 받고, 장횡거의 절대자 개념과 우주 이해에 근거해서 자신의 종교적 사상을 발전시켰다.

위에서 언급한 바와 같이 태극에서 양의가 나오고, 양의는 오행을 낳고 오행은 만물을 낳았다는 주렴계와는 달리 장횡거는 태극을 하나의 기氣로 여긴다.10 장횡거는 일반적인 기로서 양의와 오행의 개

---

9 『다석어록』, 321; 류영모의 장재에 관한 언급과 절대 개념에 대하여 말한 곳을 참조하라. 『다석어록』, 313, 317-318, 322-323, 370.

10 성리학에서 나중에 주요한 개념이 된 기(氣)는 가령 에테르, 물질의 힘, 생명의 힘, 활력, 물질 에너지, 물질 등으로 다양하게 번역되고 있다. 그러나 기는 문자적으로는 호흡이나 영과 관련된 히브리어 루아흐(ruach)와 비슷한 김, 숨이다. 기 또한 에너지나 영을 뜻한다. 동양적 사고로 기는 모든 것에 활력을 주고 모든 것에 스며든 생명력이고, 우주가 존재하게 하고 우주가 계속 지속되도록 하는 우주의 에너지이다. 그러나 펑유란의 『중국철학사』를 영어로 번역할 때, 보드(Derk Bodde)는 기를 에테르로 번역하였다. 보드는 서양인들이 에테르나 물질로 말할 수 있는 것과 같은 것으로 기를 인식하였다. 진영첩은 기를 물질성의 힘(material force)으로 번역하였다. 중국 사고를 하는 모든 학생은 이(理)와 상반되는 것으로 기는 중국 철학에서 구분이 되지 않는 에너지이며 물질이라고 진영첩은 주장한다. 그러나 진영첩은 물질이나 에너지는 적절한 말이 아니라고 말한다. 둡스(Dubs)에 의해 사용된 물질에네지(matter-energy)는 본질적으로 그럴듯하나 무언가 어색하고 형용사적인 구실을 하지 못하는 말이라고 진영첩은 간주한다. 사실, 물리학에서 물질이나 에너지로서는 정신이나 혼의 반대되는 말이기에 여기에서 사용하는 것은 부적절하다. 류영

넘을 버린다. 장횡거는 음양陰陽은 기의 양면兩面이고 근본적으로 하나라고 생각한다. 다시 말하여 장횡거는 태극을 하나의 기로 본다. "하나의 사물에 양 측면의 상태가 있음이 기이다. 하나이기 때문에 신神하고, 둘이기 때문에 화化한다."[11] 때때로 장횡거는 『정몽』1장에서 '하나'를 태화太和로 묘사한다. 일반적으로 성리학에서 태극 그 자체를 도道라고 말하는데, 장횡거는 "태화는 도와 같은 것이다"[12]라고까지 말한다. 순수하고 모든 것에 미치며 현상화될 수 없고, 차별이 없는 단일체인 기가 신神이 된다.[13] 다석 류영모는 장횡거의 이러한 신의 개념을 절대자 또는 하느님으로 해석한다.

> 단 하나밖에 없는 원통 하나는 허공虛空이다. 색계는 물질계이다. 환상계의 물질은 죄다가 색계色界이다. 물질이란 말이다. 단일허공單一虛空이라고 이 사람은 확실히 느끼는데 한아님의 맘이 있다면 한아님의 맘이라고 느껴진다. 우주가 내 몸뚱이다. 우리 아버지가 가지신 허공에 아버지의 아들로서

모가 사용하는 기는 영과 에너지 모두를 포함하고 있다. 따라서 영과 물질력을 모두를 포함하는 것으로서 기는 번역하지 않고 기 그대로 쓸 것이다.

11 一物兩體, 氣也. 一故神(張載自註; 兩在故不測), 兩故化(張載自註; 推行于一), 此天之所以參也(『正蒙』,「參兩篇」). Fung, *A History of Chinese Philosophy*, II, 480; Chang Tsai, *Correct Discipline for Begginers*, ch. 2.

12 太和所謂道, 中涵浮沈升降動靜相感之性, 是生絪縕相盪勝負屈伸之始. … 不如野馬絪縕, 不足謂之太和. 語道者知此謂之知道, 學(易)者見此謂之見(易)(『正蒙』,「太和篇」). Fung, *A History of Chinese Philosophy*, II, 479.

13 清通而不可象爲神(『正蒙』,「太和篇」). 『역경』「계사전」에 나오는 신(神)이라는 말을 장재는 자주 사용하고 그의 철학 체계에 중요한 개념으로 쓰고 있다. 그러나 장재의 신에 대한 개념은 기독교의 인격적인 하느님보다는 우주 원리의 철학적인 개념에 더 가깝다. 하나이면서 여럿이고, 여럿이면서 하나인 도나 태허(太虛)는 태극이면서 기(氣)로서 활발하게 작용하는 초월적인 원리이다. 陰陽不測之謂神(『易經』,「繫辭傳」上).

들어가야만 이 몸뚱이는 만족한 것이다. 이것이 그대로 허공이 우리 몸뚱이가 될 수 없다. 단일 허공에 색계色界가 눈에 티검지와 같이 섞여 있다.[14]

태공太空, 공空, 현상계, 환상계 등등의 단어는 한국의 그리스도인들이 잘 사용하지 않는 말들이나, 불교나 노장사상에서는 자주 사용하는 말이다. 다석은 태공太空을 모든 생명과 만물의 근원이고, '있없'(有無)을 초월한 '하나'인 하느님이라고 말한다.[15] 이 개념은 다음 장에서 자세히 설명할 것이다. 다석 류영모는 '빔'(空) 안에서 하느님을 찾을 수 있다고 하였다. 다석은 그리스도교인으로서 자신의 사상을 불교와 노장사상에서 쓰는 말로 표현하였다. 더 나아가서 다석 류영모는 태극太極, 무극無極에까지 가면 유교도 불교나 노자와 다를 것이 없다는 결론을 내린다.[16] 결국에 가서는 '모두가 하나다'라는 것을 알아야 한다고 류영모는 주장한다.[17]

없(無)을 내가 말하는 데 수십 년 전부터 내가 말하고 싶었다. 그런데 말머리가 맘대로 트이지 않았다. 나는 없(無)에 가자는 것이다. 없는 데까지 가야 크다. 태극太極에서 무극無極에로 가자는 것이다. 이것이 내 철학의 결론이다. 그래서 태극도설太極圖說을 말하였다. 이걸 주렴계가 썻거나 예수가 썻거나 석가가 썻거나, 누가 썻거나 문제가 안 된다. 이게 내 속에

---

14 『다석어록』, 154; 류영모가 태허와 절대자에 대하여 언급한 부분을 참조하라. 『다석어록』, 117, 132-133, 154-156, 158-159, 161, 211-212, 241, 252-253, 275, 282, 284-286, 306, 310, 317.

15 *Ibid.*, 285.

16 *Ibid.*, 318.

17 *Ibid.*, 310.

있는 것이다.

장횡거는 어떤 법칙에 의해서 사물이 생성되고 있는 것이 자연의 순서라고 하였다. 크고 작은 일 그리고 높고 낮은 것이 서로 형상을 이루는데, 사물의 생성은 순서가 있고 질서가 있다고 장재는 말하였다: "천지의 기氣의 취산공취聚散攻取(모이고 흩어지며 공격하고 쟁취함)는 백 가지로 다르지만, 그 리理는 순조롭고 망령됨이 없다."[18] 이와 같이 기의 취산공취가 백 가지로 다르지만, 어떠한 법칙에 의해 사물의 생성은 순서가 있고 사물의 완성은 일정한 구조와 조직이 있다고 본 것이다. 그러나 주희에 있어서는 기氣와 리理가 둘로 나뉘고 각기 다른 것인 데 반해 장횡거에게 기와 리는 다르지 않은 개념이다. 기氣의 취산공취는 리理를 따르고 망령됨이 없다고 하였다. 주렴계나 주희와는 달리 장횡거는 리와 기가 둘이 아니라 하나라고 보았다. 이 개념은 다음 장, 장횡거의 우주 이해를 다루는 부분에서 더 자세히 설명할 것이다.

3. 주희(朱熹)의 태극 해석

주희[19]는 대우주大宇宙와 소우주小宇宙와의 관계, 인간과 우주의 상

---

18 Chan, *A Source Book in Chinese Philosophy,* 501. 참조. Fung, *A History of Chinese Philosophy,* II, 482; Chang Tsai, *Correct Discipline for Beginners,* ch. 1. 天地之氣 雖聚散攻取百途 然其爲理也順而不忘(『正蒙』,「太和篇」).

19 주희(朱熹, 1130~1200)는 맹자가 죽은 후 흐트러진 도(道)의 전통을 바르게 세웠다. 주렴계(周濂溪, 1017~1073), 정호(程顥, 1032~1085), 정이(程頤, 1033~1107)의 사상을 집대성하여 리학(理學) 일파를 완성하였다. 주희는『논어』,『맹자』,『대학』,『중

호 관계를 태극太極으로 설명한다. 태극의 개념은 우주의 상징적인 표현이다. 주렴계의 이론이 유학의 기본 학설을 재확인한 것이라고 한다면, 주희는 수 세기를 걸쳐 발전된 유학을 집대성한 것이다. 특히 송대宋代의 학문 전체를 새로 정리하고 종합한 것이다. 주렴계에 의해 고안된 태극의 개념을 그의 학문체계에 적용하고, 정호程顥20의 원리 개념에 결합시킴으로써 성리학의 대주석학자인 주희는 도학자道學者들의 학문을 체계화하고 종합한 것이라 할 수 있다.21 결론적으로 말하자면, 주희는 태극이 형체가 없는 하나의 원리로서 리理의 총화라고 주장한다.22

> 본래 다만 하나의 태극太極이 존재하나 만물마다 타고난 것이 있으므로 사물마다 하나의 태극太極을 온전히 갖춘 것일 뿐이다. 이것은 마치 달은 하늘에 오직 하나뿐이지만 강과 호수에 비추어지면 가는 곳마다 보인다고 하여 달이 분열되었다고 할 수 없는 경우와 같은 것이다.23

용』 사서를 새로운 시각으로 주석을 달아 그의 사회윤리철학 사상을 드러냈다.
20 근본적으로 오직 하나의 태극이 있으나 만물에 온갖 태극이 구비되어 있고 원래 조금도 부족함이 없다. 리는 하나이나 나타남은 수없이 많다. 이 개념은 정호(程顥)에서 나왔으나 주희가 정리할 때까지는 완전하게 발전되지는 않았다.
21 송대(宋代)에서 지금까지 성리학은 여섯 가지 주요 개념으로 특징지어지며 많은 학자들에 의해 발전되어 왔다. 즉, 태극(太極), 이(理), 기(氣), 性(성), 格物(격물), 인간성(人間性)에 대하여 논쟁이 되어오고 있다.
22 만물 안에 전체로서 각 사물 안에 개체적으로 완성된 태극 안에 모든 동정(動靜)의 원리가 구비되어 있다. 주희에 있어서 우주 안의 태극과 개체 안에 태극이 개체와 전체로서 하나가 아니라 달이 각기 대상에 빛을 비추는 것과 같은 뜻에서 하나라고 진영첩은 주장한다. 각 개체는 각기 달빛을 받고 있지만, 이 달빛은 전체로서 달빛이다. Chan, *A Source Book in Chinese Philosophy*, 638. 不是割成片去, 只如月印映萬川相似(『朱子語類』).
23 本只是一太極, 而萬物各有稟受, 又自各全具一太極爾. 如月在天, 只一而已. 及散在

태극太極은 모든 사물 안에 존재하지만 조각조각 분할되는 것이 아니고 마치 달빛이 모든 강에 드리워지는 경우와 같다는 비유는 불교의 화엄華嚴의 비유와 비슷하다. 이러한 점을 고려해 볼 때 주희는 직접적인 영향을 받는 것은 아닐지라도 화엄종華嚴宗의 영향을 받은 것 같다.24 이러한 면에서 주희는 태극이 단지 원리라고 말한다. 이것이 주희 철학의 핵심이다. 기氣가 아니라 리理에 근거하고 있는 주렴계의 태극이론은 주렴계 이전에 있었던 것으로 주희는 간주한다. 주렴계에 의해서 제시된 태극 개념이 주희에 의해 확고하게 확립되고 발전되었다. 주희는 리의 개념으로 태극을 해석하였다. 주희가 말하는 형이상形而上의 영역에 속하는 리理는 플라톤과 아리스토텔레스가 말한 형상(form)과 본질의 세계, 즉 이데아와 같은 것으로 정의된다. 서양철학의 '형상'과 같은 개념인 리理는 형이하形而下의 영역에 속하는 기氣에 앞서 존재하는 것으로 주희는 본다.25

중국 철학자 평유란은 리와 기를 그리스 철학 용어, '형상'(form)과 '질료'(matter)로 비교한다. 리理를 '형상'으로 기氣를 '질료'로 간주한

江湖, 則隨處而見, 不可謂月已分也(『朱子語類』).

24 화엄종에서 말한 인드라망경계 그리고 각 사물은 여래장 전체이고 그 안에 모든 법성이 있다는 천태종의 가르침과 비슷하여 주희는 이런 설의 영향을 받은 것으로 평유란은 주장한다. 다만 화엄종에서 말한 인드라망경계는 하나의 구체적 사물 속에 모든 구체적 사물이 내포되어 있다는 것이고 또 천태종에서 말한 하나하나의 법성은 하나하나의 사물에 잠재되어 있는 반면 주자는 한 구체적 사물에 하나의 태극, 즉 모든 사물의 리가 구비되어 있는 것으로, 평유란은 이들 이론 간에는 약간의 차이가 있다고 주장한다. 모든 사물의 리는 결코 모든 사물도 아니고 모든 사물에 잠재되어 있는 것도 아니다.

25 天地之間, 有理有氣. 理也者, 形而上之道也, 生物之本也; 氣也者, 形而下之氣也, 生物之具也. 是以人物之生, 必稟此理, 然後有生, 必稟此氣, 然後有形(『朱熹集』, 答黃道夫書). Fung, *A History of Chinese Philosophy*, II, 542.

다.[26] 사물은 질료이고 리는 형상이니, 질료에 형상인 리가 들어가면 구체적인 사물이 된다.[27] 한 걸음 더 나아가 펑유란은 태극은 플라톤이 말한 선의 이데아나 아리스토텔레스가 말한 신神이라고 주장한다.[28] 칭Julia Ching 역시 리와 기는 어느 정도 아리스토텔레스 철학의 '형상'과 '질료'에 비교할 수 있다고 설명한다. 그러나 줄리아 칭은 태극이론에서 리는 수동적이고, 기는 역동적인 특성이 있다는 점이 형상과 질료와는 다르다는 점을 들어 이러한 비교의 문제점을 지적한다. 『주희와 성리학자』(Chu Hsi and his Masters)라는 책을 쓴 부르스J. Percy Bruce는 주렴계의 태극설이 정이, 정호 형제에 의해 발전되었듯이 그리고 플라톤과 아리스토텔레스의 계승처럼, 주희에 의해서 태극설이 계승되어 집대성되었다고 주장한다.[29] 장Carsun Chang은 자세하게 주희와 아리스토텔레스를 비교하였다. "이데아Idea는 스스로 존재할 수 없고, 일자一者로서 이데아는 사물과 별도로 존재하지도 않는다. 질료는 가능성(possibility)과 수용성(capacity)이라는 관점에서 존재한다. 또한 형상과 질료는 영원한 원리에 의해 함께 존재한다"는 아리스토텔레스의 이데아 개념과 주희의 이기론은 일치한다고 장Chang은 말한다. 영원한 원리는 형상이며 목적이고 사물을 움직이는 동인이고, 질료는 사물 안에 있는 불완전성의 궁극적인 근원이다. 장에 의하면 사물이 움직이게 하는 동인으로서 실체(entity), 그 자체는 부동不動하는 순수한 에너지며 영원하고 선 자체다. 그러나 주희가 자연

26 Chan, *A Source Book in Chinese Philosophy*, 640-641.

27 Fung, *A History of Chinese Philosophy*, II, 482, 542.

28 *Ibid.*, 537.

29 J. Percy Bruce, *Chu Hsi and his Masters* (London: Probsthain, 1923), 48-49.

적인 면에서는 아리스토텔레스와 비교되나 불변하고 영원한 진리가 존재한다는 점을 인식하는 도덕적인 가치 차원에서는 플라톤과 같은 점이 있다고 장은 덧붙인다.[30]

그러나 니담[Joshep Needham]은 주희의 이기론과 아리스토텔레스의 형상 개념과 비교하는 것을 반대한다. '형상'은 유기체가 하나가 되도록 하고 목적이 되게 하는 개체 요소라는 점에서는 리理이다.[31] 그러나 몸(body)의 형상이 영혼일 때는 중국 철학 전통에서는 영혼이라는 문제를 다루지 않기 때문에 비교할 수 없다고 한다. 아리스토텔레스 철학의 형상이란 사물의 본질과 연관되어 있으나 기氣는 리理에 의해 존재가 되는 것은 아니다. 장은 단지 리는 논리적으로 기보다 앞서 있을 뿐이지 어떤 면에서는 기는 리에 의존하지 않는다고 주장한다. 다시 말하여 형상은 사물의 본질이며 원초적인 본체이지만 리理는 그 자체가 본질적인 것이 아니고 기氣의 형상도 아니다. 그러므로 리는 엄격한 의미에서 플라톤의 이데아나 아리스토텔레스의 형상과 같은 형이상학적인 것이 아니라, 자연계의 모든 차원에 존재하는 에너지이거나 눈으로 볼 수 없는 유기체적인 현상이다. 아리스토텔레스 철학의 순수 형상과 순수 현상은 하느님을 일컫는다. 그러나 장Chang은 리와 기의 현상에서는 그러한 존재 개념이 없다고 말한다.

이미 비교 연구학에서 서로 다른 사상을 비교하는 그 자체가 일반적으로 한계가 있다는 것을 인정하듯이, 리와 기를 형상과 질료에

---

30 Carsun Chang, *The Development of Neo-Confucian Thought* (New York: Bookman Associates, 1957), 155-156.

31 Joseph Needham, *Science and Civilisation in China*, vol. II: *History of Scientific thought* (Cambridge: Cambridge University Press, 1956), 475.

비교한다는 것 자체도 문제가 있다고 본다. 무엇보다도 유의할 점은 주희는 플라톤도 아리스토텔레스도 아니라는 점이다. 일반적으로 사고의 속성과 생각의 차이로 인하여 서양 사상의 성격을 동양철학에 정확하게 적용될 수 없다고 본다. '이것이면서 저것인' 논리와 '이것도 저것도 아닌' 논리에 의한 상호 화합과 상호보완의 정신을 말하는 동양의 사고의 속성 때문이라고 본다. 니담이 주희의 철학은 아리스토텔레스의 사고와는 달리 본질적으로 유기체적인 사고라고 말한 것은 정확한 지적이다. 진영첩은 주희의 철학에서 리는 논리적으로 선재先在하는 것으로서, 물체의 형상 이전에 존재하고, 존재의 원리의 자체이기 때문에 형상 없이도 존재하는 개념이라고 주장한다. 또한 리는 존재의 원리로 기 안으로 전해주는 것이기에 기 밖에 존재하는 것도 아니라고 주장한다. 이러한 관점에서 진영첩은 주희의 리의 개념은 내재적이며 초월적인 원리이기 때문에 기와 별도로 존재하는 것이 아니라고 말한다. 따라서 진영첩은 주희는 단일론자도 이원론자도 아니고, 단일론자이면서 이원론자이라고 주장한다. 현상론적인 관점에서는 이원론자이지만, 궁극적인 실체라는 관점에서는 주희는 단일론자이다. 다시 말하여 진영첩은 단일론이나 이원론을 대비하여 주희의 철학에 적용할 수 없다고 강조한다. 그러나 다석 류영모는 주희의 개념은 이원적인 사고를 보인다고 주장하며, 주희의 태극도설 해석을 강하게 비판한다.[32]

---

32 『다석어록』, 79. Similarly it would be wrong to say that Heaven is divided into two parts, this would be nonsense. The Neo-Comfucianists put more emphasis on explaining the *yin* and *yang* paying less attention to the Ultimateless(無極) and the Great Ultimate(太極). What importance is in *yin* and *yang* and the Five Agents(五行)? … Before mentioning them, we must understand the Ultimateless(無極) and the

태극이 하나인데 양의兩儀를 낳았다고 하고, 하나가 둘로 나뉘어졌다고 하면 이것을 무조건 인정해서는 안 된다. 태극이 양의兩儀를 낳았다면 대단히 믿지 못할 말이다. 이것은 유교에서 대단히 잘못한 일의 하나이다. 태극이라 하면 하나인데 음양이 하나라고 하면 어떻게 되는가. 하나에서 음양이 나왔다면 모르겠으나 그러한 하나 하고 둘 하면 말이 달라진다. 혼돈(우주)은 언제나 하나인데, 음양이 둘이다 하고 나온 데서부터는 유교가 아주 병에 걸려버렸다. 이것을 말하여 태극의 대가리와 몸뚱이를 잘라버린 것이 된다. 대가리를 잘라서 어떻게 태극이 살 수 있는가.

다석 류영모는 주희周熹의 '무극無極이 곧 태극太極이다'라고 해석한 것에 대하여 비판하였다. 주희는 '무극! 그리고 태극!'이라는 부분을 '무극은 태극이다'라고 잘못 해석했다고 류영모는 지적한다. 『태극도설』에 나오는 '無極而太極'이라는 말에서 주희는 '而'를 '같다'(等)로 해석하고 태극과 무극을 하나로 묶어 도즉리道即理의 세계, 형이상形而上의 세계로 보았던 것이다. 주희가 태극이 무극이라고 해석한 이유는 태극은 시간과 공간을 초월할 뿐만 아니라 모양도 형상도 없다고

Great Ultimate(太極). Confucius and Mencius admire the Heaven(天) above and love the people(民) below. For a long time, however, people gradually ignored the important virtue of the East Asian, the thought of 'admire God and love the neighbour'(敬天愛人), and clung to rationalism always arguing the principle of the world. 주희의 해석: "하늘 위에 있는 모든 것은 소리도 없고 냄새도 없다. 그러면서도 실제적으로 우주의 모든 조화의 추유(樞紐)가 되며 또 모든 사물의 근본 뿌리가 된다. 그렇기 때문에 무극이 태극이라고 말한 것이다. 태극 이외에 무극이 따로 있는 것이 아니다. 둘 중에서 만약 무극을 말하지 않으면 태극은 특수 사물이 되어버려 만물의 변화의 근본이 되기에는 부족하고, 만약 태극을 말하지 않으면 무극은 공적(空寂)한 데 빠지어 만물의 변화의 근본이 될 수가 없다"(上天之載, 無聲無臭, 而實造化之樞紐, 品彙之根柢也. 故曰無極而太極 非太極之外復有無 極也. 不言無極則太極 同於一物 而不足爲萬化根本,不言太極則無極淪於空寂而 不能爲萬化根本).

이해했기 때문이다. 태극은 볼 수도 없고 형상이나 모양을 갖고 있지 않기 때문에 주희는 태극을 무극이라고 하였다.

이러한 면에서 주희가 태극과 무극의 개념에 관하여 혼돈하게 되었다고 다석 류영모는 지적하였다. 류영모는 주희의 해석보다는 오히려 주렴계의 태극도의 본 개념에 더 충실한 것으로 보인다. 류영모는 주렴계의 태극도설의 무극 개념을 높이 평가하였다.[33]

여기에서 다음과 같은 류영모의 태극 개념을 상대 개념과 절대 개념의 관점에서 해석하고자 한다. 다석 류영모는 절대 개념에서는 궁극적인 존재가 무극이고, 상대 개념에서는 태극이라고 말한다. 다석 류영모는 인간의 인식 능력이 미치지 못하는 한계점으로서 극極을 이해하였다. 그러므로 류영모는 극한점極限點을 넘어설 때는 무극無極이라고 하였고, 극한점 밑에서는 태극太極이라고 말한 것이다.[34] 다른 한편으로는 현상계와 초현상계의 개념에서 류영모는 초현상계의 실체를 무극으로, 현상계의 실체를 태극으로 간주하였다.

태극을 해석하는 관점에 있어 주희와 다석 류영모와는 분명한 차이가 보인다. 주희에 있어서는 리理와 기氣가 분리된 것으로 나타나는 반면에 류영모에 있어서는 리와 기가 분리될 수 없는 실체로 나타난다. 이미 앞에서 설명했지만 주희는 리를 형이상形而上으로, 기를

---

33 無極 그리고 太極! 태극이 움직여 陽을 낳고, 움직임이 極에 달하면 다시 고요하게 된다. 고요하여 陰을 낳고, 고요함이 극에 달하면 또다시 움직이게 된다. 한 번 움직였다 한 번 고요하여 서로 그 뿌리가 되니, 그러한 과정에서 음과 양이 분화된다. 이로써 우주의 두 기준이 된다(無極而太極, 太極動而生陽, 動極而靜, 靜而生陰, 靜極復動, 一動一靜, 互爲其根, 分陰分陽, 兩儀立焉).

34 절대계, 상대계 또는 절대 진리, 상대 진리 등과 같이 류영모는 '절대'라는 말을 언급하였다. 참조.『다석어록』, 26, 42-43, 47-48, 98, 105, 168, 172, 175, 185, 240-242, 263, 274-275, 287-288, 294, 313, 325, 327-329, 333, 344, 349, 360.

형이하形而下로 생각하였다. 따라서 리와 기는 분리된 것으로 리와 기의 기능은 다른 것으로 본 것이다. 다석은 리와 기가 분리되지 않고 상호보완하는 것으로 여기는 반면에 주희는 만물의 원리로서 리의 선재성先在性에 집착한 것이다.

정확하게 일치하는 것은 아니지만 현상화된 실체로서 태극이 마이스터 에크하르트의 '하느님'의 개념과 같다면, 초현상의 실체로서 무극에 대한 류영모의 개념은 에크하르트의 '신성'(Godhead)과 유사하다고 볼 수 있다. 주희는 태극을 철학적인 원리로 이해한 반면에 류영모는 철학적인 관점이 아니라 종교적인 관점에서 궁극적 실체를 태극으로 이해하였다. 종교적인 입장이 아니라 철학적인 입장에서 성리학자性理學者들은 태극을 단순히 원리인 리나 하늘의 이치인 천리天理로 해석하였다. 다석 류영모는 성리학의 이러한 해석을 혹독하게 비판한다.

> 유교에서 유학하는 사람도 분명한 점은 늘 하늘을 찾았다는 것이다. 귀신을 찾지 않았다. 증자曾子(BC 505~464) 시대만 하여도 천이라는 말로 하느님을 찾았다. 하늘에 계신 귀신을 생각하였던 것이 차차로 혼돈을 가져와서 하늘의 귀신의 존재를 말하는 것은 이치를 말하는 것이다. 천리天理를 찾는 것이다. 곧 진리를 찾는 것이다. 이렇게 유교가 윤리론으로 추리되는 시대가 있었다. … 유신론을 무신론으로 만들어서 윤리론唯理論으로 옮긴 것으로 풀면 된다. 원래 유교에서 따지는 귀신鬼神은 신을 말하는 것이다. 미신迷信의 신이 아니다. 이러한 것이 나중에는 귀신이라는 것이 따로 있는 것이 아니다라고 말하고 말았다. 유교에서 해석하는 것 같이 하면 유물론이 나오기 때문에 또 윤리론 이치뿐이라는 결과가 된다. … 사람은

결코 이치만으로 존재하는 것은 아니다. 유리唯理만 가지고 안된다. 이러한 것에서 유교는 생명을 잃고 있다.[35]

다석은 태극太極이 하느님이라고 단언한다. 태극이 하느님이라고 다석은 재해석함으로써 그리스도교의 하느님 개념과 유교의 태극의 개념을 조화시키고 일치시키려고 하였다. 이러한 다석의 태극 해석은 궁극적 존재에 대한 타 종교의 이해와 그리스도교의 하느님의 개념이 교류될 수 있는 가능성을 열어 놓았다고 할 수 있다.

형이하形而下의 물건을 고유固有한 것과 같이 확실하다고 느끼는 것과 허공(하늘)은 허무하다고 느끼는 것과를 하나로 합하면 신이다. 그대로 신통하다. 우리가 고유하다고 또 허무하다고 느끼는 그 자체가 신통神通하다. 그러면 지상은 상대相對로, 절대絶對는 하나로 느끼는 것이 왜 그러냐 하겠으나 신은 합해서 된 것이지 둘은 아니다. 절대가 상대화한 것으로 절대 따로 상대 따로 있는 것뿐이다. 우리 몸의 감각기관이 상대 세계를 고유한 것으로 절대 세계를 허무하게 착각錯覺한 것뿐이다.”[36]

류영모는 유무有無를 초월하는 궁극적 존재가 유무 그 자체라고 본다. 또한 그 반대의 논리로도 설명할 수 있다. 궁극적 존재는 무無도 아니고 유有도 아니다. 그런데 유이면서 무 그 자체이다. 현상계의 궁극적 존재는 유有로서는 태극太極으로 나타나는 반면 무無로서는 형

35 『다석어록』, 62-63.
36 Ibid., 240.

상화되지 않는 궁극적 존재로, 즉 무극無極으로 나타난다. 그러므로 다석 류영모의 태극은 형이상학적인 차원에서 '신성'(Godhead)이고, 태공太空 안에서 관념적인 최고 원리이다. 이와 같은 류영모의 궁극적 존재 이해는 음양陰陽 원리에서 기인하는 동양 사고의 상호의존과 상호보완의 원리에서 왔다고 할 수 있다. 따라서 다석 류영모에 있어 하느님, 그 자체는 정의될 수 없다. 신비주의자들의 절대자 체험에서 볼 수 있는 것과 같이 역설로써 하느님을 설명할 수밖에 없다. 그래서 다석 류영모는 태극, 무극에까지 가면 유교도 불교나 노자와 다른 게 없다고 말한 것이다.37 다시 말하면 하느님 개념이나 진리는 결국 에 가서는 서로 통한다고 볼 수 있다.

이러한 관념론적인 이해에 기초하여 초기 유교의 천지天地로서의 하느님에 근거한 천주天主, 즉 인격적인 신神의 개념과 절대적인 관점에서 우주宇宙와 상통하는 무無로서 우주적 실재인 궁극적 존재의 개념을 류영모는 조화시킨다. 존재이면서 비존재이며, 초월적이면서 동시에 내재적 존재로서 하느님은 '하나'라는 다석의 해석은 유有로서 태극太極과 무無로서 무극無極 사이의 상호의존과 상호보완에 근거하여 해석하였다고 볼 수 있다. 이와 같은 다석의 절대자 이해와 '하나'에 대한 해석은 눈여겨볼 필요가 있다. "허무虛無는 무극이요, 고유固有는 태극이다. 태극, 무극은 하나다. 하나는 신이다. 유의 태극을 생각하면 무의 무극을 생각하지 않을 수 없다"38는 다석 류영모의 하느님 이해는 존재와 비존재로서 하느님, 무無와 유有로서 하느님의

---

37 *Ibid.*, 318.
38 *Ibid.*, 240.

개념을 상호보완하고 조화하려고 하였다. 절대자에 대한 다석의 이러한 해석은 불교와 유교, 도교와 그리스도교 간의 대화의 가능성을 보여준다고 본다.

4. 장횡거의 인간과 우주 이해

다석 류영모의 인간과 우주 원리의 이해는 주희보다 장횡거의 영향을 받았다고 본다. 장횡거의 우주에 대한 인식에 따르면 우주 현상은 기氣가 모이고 흩어지는 과정에서 나타난다고 한다. 기가 모여 사물이 형성되는데, 사물의 생성은 일정한 법칙을 따라 이루어진다고 보았다.

① 모든 사물은 기氣의 취산공취聚散攻取, 기氣가 모이고 흩어지는 데서 생성되고, 결국 태허太虛로 돌아간다.[39]

② 한 사물은 반드시 그것과 대립하는 상반된 것이 존재한다. 어떤 고립孤立된 사물이 있다면, 그 사물은 그 사물이 될 수 없다.[40]

③ 조화調和에 의해서 생성된 산물은 서로 똑같은 것이 하나도 없다.[41]

---

39 Fung, A *History of Chinese Philosophy*, II, 483. 氣本之虛, 則諶本[本: 一]無形. 感而生, 則聚而有象. 有象斯有對, 對必反其爲. 有反斯有仇, 仇必和而解. 故愛惡之情, 同出於太虛, 而卒歸於物欲. 倏而生, 忽而成, 不容有毫髮之間, 其神矣夫!(『正蒙』, 「太和篇」)

40 Fung, A *History of Chinese Philosophy*, II, 483-484; 物無孤立之理. 非同異屈伸終始以發明之, 則雖物非物也. 事有始卒乃成, 非同異有無相感, 則不見其成, 不見其成, 則雖物非物, 故曰: "屈伸相感而利生焉"(『正蒙』, 「動物篇」).

41 造化所成, 無一物相肖者. 以是知萬物雖多, 其實一物, 無無陰陽者. 以是知天地變化, 二端而已(『正蒙』, 「太和篇」); 游氣紛擾, 合而成質者, 生人物之萬殊; 其陰陽兩端, 循環不已者, 立天地之大義(『正蒙』, 「太和篇」).

④ 기氣가 흩어지면 다시 모이고, 모이면 다시 흩어진다. 기氣가 모이면 사물이 형성되고, 기氣가 흩어지면 사물은 소멸한다. 이와 같이 우주는 순환하여 쉬지 않는다.[42]

다석 류영모는 다른 성리학자보다는 장횡거의 인간론과 우주관을 받아들이고 그 개념을 발전시킨 것으로 여겨진다. 예를 들면 류영모는 기氣의 수축과 팽창, 취산공취聚散攻取의 현상을 기氣의 자연스러운 활동으로 보고, 부정적이고 긍정적인 두 힘을 귀鬼와 신神, 즉 귀신으로 해석하였다. "유교에서 귀鬼는 귀歸이다. 신神은 신伸이다. 우리 앞에 나타난게 신神이고, 돌아들어 간 게 귀鬼다."[43] 사물이 생겨나면 기氣가 점점 모여 사물이 왕성하고, 사물의 생성이 절정에 달하면 기는 점점 되돌아가 흩어진다. 모이는 것이 신神이니 사물이 신장하기(伸) 때문이요, 되돌아가는 것이 귀鬼이니 사물이 복귀하기(歸) 때문이다. 펴는(伸) 모양이기에 음양陰陽의 조화를 '신神' 같다고 하고, 반대로 모였던 기가 그 근원으로 돌아가는(歸) 것이므로 '귀鬼'라고 한다. 신神은 펴는 것이므로 신伸이고, 귀鬼는 돌아가는 것이므로 귀歸이다. 그러므로 신神은 신伸이고, 귀鬼는 귀歸인 것이다. 사실 귀신이라는 영적인 개념이 장횡거에 의해 이성적인 개념으로 해석되었다.

진영첩은 장횡거의 기에 대한 해석을 완전히 새로운 개념이라고 말한다. 기氣의 수축과 팽창하는 두 가지 면을 귀신鬼神이라고 한 것이

---

42 Fung, *A History of Chinese Philosophy*, II, 483. 太虛不能無氣; 氣不能不聚而爲萬物; 萬物不能不散而爲太虛; 循是出入, 是皆不得已而然也(『正蒙』, 「太和篇」).

43 『다석어록』, 371. Chang Tsai, *Correct Discipline for Beginners*, ch. 5. 至之謂神, 以其伸也; 反之爲鬼, 以其歸也(『正蒙』, 「動物篇」).

다. 기氣의 부정적인 힘은 귀鬼로 나타나고, 긍정적인 힘은 신神으로 나타난다. 이어서 진영첩은 장횡거가 전통적인 영의 개념이나 죽은 사람의 혼의 개념을 이성적이고 자연적인 개념으로 해석하였고, 다른 성리학자들이 말하지 않았던 개념을 수립하였다고 주장한다.[44] 다석은 이러한 장횡거의 개념을 받아들이고 보완하여, 태극太極에 영의 개념을 적용하여 궁극적 실체인 태극을 하느님으로 해석한 것으로 보인다. 그러므로 장횡거가 류영모의 종교 사상에 어떤 영향을 미쳤고, 류영모는 장횡거의 사상을 어떻게 보완했는지를 확인하기 위하여 본 장에서는 장횡거의 하늘 개념과 하늘과 인간과의 관계에 대한 이해를 살피고자 한다.

무엇보다도 장횡거의 정신 수양 방법과 윤리사상은 노장사상老莊思想과 통하고, 우주관은 신비주의적 단일론을 보여주고 있다. 장횡거는 자아自我와 비아非我 사이의 한계를 제거하여 개체가 우주와 합일合一할 필요가 있음을 강조하였다. 장횡거는 『정몽』 「대심편大心篇」에서 다음과 같이 글을 썼다.

> 마음을 크게 하면, 천하의 사물을 두루 포괄할 수 있다. 마음에 포괄되지 않는 사물이 있다면 마음에는 바깥 경계가 있게 된다. 세상 사람의 마음은 감각의 좁은 한계 안에서 듣고 보고 하지만, 성인은 성性을 다하여 보고 듣고 하는 감각에 구속되지 않으므로 성인이 천하를 봄에 있어 하나의 사물도 나에게 속하지 않은 것이 없다. 맹자가 '마음을 다하면 성을 알고 하늘을 안다'[45]고 말한 것은 바로 이 때문이다. 하늘은 커서 바깥 경계가

---

44 Chan, *A Source Book in Chinese Philosophy*, 495, 505.

없다. 그러므로 바깥 경계가 있는 마음은 하늘의 마음과 합일습ᅳ하기가 어렵다. 보고 들어 감각 기능으로 얻는 지식은 사물과 교류하여 얻는 지식이지, 덕성德性으로 얻어진 것이 아니다. 덕성으로 알게 된 지식은 감각의 기능으로 보고 듣고 하는 지식과 다른 것이다.[46]

개체의 나를 '나'로 여기고 그 밖의 것은 '나 아닌 것'으로 여기는 일이 '감각적 지식'으로 결국 자기의 마음을 얽어맨다(止於聞見之狹). 이와 대조적으로 성인聖人은 그 얽어맴을 타파하여 천하의 사물과 자기를 일체로 여기는, 즉 '천하 만물을 몸으로 여길 수 있는' 사람이다. 성인이 천하의 한 사물이라도 '나 아닌 것' 없다고 여기는 것은 나와 나 아닌 것의 한계를 넘어 나와 여타의 '나 아닌 것'을 하나로 여긴다. 따라서 성인은 우주 전체를 하나의 큰 나(大我)로 여긴다. 하늘은 커서 바깥이라는 한계가 없는데, 내가 마음을 닦아 그 경지에 이르면 내 마음과 하늘은 같다. 하늘은 모든 사물을 포함한다. 큰 마음(大我)도 어떠한 것이나 다 받아들인다. 그러므로 마음과 하늘은 하나이다. 사람이 수양을 하여 마음을 한없이 크게 하면 하늘과 합하여 하나가 될 수 있다고 본다. 인식론적으로 말하자면, 하늘과 합일되는 경지에 이른 사람이 참 지식을 소유하는 것이다. 이러한 참 지식은 보고 듣고 하는 좁은 감각적인 지식, 견문見聞의 지식 속에 머물러

---

45 盡其心者, 知其性也, 知其性, 則知天(『孟子』, 盡心章句 上).
46 大其心則能體天下之物. 物有未體, 則心爲有外. 世人之心, 止於聞見之狹. 聖人盡性, 不以見聞梏其心, 其視天下無一物非我, 孟自謂盡心則知性知天以此. 天大無外, 故有外之心不足以合天心. 見聞之知乃物交而知, 非德性所知. 德性所知, 不萌於見聞(『正蒙』, 「大心篇」). 장재는 『중용』 제5편에 나오는 덕성(德性)을 인용. 君子, 尊德性而道問學(『中庸』, 第五篇). 비교. Fung, *A History of Chinese Philosophy*, II, 491-492.

있는 것도 아니고, 사물과 접촉하여 얻은 지식도 아니라고 장횡거는 말한다. "성명誠明, 참된 지식과 명철을 통해서 얻은 지식은 타고난 덕성의 양지良知로서 감각적인 사소한 지식이 아니다."[47]

여기서 성誠은 하늘과 인간이 하나가 되는 신비적 천인합일天人合一의 경지를 말한다. 명明은 사람이 하늘과 합일의 과정에서 가지는 지식인데, 이 지식은 '감각적인 사소한 가치'가 아닌 참 지식, 진지眞知를 말하며, 타고난 덕성德性으로서의 양지良知를 말한다. 이러한 관점에서 장횡거는 "성인은 하늘과 하나된 절대 성誠을 이룬 사람을 의미한다"[48]고 말한다. 더 나가서는 "인간의 성性과 천도天道가 조화롭게 하나가 될 때, 하늘과 사람은 성誠 안에 머물러 있고 성誠을 보전하게 된다"[49]고 해석한다. 장횡거에 있어 성誠이란 천도와 함께하는 인성人性이고, 즉 하늘과 신비적인 합일을 말하며, 실체와 하나 되는 것을 의미한다. 또한 인간의 본성本性은 성誠이고, 하늘의 원리와 일치를 이루는 것이다. 그러므로 참 지식, 진지眞知는 보고 듣는 감각적 지식으로 얻어지는 것이 아니라 우주와 합일合一의 체험을 할 때 얻어지는 것이다.

다석 류영모는 이러한 장횡거의 성誠의 개념을 성령과 하나 되는 체험으로 수정 보완하였다. 정신 수양으로 진리를 깨닫고, 참 자아(眞我)를 발견함으로써, 사람은 하느님과 하나가 된다. 성령聖靈과 하나가 된 자아가 참 자아(眞我)가 된다. 다석은 진리의 영靈으로서 성령

---

47 誠明所知, 乃天德良知, 非聞見小知而已(『正蒙』, 「誠明篇」). 장재는 중용 제4편에 나오는 성(誠)과 명(明)에 관한 문장을 인용. 自誠明, 謂之性. 自明誠, 謂之敎. 誠則明矣, 明則誠矣(『中庸』, 第四篇).

48 聖者, 至誠得天之謂(『正蒙』, 太和篇). 참조. Chan, *A Source Book in Chinese Philosophy*, 505.

49 性與天道合一 存乎誠(『正蒙』, 「誠明篇」). 참조. Chan, *A Source Book in Chinese Philosophy*, 507.

聖靈이 참 자아라고 말한다.[50] 진아眞我가 성령과 하나될 때 자아 안에 계신 하느님이 드러난다. 앞에서 언급했듯이 유학자들은 성誠을 하늘의 길로 생각한다. 그리고 성誠에 이르는 길을 배우는 것이 인간의 길로 여긴다. 다석 류영모는 이러한 의미의 하늘을 하느님이라고 해석하였다. 『다석어록』에서 하늘과 합일合一 또는 우주와 하나 됨에 대한 언급을 자주 찾아볼 수 있다. 또한 「서명西銘」으로 알려진 장횡거의 간략한 글에서도 보인다. 『정몽正蒙』 제17장 「건칭편乾稱篇」을 후대에서는 「서명西銘」이라고 부르게 되었다. 「서명」 가운데 한 문단이지만, 하늘과 하나 됨을 잘 설명하고 있는 아래의 글은 장횡거의 뛰어난 사상을 잘 보여주고 있다.

하늘(乾)을 아버지라 일컫고, 땅(坤)을 어미라 한다.[51] 나는 여기에서 조그만 모습으로 이에 뒤섞여 그 한가운데 있다. 그러므로 우주에 가득 찬 기氣가 내 몸을 이루고 우주의 주재가 나의 본성本性을 이룬다. 만민은 나의 한 뱃속 형제이고, 만물은 나의 동료이다. 위대한 임금(大君)이란 내 부모의 큰 아들(宗子)이고, 그 대신大臣들은 큰 아들(宗子)의 가신(家相)들이다. 나이 많은 사람을 존경함은 내 집의 어른을 모시는 것이고, 외롭고 약한 이를 자애롭게 보살핌은 내 아이를 사랑하는 일이다. 성인聖人은 덕이 우주에 필적하고, 현인賢人은 그 다음으로 뛰어나다. 무릇 하늘 아래 노쇠한 이, 불구자, 형제 없고 아들 없는 사람, 홀아비, 과부 등은 모두 나의 형제 중에서 곤란과 고통에 처해 있으면서도 하소연할 곳이

---

50 『다석어록』, 200; 참조. 36, 72, 146-147, 199.
51 乾, 天也, 故, 稱乎父. 坤, 地也, 故, 稱乎母(『易經』, 說掛傳).

없는 불쌍한 이들이다. 우리가 '그들을 보양함은 마치 부모를 감싸는 아들의 보살핌과 같고(于時保之)'[52] 우리가 그들을 반기고 낙심하지 않는 것이야말로 진정 순수한 효성이다. … 조화의 이치를 알면 우주 부모의 사업을 잘 계승할 수 있고, '신명을 궁구하면'(窮神)[53] 우주 부모의 뜻을 잘 계승할 수 있다.[54]

여기에서 사랑의 행각은 자아의 허상인 편견을 깨치고 하늘과 합일에 이르는 것임을 볼 수 있다. 이 글에서 장횡거는 사람이 하늘과 하늘의 것들에 순응해야 한다는 태도를 분명히 드러낸다. 인간의 몸은 우주의 것이고, 인간의 개성은 우주의 본성과 같다고 한다. 그러므로 우주의 어버이, 하늘과 땅을 아버지와 어머니로 간주하여야 한다. 이 말은 자신의 아버지와 어머니를 존중하고 섬기는 것과 같이 하늘과 땅을 섬기고, 부모를 공경하는 것과 같이 하늘과 땅을 공경하여야 한다는 것을 의미한다. 더더욱 사람은 모든 사람을 자신의 형제로, 모든 피조물을 자신의 동료로 여겨야 한다는 것이다. 이것은 대동大同정신을 말한다. 다른 말로 표현하자면 우주는 하나이나 그 현상은 많다는 것을 의미한다. 류영모는 「서명西銘」에 나오는 대동정신에 깊은 영향을 받았다.

---

52 장재는 이 문장을 『역경』「계사전」 상에서 인용. 樂天知命, 故, 不憂(『易經』, 「繫辭傳」上).
53 장재는 『역경』「계사전」 상과 중용 제3편에서 인용. 窮神知化, 德之盛也(『易經』, 「繫辭傳」上); 夫孝者, 善繼人之志, 善述人之事者也(『中庸』, 第三篇).
54 乾稱父, 坤稱母; 予玆藐焉, 乃渾輝然中處. 故天地之塞, 吾其體; 天地之帥, 吾其性. 民吾同胞; 物吾與也. 大君者, 吾父母宗子; 其大臣, 宗子之家相也. 尊高年所以長其長, 慈孤弱所以幼其幼. 聖其合德, 賢其秀也. 凡天下疲癃殘疾. 惸獨鰥寡, 皆吾兄弟之顚連而無告者也. 於時保之, 子之翼也, 樂且不憂, 純乎孝者也. … 知化則善述其事, 窮神則善繼其志(「西銘」). 비교. Chan, *A Source Book in Chinese Philosophy*, 497.

앞에서도 언급했듯이 다석은 「서명」을 유교의 진수라고 하였다. 다석은 「서명」을 공맹孔孟의 맘을 가장 완전히 나타낸 것으로 복음 말씀과 같은 위대한 사상이라고 간주하였다.[55] 그래서 다석은 장횡거의 「서명」을 읽지 않은 사람들에게 공부하고 이해하도록 권유하였다. 「서명」을 이해하지 못하면 유교의 핵심을 진정으로 이해할 수 없다고까지 하였다. 또한 다석은 장횡거를 인생의 스승으로 모셨고, 연경반研經班에서 장횡거의 사상을 가르쳤다. "50살 이전에 장횡거를 만났는데 어떻게 내 성미와 똑같다. 그는 토지 개혁해야 한다고 말했다. 맹자는 토지 개혁해야 한다고 말했다. 천년 지난 뒤 장횡거가 또 이렇게 말했다. 나도 그렇다. 곧 먹을 걸 잘 해결하자는 것이다." [56] 다석은 자신을 장횡거의 추종자이고, 자신의 생각은 장횡거의 생각과 같다고 말하였다. 다석은 장횡거로부터 깊은 영향을 받았으며 그의 사상을 존중하였다. 특히 다석은 장횡거의 대동정신大同精神을 높이 평가하였다.

대동大同이라는 말은 하나(一)라는 뜻이다. 응당히 하나라는 말로써 '하나'가 옳고 가를 수 없다는 것이다. 자기편이라 옳으니 위해 주고, 자기편이 아니면 그르니 미워해 없애야겠다고 하는 것은 '하나'라는 말을 알고 그따위 생각을 하는지 모르겠다. 자기 주장만 옳고 다른 이는 그르니까 멸망시켜야 한다는 소견을 가지고는 대동大同을 찾을 수 없다. 대동이란 온통 하나가 되는 지혜다. 누구 할 것 없이 예외라는 것 없이 하나 되자는

---

55 『다석어록』, 313, 321.
56 *Ibid.*, 318.

것이다.57

어떻게 대동大同이 될 수 있느냐고 할지 모르겠다. 대동하자는 이가 어디 있겠느냐고 할지 모르겠다. 그러나 마침내는 하늘이 되고 하나가 된다. 모두가 하나인 하늘로 들어가야 한다. 너 나가 있는 상대 세계에는 잠깐 지내다가 마침내 이것을 벗어버리고 절대자(한 아님) 앞에 나서야 한다. 그래서 말씀도 하나밖에 없다. 삼라만상이 굉장하다고 할지라도 하나에서 나온 것이다. 그래서 마침내는 하나로 돌아가는 것을 믿는다. 하늘이 정의이므로 최후의 승리를 한다는 것은 하늘에 들어간다는 것과 같은 것이다. 하늘에 들어간다는 것은 이길 것 다 이기고 하나가 된다는 말이다. 동양의 공자孔子도 『대동편大同篇』이라는 책을 썼다. 나는 말한다면 적어도 그 유교의 해석이라는 것은 송宋(960~1279)나라 때 와서 처음 유학이 바르게 서게 되고 유교라는 철학 체계가 섰는데, 여기서는 대동정의大同正義라는 것을 부인한다. 유교 밖에 것은 대단히 이단시異端視한다. 석가나 노자老子 같은 것의 대동주의를 대단히 이단이라고 한다.58

다석 류영모는 대동大同의 길을 공정, 정의, 사랑과 모든 선한 일의 정점으로 생각하였다. 다른 어떤 최상의 길도 하늘의 길인 대동大同을 대신할 수 없다고 다석은 말한다. 나는 하늘에서 왔다가 하늘로 되돌아간다. 이 길이 예수, 석가, 노자, 중용 그리고 장횡거가 주창하였던 길로서 사람이 따라야 할 길이다. 그러나 후기 유교와 성리학이 대동

---

57 *Ibid.*, 76-77.
58 *Ibid.*, 77.

의 정신을 발전시키기보다도 오히려 점차로 혈통과 가족 중심의 폐쇄적인 사고로 흐르게 만들었다. 결국 유교가 폐쇄적이고 가족주의적인 사고로 사회에 많은 폐를 끼치게 되었다고 류영모는 가혹하게 유교를 비판한다. 더더욱 다석은 공자와 주희도 이러한 잘못을 하였다고 비판한다. 출세하고 감투 쓰려고 애쓰게 만들었다고 말하였다.59 그러므로 유교가 부흥하려면 장횡거의 대동정신과 같은 사상을 발전시켜야 한다고 다석은 주장하였다. 장횡거가 「서명」에서 주장한 사고에 따라 살기 위해서는 사람은 자신의 이익을 구하는 것이 아니라 다른 사람의 이익을 구해야 한다. 이 세상의 모든 것은 자신만을 위해 존재하는 것이 아니라 다른 사람을 위해 그리고 모든 사물을 위해 존재하여야 한다고 다석 류영모는 말하였다.

이와 같이 류영모는 대동大同의 개념을 발전시키고 심화하였다. '대동을 추구하는 사람은 하늘과 땅 그리고 모든 사물과 자신이 하나가 되도록 해야 한다'는 장횡거의 사상을 류영모가 받아들이고, 그 기본적 사고를 그리스도교의 하느님의 사랑 정신에서 나온 사고로 강화한 것으로 보인다. 모든 것이 하나이고, 하나가 여럿이고, 여럿이 하나라는 동양의 유기체적 사고로 류영모는 세상을 이해하였다. 이 세상에는 존재 요소와 허공虛空 그리고 감각적 존재의 영역을 통하여 모든 사물이 하나로 연결되어 서로 통하고, 모든 것 안으로 스며드는 초월적이고 순수하고 묘한 그 무엇이 있다고 다석은 말하였다.60

---

59 *Ibid.*, 322.
60 *Ibid.*, 75: "하나 더 붙인다면 바탈(性)이라는 것이 있다. 바탈을 이루는 것이다. 한아님으로부터 받은 몸이나 맘이나 모든 것이 성(性)이다. 깊이 들어가면 한아님을 닮은 바탈(天性)이 된다. 불교에서는 견성이라고 하고 도교에서는 성성(成性)이라 하고 유교에서는 양성(養性)을 말하는데 미숙한 바탈을 이루도록 존재를 존(存)한다

다석은 이들 성인이 성령과 통했다고 생각한다. 성령을 통하지 않고서 그렇게 바탈을 잘 알 수가 없다고 말한다. 예수, 노자, 석가, 장자의 종교적인 이해는 서로 다르나 개혁을 요구한 데는 같다. 개혁의 태도는 서로 다르나 평등을 추구함에 있어서는 모두 같다[61]고 다석은 주장한다. 이들 종교 창설자들의 말씀이 분명히 차이가 있기는 하나 그 차이는 단지 그들이 살았던 서로 다른 문화와 시대 정신에서 오는 것일 뿐, 같은 진리를 말하는 것으로 보인다.

5. 장횡거의 불교와 노장사상 비판

「서명」에서 장횡거는 "살아서는 나는 일을 따르고, 죽게 되면 나는 편히 쉬련다"[62]고 하였다. 이 말은 장횡거의 삶과 죽음에 대한 태도를 보여준다. 이러한 인간의 생사生死에 대한 태도는 불교와 도교의 관점에서 나왔다는 것을 『정몽正蒙』에 나오는 다음의 글에서 확인할 수 있다. "성性을 다하고 난 뒤에, 살아서 얻은 것이 없다는 것을 이해하면, 역시 죽어서도 잃을 것이 없다는 것을 안다."[63] 불교는 윤회의 고리를 끊는 것을 찾고 결국 가서는 돌아오지 않는 반면에[64] 삶을 좇아서 존재에 집착하는 도교는 불로장생을 추구한다고 장횡거는 비판한다.[65] 이들 사상은 서로 다르나 자연의 일반 원리를 깨는

는 뜻으로 성성존존(成性存存)을 바란다."

61 『다석어록』, 315, 318.

62 存吾順事, 沒吾寧也(『正蒙』, 「乾稱篇」).

63 盡性然後知生無所得; 則死無所喪(『正蒙』, 「誠明篇」).

64 彼語寂滅者, 往而不反(『正蒙』, 「太和篇」).

65 徇生執有者, 物而不化(『正蒙』, 「太和篇」).

가르침들이다. 그러나 우리 성리학자들은 응축된 기氣가 나의 몸을 이루고 팽창한 기 또한 나의 몸을 이룬다는 사실을 깨달아야 '삶이 얻어지는 것이 아니고 죽음 또한 잃는 것이 아니다'는 자연적인 귀결에 이른다고 장횡거는 주장한다. 그러면 "왜 우리는 삶을 무시하거나 생명을 연장하지 않아야 하는가?"[66] 다시 말하여 불교도나 도교인들의 삶의 태도와는 달리 유학자들은 삶을 성실히 살아야 하고, 인과응보因果應報를 깨거나 장생長生을 추구하지 말고 죽음을 평화롭게 맞이해야 한다고 장횡거는 말한다. 따라서 사람이 그날에 할 일을 성실히 하고, 죽음은 모든 것이 왔던 태허太虛로 다시 돌아가는 것이라는 것을 깨닫고, 살아서는 인간사에 성실하고 죽어서는 평안히 쉰다는 자세를 가져야 한다고 장횡거는 강조한다. 이러한 삶에 대한 태도를 다석 류영모는 자신의 일일주의의 종교 생활에 적용한다. 사실 이러한 성실한 일상생활은 일반 성리학자들의 삶과 죽음에 대한 태도라고 할 수 있다. 성리학자들이 비록 불교와 도교의 영향을 받았지만, 불교, 도교와는 거리를 두고 유가儒家로 자처했던 이유는 성리학자들의 이러한 삶의 태도라고 펑유란은 말한다.[67]

우주적 사랑으로서 인간애人間愛와 허공虛空으로서의 우주관 그리고 기氣의 수축과 팽창의 활동을 통해 '있음'(有)과 '없음'(無)으로서의 절대자를 이해하는 다석 사상은 장횡거의 생각과 같다고 할 수 있다. 류영모는 불교에 대한 비판을 제외하고, 장횡거의 거의 모든 사상을 받아들인다. 그리고 다석은 어느 정도 가감을 통하여 장횡거의 사상

---

66 聚亦吾體, 散亦吾體; 知死之不亡者, 可與言性矣(『正蒙』, 「太和篇」).

67 Fung, *A History of Chinese Philosophy*, II, 497.

을 발전시킨다. 장횡거는 불교를 비판하고 반대하지만, 다석은 주희처럼 성리학의 사상뿐만 아니라 불교사상도 긍정적으로 받아들인다. 다석의 이러한 시도에서 동양적 사고인 조화와 상호보완의 정신을 찾아볼 수 있다. 상호보완과 화합의 사고에 입각하여 다석은 태극太極의 개념을 발전시켜 자신의 그리스도교 신학 사고의 틀에 적용시킨다.

6. 하느님과 하나로서 천인합일(天人合一)

다석 류영모는 조화와 상호보완의 종교적 사고 바탕 위에서 장횡거의 천인합일天人合一의 사고를 자신의 그리스도교 사상에 적용시킨다. 다석은 대동정신大同精神을 실천함으로써 하느님과 합일合一을 추구한다. 즉, '하나'로 귀일歸一한다. "하느님께로 돌아가고 하느님의 말씀을 실천하는 것이 하늘과 합일合一의 길이다"[68]라고 다석은 주장한다. 이러한 사고는 앞에서 말한 장횡거의 천인합일天人合一의 사상을 발전시킨 것이라고 할 수 있다. 무엇보다도 다석은 '하나'인 하느님에게로 귀일歸一하고 합일合一하기 위해서는 마음을 닦고, 탐貪(lobha), 진瞋(dosa), 치痴(moha)를 제거해야 한다고 말한다. 다석은 인간의 마음속에 있는 이 삼독三毒을 하나의 원죄로 간주한다. 이러한 관점에서 참 자아(眞我)를 얻기 위해서는 삼독을 제거해야 한다고 다석은 말한다. 영적이고 지적인 수신과정을 통해 삼독을 제거하고 얻어지는 깨달음의 신앙이 다석의 신앙의 길이다.[69] 우리에게 욕심이 없을 때

---

68 歸一成言天道誠(『多夕日誌』, 卷一, 1955. 6. 2).
69 자기 깨달음을 위해 명상과 침묵기도를 진지하게 한다. 자기 깨달음은 유교, 도교, 불교, 한국의 민족 종교의 일반적인 현상이다. 류영모는 기독교인으로서 이러한 깨

마음은 안심되고, 마음이 안심되어야 우리의 생명이 힘차게 일어선다고 다석은 말한다. 그리고 몸의 고픔을 놓아 안심이 되고, 얼을 이고 설 때 입명立命이 된다.[70] 그러므로 류영모는 얼을 깨우쳐 하늘의 뜻을 알아야 한다고 강조한다: "예수나 석가처럼 도道를 꿰뚫을 관도貫道의 기량을 길러야 한다. 성경에도 불경, 『도덕경道德經』처럼 관도貫道가 있다. 그걸 찾지 못하는 것은 우리의 기량器量이 모자라서다. 예수, 석가는 기량이 높아서 이 우주라는 편지, 이 세상이라는 편지를 바로 읽고 바른 길을 걸었다."[71] 다석의 이러한 사상은 자기 수신을 통하여 참 자아를 깨달은 사람은 하느님의 아들과 딸이 될 수 있다는 것을 말한다. 참 자아 안에 있는 '하나'인 하느님과 합일合一한다는 것을 뜻한다. 그러므로 다석의 절대자와의 합일合一의 개념은 신비적 일치를 의미한다.

> 우리는 정신을 바짝 차려서 지나간 무지無知를 바로 보고 잊은 전체全體를 찾아야 한다. '하나' 이것을 찾아야 한다. 하나는 온전하다. 모든 것이 하나를 얻는다는(得一) 것이다. 어떻게 하면 득일得一 하나. 큰 내 속에(大我中) 이것이 있다. 그러나 마침내 한아님 아버지에게 매달릴 수밖에 없다. 신앙을 가진다는 것은 곧 대아중大我中이다. 큰 내 속으로 들어가는 것이다. 우리 아버지 그리고 '나' 이런 생각을 가끔 자주 하여볼 필요가 있다.[72]

달음 체험을 하고 종교 다원주의 입장을 취하며 열린 자세로 이웃 종교를 거울로 비추어 봐야 한다고 하였다. "이렇게 유교, 불교, 기독교를 서로 비추어 보아야 서로 서로가 뭔가 좀 알 수 있게 된다"(『다석어록』, 365).

70 『다석어록』, 190.

71 *Ibid.*, 303.

72 *Ibid.*, 260.

류영모의 합일 사상은 다음의 성경 구절에서 유래한다. "성경은 하나에서 나와서 하나로 돌아간다는 것이다. 요한복음은 하나로 돌아가자는 것을 외친 것이다. 예수는 늘 내 안에 아버지가 계시고 아버지 안에 내가 있다고 생각하였다(요 14:10-11; 17:21)."73 결과적으로 류영모가 추구한 종교적인 목적은 '하나'인 하느님과 합일하는 데 있고, 하느님과 하나가 되기 위해서 철저한 자기 수행을 하였다. 간디가 하느님께 헌신한 삶을 산 것처럼 불교와 유교 전통 안에서 주로 볼 수 있는 자기 수행과 깨달음을 통해서 다석 류영모는 하나로 돌아가는 귀일歸一 신앙을 철저히 따랐다.

---

73 *Ibid.*, 273.

IV. 태극을 하느님으로 이해한 다석 류영모

본 장은 다양한 유교의 사상에서 나온 동양적 우주 이해와 철학에 기초한 태극太極을 하느님으로 이해한 류영모의 사상을 알아보았다. 이러한 하느님 이해는 전통적인 하느님 개념이나 그리스도교 사상과는 다르다. 류영모의 이러한 개념의 하느님 이해는 종교다원주의 상황 속에서 다석 자신의 종교 체험에서 기인한 것으로 여겨진다. 특히 동양철학에 기초한 유기체적 사고로 하느님을 이해한 데서 온 것으로 보인다. 류영모는 동양적 사고가 자연스럽게 반영된 사물의 개념과 자신의 사고를 발전시켰다. 그리고 다양한 종교 신앙을 열린 시각으로 통전적으로 보고, 다석의 광범위한 동양 고전과 불교의 이해를 통해서 종교 사상을 원용圓融해냈다. 다석은 어려서부터 서당에서 『주역』(易經)뿐만 아니라 『대학大學』, 『중용中庸』, 『도덕경道德經』과 『맹자孟子』를 공부하였다. 따라서 다석은 예수 그리스도의 가르침과 삶을 본받아 살려고 했던 그리스도인이지만, 그의 종교 사상 밑바닥에는 동양적 사고가 지배적으로 흐르고 있다. 이런 까닭에 다석 사상은 자신의 마음 안에 있는 다양한 종교적 신앙 간의 내적인 대화를 통해 형성된 동양적 그리스도교 이해라고 말할 수 있다. 다른 한편으로 다석은 초기 유교보다 더 형이상학적이고 철학적인 경향으로 흐른 후기 유교와 성리학의 사상과 세계 이해 그리고 의식儀式을 혹독하게 비판하였다. 다석은 초기 유교의 천天 이해를 그리스도교 사상으로 해석해내었다. 그리고 초기 유교에 충실한 장횡거의 하늘과 인간 이해와 대동정신大同精神을 채택했다.

다른 한편으로 '이것이면서 저것'이며 또한 '이것도 저것도 아닌'

논리에 근거한 인격적이며 비인격적이고 초월적이며 내재적인 태극太極 이해는 독창적인 이해로 종교 간 대화의 길을 보여주고 있다. 다석의 이러한 하느님 이해는 다양한 문화와 전통 그리고 종교 현실 가운데서 타 종교를 이해하며, 타 종교인들과 더불어 함께 살아갈 수 있는 길의 가능성을 제시하고 있다. 더더욱 다석 류영모는 자신이 생각하는 것을 몸으로 실천하며 살았을 뿐만 아니라 하느님의 개념과 다른 종교의 경전과 사서오경四書五經 등 동양 고전에 나오는 개념을 관련시켜 설명해냄으로써 서로의 의미를 소통시켰다. 결과적으로 다른 종교 사상을 조화시키고 상호보완하여 이해한 다석의 사고는 동양적 사고와 언어로 하느님의 개념을 재개념화하고 재구성하였다고 볼 수 있다. 이러한 궁극적 존재에 대한 사고는 우리로 하여금 더 넓고 깊은 하느님 이해를 할 수 있도록 새로운 여지를 마련해 준다고 본다.

3장

무(無)로서 하느님

I. 없음(無)의 관점에서 본 하느님 개념

일본의 종교철학자 요시노리 타케우치Takeuchi는 존재와 비존재에 대하여 언급할 때 대부분의 서양의 철학자나 신학자는 존재의 입장에 선다고 말하였다. "존재에 대한 개념은 서구 사상의 중심 사상이다. 철학이나 신학뿐만 아니라 전통에서 존재의 개념은 서구 사상의 중심축을 이루고 있다."[1] 이 말은 일반적으로 동양 사상이나 인도 철학은 비존재非存在의 개념에 비중을 두는 반면에 서구 사상은 존재存在의 개념에 관심을 두는 경향이 있다는 것을 의미한다. 동양의 종교적 직관直觀과 사상 그리고 철학적 사고는 유有의 개념보다는 무無의 개념을 발전시켰다. 또한 서구 신학자와 철학자들은 과학적 방법에 근거한 실험과 증명에 의한 이성과 지식의 인식 방법을 통하여 진리가 무엇인가를 정의하는 경향를 보이는 반면 동양의 철학자나 신학자들은 이성보다 직관直觀, 과학적 증거보다는 대체로 경험에 의존하는 경향이 있다.[2]

이러한 사고가 동양적 사상, 특히 동양의 고전 사상의 근본을 이루고 있다. 『동서양의 만남』(Meeting of East and West)을 쓴 노드롭F.S.C.

---

1 이 문장은 1957년 다케우치가 씀. 참조. Hans Waldenfels, *Absolute Nothingness: Foundation for a Buddhist-Christian Dialogue* (New York: Paulist Press, 1980), 1. William Johnston, *The Inner Eye of Love: Mysticism and Religion* (London: Collins, 1978), 106도 보라.
2 스즈키는 동서양 사람들의 경향을 나름대로 분석하였다. 동양 사람은 통합적이고 총체적이고 종합적이며 연역적이고 비조직적이며 교리적이고 직관적이며 주관적이고 개인적으로 영적이며 사회적으로 집단화하려는 경향이 있는 반면에, 서양 사람은 분석적이고 구분하고 차별화하며 귀납적이고 개별적이며 지적이고 객관적이며 과학적이고 일반화시키며 개념화하고 도식화하며 비인격적이고 법률 존중적이고 조직화하는 경향이 있다. D. T. Suzuki, Erich From and Richard De Martino, *Zen Buddhism and Psychoanalysis* (Harper Collins, 1970), 5.

Northrop은 주장한다. 서양은 과학적 사고와 객관적 해석 중심에서 체험에 더 관심을 가져야 하고, 동양은 직관적인 이해인 경험에서 벗어나더 객관적일 필요가 있기 때문에 동서양은 서로 배워야 한다고 강조한다.3 이 말은 동서양 서로가 상호보완(補完)하고 서로가 배울 필요가 있다는 것을 제시하고 있다.

동양 사상의 깊은 영향을 받아 온 다석 류영모는 무無뿐만 아니라유有를 이해한 그리스도인이다. 위에서 말한 바와 같이 다석은 유有와무無를 서로 보완하고 조화시켰다. 따라서 그의 하느님 이해는 대개그리스도인들이 이해하는 것과는 다르고 전통적인 그리스도교 교리와는 거리가 있다. 다석의 독특한 하느님 개념은 역사적인 것도아니고, 임시적인 것도 아니며, 예측할 수 있는 것도 아니다. 이러한개념은 시작도 없고 끝도 없고 쉼도 없이 계속된다. 이것은 어제의일도 아니요, 오늘의 일도 내일의 일도 아니다. 이러한 사고는 시간을 넘어 영원히 계속된다. 이러한 개념은 동양 사상이 강조하는 절대무絶對無와 절대허공絶對虛空의 사고에서 나온다. 하느님의 일은 그 자체가 시간과 공간인 절대 현재, 영원한 현재에서 이루어진다. 하느님의일은 완전한 사랑으로 전적으로 연대순 배열이나 목적론의 어떤 유형이나 형식으로부터 벗어나는 것이다. 일련의 순차적인 시간 개념을 넘어 절대 현재에서, 무無로부터 천지를 창조하신 일이다. 무無에

---

3 F. S. C. Northrop, *Meeting of East and West* (New York: Macmillan, 1946), 375. 서양의 세계관은 복합적인 심미적 연속성이라 규정하는 차원에서 서로 연관시키고 공식화하고, 구조와 대상의 이론을 가정하여 묘사하고 확인하여 세부적인 입장으로 돌아가려는 경향이 지속되고 있는 반면에, 동양의 세계관은 감정적이고 심미적이고 단순히 경험적이고 긍정적이고 즉흥적으로 사물의 속성에 관심을 집중한다. 동양 사람은 이 책에서 차별화된 심미적 지속성이라고 규정하는 차원에서 즉흥적으로 전체 사물의 속성을 요약하려는 경향이 있다.

서 천지를 창조한다는 말은 불교인들에게는 낯익은 소리이다. 아마도 불교 교도들은 공空의 이론을 생각하며 받아들일 것이다.

이러한 무無의 관점에서, 본 장에서는 무엇보다도 비존재非存在(non-being)와 무無(nothingness) 또는 공空(emptiness, Sūnyatā)으로서 하느님을 이해한 다석 사상을 불교적인 시각에서 다룬다. 해석학적인 차원에서 다석 자신의 다원종교적 체험에서 온 인식의 틀 안에서 궁극적 존재 이해를 알아보고자 한다. 다석은 불교의 주요 논리인 '이것도 저것도 아닌' 논리에 관심을 가진 사람 중의 한 사람이다. 불교의 입장에서 알아보는 하느님의 개념은 다른 종교를 새롭게 이해하도록 하고 종교 간 대화를 위해서 서로의 하느님 이해를 비교할 수 있는 장을 제공한다고 본다.

II. 없이 계시는 하느님

나의 견해로는 다석 류영모의 하느님 이해에서 궁극적 존재가 무無이거나 공空이라는 사실이다. 단도직입으로 말하면 류영모는 신이 없이 계신다고 주장한다. "신神이라는 것은 어디 있다면 신이 아니다. 언제부터 어디에 어떻게 생겨 무슨 이름으로 불리는 것은 신이 아니다."[1] 궁극적 존재가 무라는 관점에서는 하느님이 어디에 있다거나 무슨 이름으로 불릴 수 없다.

> 신이라는 것은 어디 있다면 신이 아니다. 언제부터 있었다고 하면 신이 아니다. 언제부터 어디서 어떻게 생겨 무슨 이름으로 불려지는 것은 신이 아니다. 상대 세계에서 하나라면 신을 말하는 것이다. 절대의 하나는 신이다. 그래서 유신론이라고 떠드는 그 소리가 무엇인지 모르겠다. 무엇이 있는지 없는지를 알고 있는지 모르겠다.[2]

하느님은 본래 이름이 없거나 무어라 불릴 수 없는 존재라고 류영모는 말한다. 만약 하느님이 무슨 이름으로 불리면, 이미 신神이 아니고 우상偶像이라는 것이다.[3] 이 말은 다음 장에서 자세히 다루려고 하는 『도덕경道德經』 1장 첫머리에 나오는 말과 통한다. 다석 류영모는 하느님이 없다고 말하지만, 다석은 초월적이며 내재적인 존재로서의 하느님을 결코 의심해 본 일이 없다. 오히려 철저하게 하느님을 믿었

---

1 『다석어록』, 15, 34, 98, 275.
2 *Ibid.*, 98. 참조. 박영호, 『다석 유영모의 생각과 믿음』, 55.
3 『다석어록』, 34.

고 하느님께 헌신하는 삶을 살았다. 하느님은 존재 없이 계시는 것이 아니라, 오히려 하느님은 이것도 저것도 아니다. 어떤 개념으로 정의할 수 없는 존재이다. 사람이 하느님의 속성을 규정할 수 없다. "하느님은 존재한다. 그러나 존재하지 않는다"고 정의하는 하느님의 개념은 자기 모순적이다. 그리스도교 신비주의에서나 볼 수 있는 역설적인 표현 방법이다. 다석에 있어서 하느님은 모든 존재나 형상의 개념을 넘어 존재한다. 이러한 까닭에 류영모은 하느님은 "없이 계시는 하느님"이라고 정의한다. 반야심경般若心經(Prajñāpāramitā)이 궁극적 존재에 대한 진정한 의미의 무無와 공空을 잘 나타내기 때문에 다석 류영모는『반야심경』을 자주 읽었고 암송하기를 좋아했다. 류영모의 무無로서의 하느님 이해는 반야심경 사상에 기초하고 있다고 본다. 이러한 관점에서 류영모는 비운 마음, 즉 무아無我의 상태에서만이 반야심경에서 말하는 완전한 지혜와 하느님인 니르바나Nirvana를 깨달을 수 있다고 말한다.[4]

'반야般若의 지知'의 입장에서 무無뿐만 아니라 유有를 이해한 다석은 유와 무를 서로 보완하고 조화시킨다. 따라서 다석의 하느님 이해는 대개 그리스도인들이 이해하는 것과는 다르고 전통적인 그리스도교 교리와는 거리가 있다. 노장사상과 사서오경, 불교사상을 바탕으로 사물을 이해하였기 때문에 다석은『반야심경』과『화엄경』을 무無와 무위無爲, 허虛와 태허太虛, 공空과 태공太空의 차원에서 이해할 수 있었다. 수많은 꽃으로 장엄하다는 화엄華嚴의 세계가 성운단星雲團의 대우주大宇宙라고 할 수 있다. 이 성운단을 포용하는 허공虛空이야말로

---

4 觀自在菩薩 行深般若波羅蜜多時 照見五蘊 皆空 度一切苦厄 舍利子 色不異空 空不 異色 色卽是空 空卽是色 受想行識 亦復如是(『般若波羅蜜多心經』).

무한광대無限廣大의 신비이다. 불교에서 공空을, 노장사상에서 무無를 그렇게 중요하게 여기는 것은 이 무한허공無限虛空의 신비 때문이다. 나의 근원이 허공虛空이요 무無이기 때문이다.

다석은 우리의 '있음'의 지知로는 도저히 이해할 수 없는 절대 공간과 무한 시간을 이름 지을 수는 없다고 말한다. 다시 말하여 절대 공간과 무한 시간은 큰 늘, 즉 '하늘'을 말한다. 우주宇宙라는 것은 무한한 공간空間에 영원한 시간時間이다. 우리 머리 '위'에 있으니까 '한웋'이다. 시간은 '늘'이므로 '한늘'이다. 하늘이라는 말이 이 뜻을 포함한다고 다석은 말한다.5 '한늘'에서 '한'은 절대 공간을, '늘'은 무한 시간을 의미한다. 늘 있는 '한늘'은 하늘에 'ㄴ'이 더 붙은 것이다. 늘 살게 되는 생명이 '한ᄋᆞᆯ' 성령이다.6 한늘, 한아(한ᆞ), 하나, 한얼, 하느님, 한얼님, 한웋님, 한 나(大我)는 절대이다. 이러한 무한을 나타내는 한늘, 한ᄋᆞᆯ, 한얼, 한얼님은 '무지無知의 앎'을 통해서 이해된다.

1959년 6월 16일부터 25일까지 일지에서 '없이 계신 아부(잃)'라는 제목으로 하느님에 대하여 생각을 정리한다.

없이 계신 아부(잃)
있이 없을 없앨 수는 도모지들 없을 거니.
부스러진 것으로서 윈통을랑 없앨 수 없.
이저게 없흔ᄋᆞ람은 아니랄 수 없어라.

5 『다석강의』, 932.
6 같은 책, 56.

'있'(有)이 '없'(無)을 없앨 수는 없다. 없을 없이해 보아야 영원히 없이다. '없'(無)이 없어졌다고 해서 '있'(有)이 될 수는 없다. 부스러진 것들이 전체를 없이 할 수도 없다. 이것, 저것이 '없는 흔ᄋ'라고 아니 할 수가 없다. '없흔ᄋ'는 '없이 있는 흔ᄋ'를 줄인 말이고, '없흔ᄋ'는 큰 하나(大我)이고 그 안에 모든 것이 포함되어 있다.

없이 계신 하느님은 유무有無(있음과 없음)를 넘어 계시고, 동시에 있음과 없음을 모두 품는다. 또한 '있음'(固有)과 '없음'(虛無)이 하나가 되어 신神이 된다(固有虛無一合神).[7] 그리고 '없는 흔ᄋ'인 하느님과 '하나'인 인간의 나가 합동하여 '참 하나'가 된다(神人合同也一眞).[8] 신앙이란 다름 아닌 신인합일神合一을 이루는 그 '하나를 믿는 것'(信一)이다.

없이 계신 하느님이라는 말을 앞에서 설명한 반야 자체라는 말에 대비해 보자. "반야 자체는 실재가 있으나 유有(있음)는 아니고, 비어 있으나 무無(없음)는 아니다." '반야'라는 말 대신에 '하느님'이라는 말로 대치해보자. "하느님 자체는 실재가 있으나 '있음'(有)은 아니고, 하느님은 영靈이기에 비어 있으나 '없음'(無)은 아니다." 하느님은 현상적으로 나타나는 존재가 아니므로 없다고 할 수 있으나, 없다고 말하자니 영으로 존재한다. 하느님은 영으로 존재하나 현상적으로는 존재하지 않는다. 초현상적인 면에서 하느님은 영으로 존재하나 현상적인 면에서 있음(有)이라고 말할 수 없다. 다시 말하여 하느님은 있다고 할 수 있으나 영이시니 눈에 보이지 않는다. 눈에 보이지 않는다고 없다 하자니, 하느님은 영으로 존재한다. 그러므로 하느님

---

7 『다석일지』, 1957. 4. 23.
8 같은 곳.

은 없다고 할 수 없다. 이러한 속성을 가진 하느님은 없으면서 있고, 있으면서 없다. 그래서 다석은 하느님을 "없이 계신 님"이라고 표현하였다.

1. 무(無, nothingness)와 공(空, emptiness)의 개념

동양 사상가와 대화를 한 신학자 중에서 몇 안 되는 한 사람인 틸리히[Paul Tillich]는 그의 책 『조직신학』(Systematic Theology)에서 존재에 대한 의문은 비존재에 대한 이해 부족에서 온다고 말하였다. 그러나 비존재에 대한 이해 부족은 반드시 극복되어야 하지만 극복할 수 있을지 염려가 된다고 하였다. 틸리히는 비존재의 충격과 이 충격을 극복하기 위한 그의 노력을 통하여 다음의 문제에 접근한다. 비존재는 문자적으로 존재와 관련해서 아무것도 아닌 무無이다. 비존재라는 말 그 자체가 지시하듯이 존재론적 타당성의 차원에서 존재는 비존재를 선행한다.[9] 하느님은 '존재 그 자체'이다. '존재 그 자체'이기에 하느님의 존재는 다른 존재와 나란히 그리고 다른 존재보다 우월한 어떤 존재자의 실존實存으로서 이해될 수 없다.[10] 하느님과 존재와의 관계에 대해서 폴 틸리히는 존재의 힘이나 비존재의 힘이라는 의미에서 하느님은 '존재 그 자체'인 것 같다고 말한다.[11]

틸리히는 비존재에 대하여 생각하게 되었고, 비존재의 하느님에 대한 질문을 하였다.[12] 존재의 힘이나 비존재를 극복할 수 있는 힘이

---

9 Paul Tillich, *Systematic Theology*, vol. I (London: James Nisbet & Co. Ltd., 1964), 224.
10 *Ibid.*, 273.
11 Paul Tillich, *Systematic Theology*, vol. II (London: James Nisbet & Co. Ltd., 1957), 12.

라는 의미에서 하느님은 '존재 그 자체'라고 틸리히는 말한다.13 이러한 관점에서 나름대로 틸리히는 '무無'를 본래적 존재자의 대립 개념으로서, 즉 본래적 존재자의 부정으로서 표현한다. 앞에서 다케우치가 지적했듯이 서구 사상은 존재 개념의 바탕에서 출발하기 때문에 서양 사람들은 존재의 입장에 선다는 좋은 예를 여기에서 볼 수 있다. 왜냐하면 틸리히는 대승불교의 '무無'라는 말이 '빈 것'이나 '의미 없는 것'을 뜻하지 않는다는 사실을 알지 못하기 때문이다. 그러나 틸리히는 무無를 절망이라고 말하지는 않는다. 그런데 폴 틸리히는 불안과 같은 상태에서 만날 수 없는 '절대무絶對無'에 대한 분명한 의미를 깨닫지 못하였다. 바로 이러한 점이 동양인과 서구인의 무無에 대한 이해가 다르다고 다케우치가 말하는 이유다. 여기에서 무無는 무엇보다도 '절대무絶對無'로 간주되어야 한다.

종교철학자이며 가톨릭 철학자인 벨테Bernhard Welte는 이 문제에 대하여 틸리히보다 더 예리하게 인식하고 있다. "이 무無는 공허한 무無가 아니다. 윤리적으로 그리고 근본적인 결단을 통해서 이 무無를 사람들은 이해하며, 더 나아가서는 무無가 결정을 내린다는 사실을 알게 된다. 이 결단으로부터 다음과 같은 말을 듣게 된다." "너 자신의 마음을 깨쳐 바닥이 없는 적막한 무無에 발을 내어 디뎌라. 그리고 믿어라. 이 무無의 조용한 힘은 일반적으로 위대하고 강하다고 여겨지는 그 어떤 것보다 훨씬 위대하다는 것을."14

---

12 *Ibid.*, 12-13.

13 *Ibid.*, 12.

14 Bernhard Welte, *Zeit und Geheimnis* (Freiburg im Breisgau: Herder Verlag, 1989), 138. Hans Waldenfels, *Absolute Nothingness: Foundation for a Buddhist-Christian Dialogue* (New York: Paulist Press, 1980), 2에서 재인용.

무無에 대한 이러한 이해는 그리스도교와 불교 사이의 서로 다른 인식에 대화의 장을 마련하고, 궁극적 존재에 넓은 이해의 문을 여는 것처럼 보인다. 특히 벨테의 말은 그리스도교의 인격적 개념으로만 이해되는 신神에 대한 폭넓은 인식을 하도록 보완해 준다. 그런데도 이러한 이해에 대한 반론이 제기되기도 한다. 불교에서 말하는 무無를 아시아인들은 더 명확하게 공空이라고 말하지만, 서양 사람에게는 '공허空虛한 무無'로 이해되는 것은 아닐까[15]라는 반문을 하게 된다. 이러한 반론이 제기되면 서양인과 동양인의 사이에 대화는 더욱 어렵게 된다고 발덴펠스Waldenfels는 지적한다. 왜냐하면 동일한 언어라 할지라도 항상 같은 내용을 가리키는 것은 아니기 때문이다.

이러한 문제의 인식 아래 이 책은 다음의 두 가지 관점에서 절대자에 대해 더 자세한 이해를 하고자 한다. 우선 동양인과 불교신자에게 절대무絶對無나 공空은 어떻게 이해되는가라는 점에서 그리고 다석 류영모의 하느님의 이해를 통해서 오늘날 서양 그리스도교의 사고의 지평에서는 절대무나 공이 어떻게 이해되어야 하는지 밝히고자 한다. 그러나 절대무가 다양하게 전개되어온 역사나 배경을 여기에서 상세하게 설명하지는 않을 것이다. 그 대신에 한국의 종교다원주의자인 다석 류영모의 사상을 통해서 무無에 대한 더 자세한 사항을 이해하고자 한다.

공空이나 절대무絶對無 그리고 전후의 문제에 앞서 있고, 이것과 저것을 넘어 있는 적막寂寞의 문제를 불교인들이 다루는 방법으로 조명하는 것은 의미 있고 가치 있는 일이라고 본다. 공空(Sūnyatā)이라는

---

15 Waldenfels, *Absolute Nothingness*, 2.

말은 무無라는 말이나 '상대성'이라는 말로 번역되었다. 서양 사람들은 일반적으로 혼돈混沌(chaos)이나 비실재(non-reality)의 개념으로 또는 철학적이고 시적이거나 종교적으로 표현되는 긍정적인 것에 대한 반대 개념으로 공空을 이해한다고 불교학자 스트렝Frederick J. Streng은 지적한다.16 그러나 존재하는 모든 것이 비어 있다는 제법공상諸法空相의 이론으로서 공空과 무無의 사상은 불교 진리 가운데 가장 중요한 사상 중의 하나이다.17

불교의 공空의 이해 역사를 알아보는 것은 본서의 연구에 도움이 되리라 본다. 무엇보다도 공空의 역사를 논할 때 부처의 출가 이야기가 그 출발점이 된다. 또한 앞에서 말한 제법공상에 대하여 말한 인도 불교철학가 용수龍樹(Nāgārjuna)18의 이론을 알아보고, 공空의 논의에 초점을 맞추고자 한다. 한국에서 절대무絶對無 사상이 잘 적용되고 있

---

16 Frederick J. Streng, *Emptiness: A Study in Religious Meaning* (Nashvill: Abingdon Press, 1967), 11.

17 독립적으로 비롯되는 어떠한 진리도 없기에 공(空) 없이 존재하는 어떠한 진리도 없다. 모든 존재가 비어 있지 않으면 낳고 죽은 것도 없다. 그렇게 말하면 사성제(四聖諦)는 존재하지 않는다고 그릇되게 말하게 된다. Nāgārjuna, *Mūlamadhyama-kakārikās* 24:19-20, *Fundamentals of the Middle Way,* translated by Frederick J. Streng, *Emptiness: A Study in Religious Meaning* (Nashville: Abindon Press, 1967), 213-214를 보라. 모든 진리가 비어 있으면 무엇이 유한하고 무엇이 무한인가? 무엇이 유한, 무한 둘 다인가? 무엇이 유한, 무한도 아니라는 것인가?(*Mūlamadhyama-kakārikās* 25:22, Streng, 217)

18 불교철학자이며 중관학파 창설자인 나가르주나(Nagarjuna, 龍樹)는 기원후 150년경에 살았으나 정확한 연대는 알 수 없다. 대개 2세기 초로 추측되고 있다. 용수는 공사상(空思想)의 중도론을 처음으로 가르쳤기 때문에 대승불교의 아버지로 불린다. 침묵의 견지에서 나온 용수의 깊고 철저한 성찰은 모든 상징적인 관점에서 벗어나 침묵 자체로 돌아가는 데 있다. 중관학파에 대하여 더 자세하게 알아보려면, T. R. V. Murti, *The Central Philosophy of Buddhism* (London: George Allen & Unwin, 1974), 238-249; Streng, *Emptiness*, 241-245를 보라.

는 곳은 선불교^{禪佛教}이다. 류영모는 말한다.

> 우리 생명이 피어 한없이 넓어지면 빔(空: 절대)에 다다를 것이다. 곧 영생하
> 는 것이다. '빔'은 맨 처음 생명의 근원이요, 일체의 근원이다. 하느님이다.[19]

이러한 결론을 내린 류영모의 절대무 이해를 마지막으로 알아본
다. 다석 류영모가 새벽에 일어나 실천한 명상과 요가를 통하여 다석
류영모는 절대무를 어떻게 하느님으로 생각하였는지 알아보고자 한다.

나중에 논하겠지만 공^空의 기원은 부처님의 생애로 거슬러 올라간
다. 특히 부처의 출가와 형이상학적인 질문에 대한 침묵^{沈默}이 그 기원
이다. 적어도 부처의 실존 경험과 직접적으로 연관되는 '무아^{無我}'와
'연기^{緣起}'에서 그 출발점을 찾아볼 수 있다. 어쨌든 이러한 것들을
통해서 불교 사고체계는 중도론^{中道論}(a doctrine of the Middle-Way)으로
표현된다고 말할 수 있다. 이 중도론이 불교 교리의 양극단을 극복할
수 있는 길이다. '모든 것이 실재이다'라는 교리와 '의식(vijñāna)만이
실재'라는 양극단의 교리, 즉 극단적인 실재론^{實在論}과 극단적인 공설
^{空說}을 극복할 수 있는 이론이 중도설^{中道說}이다.[20] 니르바나^{nirvana}(涅槃)
나 공^空은 경험적인 감각의 세계에 고유하게 있는 실재를 넘어 있는
것이라고 나가르주나는 주장한다. 공^空은 그 자체 실재^{實在}가 있는 것

---

19 『다석어록』, 285.
20 진리라고 단정될 수 있는 모든 것을 부정함으로써 용수가 말하는 중도의 길을 가져
   올 수 있다고 생각하였다고 스즈키는 주장한다. 스즈키에 의하면 "중도의 길은 완전
   한 무(無)가 아니다. 모든 것을 부정한 후에도 남아 있는 어떤 것이 있다. 그것은 다른
   이름으로 '도달할 수 없는 것'이고 반야심경은 도달할 수 없는 것을 가르치고 있다."
   D. T. Suzuki, *Mysticism: Christianity and Buddhism* (London: Mandala Books, 1979), 72.

이 아니라 나르바나의 비실재非實在의 경험 속에서 깨달아지는 것이다. 용수는 이 공설空說이 부처의 사상에서 비롯된 것임을 스스로 자각하고 있었다. 용수는 근본중송根本中頌(Mūlamadhyamakakārikās)의 말미에서 부처에 대한 감사의 마음을 표시하고 있다.

> 일체의 관점을 끊기 위해서 자비심을 가지시고 정법正法을 가르치신 부처
> 님께 나는 귀의한다…(27:30).[21]

철저한 자기 방하放下와 침묵의 명상을 통하여 추구되는 진정한 무無는 소위 사구四句(tetralemma)를 매개로 해서 얻어진다. 모든 문제를 논의하게 되는 이 사구 논리는 반대자의 명제 자체가 오류라는 것을 인식시키는 논리 전개 방법이다.[22] 이 논리는 존재와 비존재, 부정과 긍정이라는 네 가지의 조건을 조합組合한 논리이다. 두 논리는 긍정되고 동시에 부정된다. 존재와 비존재가 긍정되고, 동시에 존재도 비존재도 부정된다.[23] 이 사구 논리는 어떠한 주제를 논의하더라도 적용할 수 있다고 불교학자 무르티는 말한다. 사구 논리는 양극단의 주장을 극복하는 데 사용됨으로써, 모든 문제에 있어 양극단의 중도中道의

---

21 Streng, *Emptiness*, 220.

22 *Ibid.*, 146.

23 It is summed up as follows;
  (1) Being is affirmed; non-being is denied.
  (2) Non-being is affirmed; being is denied.
  (3) Both being and non-being are at once affirmed and denied.
  (4) Both being and non-being are at once neither affirmed nor denied.
    Cf. T.R.V. Murti, *The Central Philosophy of Buddhism* (London: George Allen and Unwin, 1955), 129.

길을 취하게 한다.

이와 같이 중관파^{中觀派}(Mādhyamikas)는 모든 입장에서 등거리의 위치에 선다. 다시 말해 중관파는 양극단의 주장의 중도^{中道}의 입장을 취한다. 이 중도의 관점은 본래의 어의가 의미하는 입장이 아니고, 개념이나 언어를 넘어 있는 입장이다. 중관파가 말하는 입장은 그 자체가 입장이기를 바라지 않는 관점이다. 오히려 '중^中'은 모든 개념과 언어를 넘어 있는 초월적인 것이며, 모든 사물을 개관^{槪觀}함에 있어 초월적인 태도를 취한다고 무르티는 주장한다.²⁴ 이와 같은 관점을 확립하는 일에 용수가 전력을 다하였다는 것은 근본중송^{根本中頌}의 다음의 문구가 잘 보여주고 있다. 즉, 근본중송에서 용수는 또한 '공'에 얽매어서 논증하는 것을 분명하게 거부한다.²⁵

> 공성^{空性}에 대하여 논쟁할 때마다, 논파에 관해 말한다면, 논란의 여지가 있는 모든 것이 논쟁을 말하는 사람에 의해서 완전히 논파되지 않는다. 여전히 논파해야 할 것이 나타난다. 공성에 의해서 해설을 할 때, 증명되어야 할 것이 있다면, 증명을 하는 사람에 의해서 완전히 이해되는 것은 아니다. 또한 증명해야 할 것이 나타난다(4:8-9).

> 공성은 일체의 관점으로부터 떠난 것이라고 승자, 불타^{佛陀}들에 의해 설^說해졌다. 하나의 관점으로서 공관^{空觀}을 가진 사람은 불치자^{不治者}라고 불리운다(13:8).

---

24 Murti, *The Central Philosophy of Buddhism*, 129.
25 *Mūlamadhyamakakārikās* 4:8-9; 13:8. Streng, *Emptiness*, 188, 198의 번역문 인용.

공사상空思想을 근본중송에서는 다음과 같이 말한다.

공이라고 말해서도 안 되고 불공不空이라고 말해서도 안 된다. 동시에 공
과 불공이 존재한다고 해서도 안 되고, 둘 다 존재하지 않는다고 해서도
안 된다. 공을 말하는 것은 올바른 인식을 전달하기 위한 가설假說로서 말
해졌다(22:11).

부정신학에서 신비주의자들이 말하는 것처럼 긍정을 위한 이중부
정[26]을 하는 것이다. 이와 같이 다석 류영모도 하느님을 이해하는
데 있어 양극단을 피한다. 예를 들면 다석에 있어 하느님은 존재하는
것도 아니고 동시에 존재하지 않는 것도 아니다.[27]

없음은 더없이 크고 옹근 것을 말해, 있음은 뭇 작게 나눠진 것을 말해,
여기 있고 저기 있는 것은 수효가 많아, 무극태극은 하나이며 으뜸자리
이다.

류영모의 하느님 개념은 절대개념에서 '없음'을 말하므로 이 세상
현상계의 모든 사물은 절대적인 것이 될 수 없다.[28] 그러므로 우주에

---

26 마사오 아베는 이중부정이 무에 대한 긍정을 나타내는 가장 확실한 방법이라고 주
  장한다. See Abe, *Zen and Western Thought*, 93, 110, 159.
27 『다석일지』 1권, 637. 1959년 10월 6일자 한문시는 다음과 같다: "無者莫大全之謂,
  有者衆小分之謂, 此有彼有多數炙, 無極太極一元位." 다석의 제자 박영호는 이 시
  를 다음과 같이 풀이했다: "없음은 더없이 크고 옹근 것을 말해, 있음은 뭇 작게 나눠
  진 것을 말해, 여기 있고 저기 있는 것은 수효가 많아, 무극태극은 하나이며 으뜸자
  리이다." 박영호, 『다석 류영모의 명상록』, 270.
28 상대(相對)와 절대(絶對) 개념은 한자를 풀이하면 이해된다. "relative"와 "absolute"

존재하는 '없음'(無)만이 하느님이 될 수 있다. 하느님은 절대絶對이기 때문에 절대인 무無만이 하느님이 될 수 있다는 생각이다. 앞에서 말한 다석 류영모의 시詩에 나타나는 '없음'이 절대이기에 단지 '없음' 만이 하느님이 될 수 있다. 위의 시에 나오는 '무극無極'이라는 말은 『도덕경道德經』 28장에 나오는 말이다. 무극無極의 개념은 성리학자인 주렴계에 의해서 태극도설에서 채택되고 수정, 보완되었다. 또한 태극太極이라는 말은 『역경』 「계사전」 서두에 나온다.[29] 태극은 존재의 출발점으로 보이는 현상화된 절대絶對를 뜻한다. 이와 같이 '없음'에 대해 강조하는 것은 하느님이 어떤 존재의 개념으로 말할 수 없다고

의 서구 개념과 달리 한자 상대와 절대는 어원학적으로 서로를 내포하고 있다. 절대 는 대(對, objectum)로부터 단절되어 자유로운 것으로서 상대와 연관되어 말해진 다. 이러한 한자 대(對)는 절대에도 연관되어 있는 반면에 서양의 절대 개념에서는 연관되어 설명되지 않는다. 상대계(相對界)에서는 궁극적 실재가 태극(太極)으로 불려지지만 절대계(絶對界)에서는 같은 실재가 무극(無極)이 된다. 류영모 역시 상 대적인 관점에서는 태극, 절대적인 관점에서는 무극이라고 말한다. 상대가 절대를 만나면 없어지기 때문에 무(無)라고 하여야 한다. 허(虛, void)라는 관점에서는 실 재의 무성(無性) 때문에 태극이 허극(虛極)으로 불려진다. "단 하나밖에 없는 하나 는 허공(虛空)이다. 색계(色界)는 물질계이다. 현상계의 물질은 색계이다. 물질세 계는 빛깔로 되어 있으며 요망한 것이다. 우주 간의 물질이라는 것은 하잘것없는 것이다. 눈이 멀어 빛이 곱게 보일 때 미혹으로 사랑하게 된다. 좋은 것은 값을 치러 서라도 사려고 한다. 사람은 색을 찾는 데 너무 정성을 쏟는다. 색을 찾느니만큼 허 공을 찾아야 한다. 미인을 찾느니만큼 허공을 찾아야 한다. 허공에 대한 애착이 미인 에 대한 애착만큼 강할 때 비로소 사람은 공색일여(空色一如)라고 할 수 있다. 우리 가 깨치지 못했으니 공과 색이 다르지 깨치면 같다. 색즉시공(色卽是空) 공즉시색 (空卽是色)이 진리이다"(박영호, 『다석 유영모의 불교사상』, 74; 『다석어록』, 154를 참조하라). "절대공(絶對空)을 사모한다. 우리가 죽으면 어떻게 되나? 아무것도 없 다. 아무것도 없는 허공이라야 참이 될 수 있다. 참으로 무서운 것은 허공이다. 허공 이 참인 하느님이기 때문이다. 허공 없이 실존이고 진실이고 어디에 있는가? 우주조 차도 허공 없이 어떻게 존재할 수 있는가? 허공 없이 존재할 수 있는 것은 아무것도 없다"(『다석일지』 1956년 참조; 『다석어록』, 161; 『다석 유영모의 불교사상』, 74도 참조하라).

29 是故易有太極(『易經』 「繫辭傳」 上).

류영모는 생각하기 때문이다.

　예수회 사제인 발덴펠스^Hans Waldenfels는 『절대무』(*Absolute Nothingness*)라는 책에서 무無에 관한 지식은 더 이상 개념적인 지식이 아니고 지혜(般若, prajñā)이고, 절대 진리絶對眞理(眞諦, paramārtha satya)라고 말한다. 절대무는 일체의 현상적이고 상대 진리相對眞理(俗諦, samvrti satya)의 배후에 존재하면서, 그 가운데 말없이 말하고 있는 것을 말한다.[30] 물론 절대 진리(眞諦)나 궁극적인 실체는 언어로 표현되지 않고, 글로 묘사할 수도 없는 존재이다.[31]

　"절대에 서야 상대는 끊어진다. 상대에 빠져 헤매지 말고 절대에 깨나야 한다. 자기가 무지無知임을 알아야 한다. 아무리 상대지相對知가 많아도 절대지絶對知에 비하면 없는 것이나 마찬가지다. 그러니까 진리를 깨치는 것이 가장 급선무다"[32]라고 다석 류영모는 말한다. 이 절대 진리의 깨달음의 직관直觀은 단지 부처의 위엄있는 침묵으로 표현되는 것이 적절하다. 따라서 모든 형태 있는 것은 본래 공空이므로 완전한 지혜智慧(prajñā)는 이에 대해 무관심하여 어떤 가르침을 주지 않는다. 이 지혜智慧로부터 받을 수 있는 단지 하나의 대답은 침묵沈默이다.[33] 불자들에 있어서 지혜의 가장 심오한 표현은 부처의

---

30 Waldenfels, *Absolute Nothingness,* 18. 카리카스 24장에서 상대 진리와 절대 진리를 다룬다. 이에 관해서는 이에 관해서는 Conze, *Buddhism,* 132ff; Murti, *The Central Philosophy of Buddhism,* 243-255; Streng, *Emptiness,* 39f, 144ff; Gadjin Nagao, *the Foundational Standpoint of mādhyamaka Philosophy,* trans. John P. Keenan (New York: the State University of New York Press, 1989), 21-32도 보라.

31 Walpola Rāhula, *What the Buddha taught* (New York: Grove Press, 1959; reprint, Evergreen Edition, 1962), 35.

32 『다석어록』, 186.

33 Streng, *Emptiness,* 89와 86f, 162.

무언無言으로 대변되는 침묵沈默이다.

불교학자 콘즈E. Conze는 공空이란 이론이 아니라 무한 속으로 들어가게 하는 사다리라고 말한다.[34] 콘즈에 의하면 '공'이 무엇인가에 대해 토론할 성질의 것이 아니라, 단지 궁극적 존재인 니르바나에 이르는 수단으로 사용되어야 한다고 주장한다. 궁극적 존재를 묘사할 때 일상적인 말로 궁극적인 존재를 적절하게 설명할 용어가 없다고 스트렝Streng도 그의 책 『공』(Emptiness: A Study of Religious Meaning)에서 말한다. 그러므로 신비주의자들이 역설적인 표현을 하듯이[35] 스트렝은 "공은 …이다. 또한 공은 …아니다."[36] 즉, 긍정과 부정을 동시에 병행하는 논리로 말한다. 이러한 점에서 불교 용어 '공'은 상대적인 용어로 정의되어서는 안 된다고 스즈키(鈴木)는 주장한다. '공'은 상호 관계, 주관主觀과 객관客觀, 생生과 사死, 신神과 세계, 존재와 비존재 그리고 긍정과 부정의 어떤 형상을 넘어서 있는 '절대공絶對空'이라는 것이다. '공'은 무진장無盡藏의 '한 데'(空)이다.[37] 일상적인 용어로 상대적인 관점에서 정의한다면 이러한 개념 설명은 인식되지도 않을 뿐만 아니라 분명하게 설명되지도 않는다. 그러므로 불교의 '공'이론은 서구 사람에게는 잘못 이해된다고 해방신학자 피에리스Aloysius Pieris는 지적한다. 위에서 언급한 것처럼 '공空'이나 '허虛'라는 말을 서구 사람들이 반대하는 것은 아니지만, 공이나 허라는 말을 사용하면 서양 사람들

---

34 Edward Conze, *Selected Saying from the Perfection of Wisdom* (Boulder: Prajna Press, 1978), 24.

35 Stace, *Mysticism and Philosophy*, 96-97, 162-163.

36 Streng, *Emptiness*, 89.

37 Suzuki, *Mysticism: Christian and Buddhist*, 19.

은 당황한다. 이러한 반응을 보이는 것은 동양 사람들은 종교 사상을 실천하고 있는 반면에 서양 사람들은 세상의 모든 종교를 연구의 대상으로 생각하는 경향이 있기 때문에 일어나는 반응으로 피에리스는 이해한다.[38] 이러한 '공'이나 '허'는 연구해서 이해되는 것이 아니라, 진리를 따라 삶으로써 직관적인 깨달음으로 인식되는 것임을 알 수 있다.

2. 공즉시색 색즉시공(空卽是色 色卽是空)

절대적인 관점에서 "하나는 모든 것 안에 있고, 모든 것은 하나 안에 있다"(One is in all things and all things are in One). 이 말은 절대적인 관점에서는 초현상의 '하나'를 뜻하지만, 동시에 상대적인 관점에서는 모든 것 안에 있는 현상화現象化된 '하나'로 존재하는 것을 뜻한다. 이와 같이 한자 '空卽是色 色卽是空'에서 色(rūpam)＝空(Sūnyatā)이고, 空(Sūnyatā)＝色(rūpam)이다.[39] 영어로 적으면 'form=emptiness and emptiness=form'이다. 문자적으로 해석하면 색(Form)은 공(emptiness)과 다르지 않으며, 공空은 색色과 다른 것이 아니다. 다시 말하여 절대적 관점에서는 색은 공 이외의 다른 것이 아니고, 공은 또 색 이외의 다른 것이 아니다.[40] 색이 공이고, 공이 색이다라는 사고는 반야계 경전(Prajñāpāramitā)의 근본 철학이다.

다석 류영모의 공空의 개념은 절대자를 말하는 것으로 생각된다.

---

38 Pieris, *Love Meets Wisdom*, 3.

39 色卽是空, 空卽是色(『般若心經』).

40 色不異空, 空不異色, 色卽是空, 空卽是色(『般若心經』).

다석은 우주 공간空間이라고 불리우는 허공虛空의 관점에서 절대자를
이해하였다. "단일 허공이라고 이 사람은 확실히 느끼는데 한아님의
맘이 있다면 한아님의 맘이라고 느껴진다. 우주가 내 몸뚱이다. 우리
아버지가 가지신 허공에 아버지의 아들로서 들어가야만 이 몸뚱이
는 만족할 것이다."[41] 류영모에게 있어서 '허공'은 불이 모두 태우고
난 후 불이 꺼진 상태와 같은 아무것도 없는 것을 의미하지 않는다.
하느님의 마음이 다름 아닌 '빈 탕'(虛)이라는 것이다. 방은 벽에 의해
서 만들어진 공간이다. 방 한쪽에 책상이 있고, 다른 한쪽 방에는
아무것도 없다면, 그 아무것도 없는 공간은 비어 있다고 말한다. 그
러나 다석의 공空의 개념은 이러한 빈 공간空間의 개념을 말하지 않는
다. 부재不在, 소화消火 또는 시간과 공간이 비어 있는 것 등을 의미하지
않는다.[42] 이러한 공의 의미는 류영모가 말하는 공 개념이 아니다.
류영모가 이해하는 '공'은 상대적 관점에서 보는 것이 아니라 상호
관계, 주관과 객관, 신과 세계 그리고 긍정과 부정의 어떤 형태를
넘어서 있는 절대공絕對空을 말한다. 거기에는 시간도 공간도 없고,
되어감도 없고, 사물 자체도 없다. 그러나 모든 것을 존재하게 하는
그러한 공空이다. 다석 류영모가 이해하는 공空이란 무한 가능성의
텅 빈 충만이고, 무진장無盡藏의 공이다. 이러한 차원에서 공空을 이해
하였기 때문에 다석은 기독교청년회관(YMCA) 연경반에서『반야심
경般若心經』을 가르치고 자주 암송하였다. 불교를 바르게 이해하기 위
해서는 무엇보다도 반야심경(Prajñāpāramitā)을 이해해야 한다고 다

---

41 『다석어록』, 154. 참조. 박영호,『유영모의 사상과 신앙』, 90.
42 박영호,『유영모의 사상과 신앙』, 91. "빔(空)은 아무것도 없다는 것과는 다르다. 태
  공(太空)이다. 일체가 거기 담겨 있다. 모든 게 허공에 담겨 있다."

석은 강조한 것이다.

> 반야심경般若心經을 자세히 알면 불교佛敎 일반을 알 수 있다. 누구든지 생
> 명을 생각하는, 이 정신을 생각하는 이는 이 심경心境을 분명히 알아야
> 한다. 생각하는 사람이 이쯤 갔다는 것은 큰 재물財物이다.[43]
> 불교는 역사적으로 세계적인 사상思想이다. 이 세상을 올바르게 살아가자
> 면 불교佛敎의 사상도 반드시 알아두어야 한다. 불교를 모르고 사람 노릇
> 을 바로 하기 어려울 것이다.[44]

그리스도교인으로서 다석 류영모는 불교를 포함하여 세계의 위
대한 사상을 이해해야 한다고 강조하였다. 특히 불교 경전 가운데
『반야심경』을 강조하였다. 완전한 지혜智慧로서 반야심경이 진리의
길로 안내하는 것으로 생각하기에 다석은 불교를 이해하기 위해서
는 반야심경의 의미를 정확하게 이해하라고 강조한 것이다. 이와
같은 사항을 고려할 때 다석 류영모의 하느님 이해는 반야심경般若心經
의 무無에 대한 이중부정의 논리에 기초한 것임을 알 수 있다.
이러한 면에서 류영모의 종교 체험은 '이것이면서도 저것'인 논리
와 '이것도 아니고 저것도 아닌' 사고에 근거해서 유有이면서 동시에
무無인 궁극적 존재로서의 하느님과 깊이 관계가 있다. 류영모는 가
장 미천한 미물 안에서 '그것의 있음'(its is-ness)과 '그러함'(suchness,
如來)의 모든 영광을 보았다.[45] 다석은 깨달음의 신앙을 통해서 무無

---

43 『다석어록』, 364. 참조. 박영호 편, 『다석 유영모의 불교사상』(서울: 문화일보, 1995), 14.
44 박영호 편, 『다석 유영모의 불교사상』, 14.
45 S. B. Dasgupta, *An Introduction to Tantric Buddhism* (Berkeley: Shambhala, 1974),

로서 하느님을 이해하였다. 이와 같은 다석 류영모의 하느님 이해는 '있음'의 체험이나 '그러함'의 체험인 불교의 깨달음에 근거하고 있음을 또한 알 수 있다. 대승불교의 꽃이라고 불리우는 대승기신론大乘起信論에서는 '그러함'을 공으로 설명한다.[46]

'그러함'의 본질적인 핵심을 들여다보면 '이것도 저것도 아닌' 이 중부정의 사고가 밑바닥에 흐르고 있다. 이와 같은 '그러함'은 불교의 전형적인 사유 방법이다. 이와 마찬가지로 류영모가 이해한 하느님은 이미 앞에서 언급한 바와 같이 무엇이라고 이름을 붙일 수도 없고, 무엇이라고 부를 수도 없다. 절대자의 긍정적肯定的인 모습은 종교 체험에서 나타나는 에크하르트의 신성神性(Godhead) 개념으로 나타나는 것으로 보여진다.

대승불교를 확립한 마명馬鳴(Asvaghosha)[47]은 궁극적 존재가 모든 현상을 존재하게 하는 생명의 근원이며, 말로는 형언할 수 없는 초현상의 법신불法身佛(unmanifested Dharmakāya)이라고 말한다.[48] 그러

20-21을 보라.

46 Hakeda, *The Awakening of Faith in the Mahayana*, 34-35. "그러함은 공이다. 처음부터 실재의 현상으로 나타난 상태와 관계되지 않기에 그러함은 사물을 분별하지 않고 인간의 감각으로 인식된 어떠한 관념과도 관계가 없다. 그러함의 본질은 어떠한 표시도 없고 표시 없는 것도 아니다. 어떤 표시가 있는 것도 아니고 없는 것이 아닌 것도 아니다. 표시가 있기도 하고 동시에 없기도 한 것도 아니다. 단순한 표시도 아니고 다른 표시도 아니다. 단순한 표시가 아닌 것도 아니고 다른 표시가 없는 것도 아니다. 단순한 표시이면서 동시에 다른 표시인 것도 아니다."

47 아슈바고샤(Aśvaghoṣa)는 한자로 마명(馬鳴) 보살로 불린다. 북부 인도의 브라만교 출신으로 불교에 귀의하여 보살의 칭호를 얻었다. 대승불교의 기초를 놓은 승려이나 그의 생애에 대하여는 별로 알려져 있지 않으며 출생연대도 명확지 않다. 그의 다양한 작품과 일화에 의하여 기원전 75년과 기원후 80년 사이에 살았던 것으로 추측된다. 대승불교의 중요한 경전인『대승기신론』을 쓴 것으로 알려져 있다.

48 Asvaghosa, the *Awakening of Faith*, 28.

나 하느님의 말씀이 육화된 그리스도의 경우와 같이, 현상화된 궁극적 존재(manifested Dharmakāya)는 법法(dharma)이 몸을 입은 법신法身(Tathāgata)이다. 법신은 절대로서 그리고 완전한 지성知性으로서 우주의 모든 영역에 드러난다. 법신은 "진실로 오시는 분이고, 모든 것을 완성하시는 분"[49]이라고 마명馬鳴은 대승기신론에서 말한다. 법신은 부처에게 붙여준 이름이나 대승불교에서는 부처를 단순히 역사적 인물로만 보지 않는다. 부처는 모든 것의 거룩한 원리며 근원인 영원한 화신으로 여긴다. 이것은 궁극적 존재의 화신이 법신이라는 것을 의미한다. 그러므로 현상화된 궁극적 존재는 법신法身이라고 부르고, 초현상의 궁극적 존재를 부다여래佛陀如來(Bhūtatathātā)라고 한다.

더 나아가서 대승기신론에 따르면 부다여래를 묘사하는 데 두 가지 방법이 있다.[50] 다른 실재와 연관하여 부처를 실재가 아닌 것으로 여기거나, 궁극적 존재로 여기는 두 가지 이론이 있다. 첫째 이론은 유한한 정신으로는 깨달을 수 없고, 현상화되어 분별되기 이전의 것으로서 모든 현상을 넘어 있는 순수 근원으로서 비실재적인 것으로 보는 이론이다. 이 이론에 의하면 부타여래는 현상화될 수도 없고, 초현상의 존재도 아니며, 현상화된 존재인 동시에 초현상의 존재인 것도 아니다. 또한 현상화되지 않은 존재인 동시에 초현상의 어떤 존재도 아니라는 것을 가정한다. 즉, 부다여래는 일체도 아니고 모든 것의 복합물도 아니라는 주장이다. 둘째 이론은 비록 유한의 정신에 있어서는 비실재적인 것이지만, 부다여래가 진리眞理이고 영원하며

49 Asvaghosa, *Awakening of Faith*, 27-49를 보라. *The Flower Ornament Scriture*(『妙法蓮華經』), 970-1021도 참조.

50 Asvaghosa, *Awakening of Faith*, 28.

순수한 궁극적 존재라는 이론이다. 부다여래의 장엄함과 견주어 보통의 실재들은 공호이고 비어 있다는 것이다. 유한한 정신이 유한성의 한계를 넘어설 때 초월적인 궁극적 실재 안에서 모든 사물이 보인다는 것이다.

궁극적인 존재를 이해하는 이 두 가지 방법을 화합하고 조화하는 차원에서 다석 류영모는 현상화된 궁극적인 존재인 법신불法身佛을 '얼', '성령'으로 간주하고, 초현상의 궁극적 존재를 '하나'인 하느님, 절대자로 여긴다.

> 씨는 하늘에서 온다. 말씀은 하늘에서 온다. 하늘에서 오는 것을 여래如來 (Tathāgata)라고 한다. 있다시 왔다. 진실하게 생명을 가지고 온다. 여여 불생如如不生, 내내불멸來來不滅이다. 여여하게 그대로 와도 나지 않고, 오고 와도 죽지 않는다. 얼이기 때문에 나지 않고 죽지 않는다. 내게 온 얼의 씨는 나지 않고 죽지 않는다. 불생불멸不生不滅이다.[51]
> 부처는 나는 것도 죽는 것도 아니다. 불성佛性이란 영원한 생명이기 때문이다.[52]

더 나아가서 다석 류영모는 '하느님은 없이 계신 이'라고 말한다. "하느님을 보았으면 좋겠다는 것은 어림없는 말이다. … 절대의 아들은 빈탕(虛空)을 바라야 한다. 우주는 빈탕 안에 있다. 요한복음 13장 31절은 내가 좋아하는 말씀인데 이게 정말 생명을 바로 잘 그려

---

51 『다석어록』, 145. 如如不生, 來來不滅, 不生不滅.
52 Ibid., 300.

놓은 것이다. '영광'을 '뚜렷'으로 고쳐야 한다. 또 아버지를 '빔'(空)으로, 아들을 '맘'으로 고치면 불교식 표현이 된다. 부자일치父子一致다. 바로 아들이 되면 아버지와 같다."[53] 이 말은 지금 마음이 깨끗하게 나타났다는 것이다. 그 마음을 통해서 공空이 분명하게 드러났다는 것을 의미한다. 동시에 마음이 공空과 하나가 된 것이다. 여기에서 동양 사상인 역易에 근거한 조화와 상호보완相互補完의 정신에 입각하여 절대자를 이해한 다석 류영모의 뛰어난 통찰을 또다시 엿볼 수 있다.

3. 내재하는 하느님

스테이스W. T. Stace는 『신비주의와 철학』(Mysticism and Philosophy)에서 신비주의자들의 종교 체험과 유형類型을 분석하였다. 하느님과 합일合一은 그리스도교 신비주의자들의 체험에서 나타난다. 힌두교의 신비주의자들은 자기 자신 안에서 '하나' 됨으로 나타난다. 불교 신비주의자들은 '하느님'이나 '브라만', '우주적 자아'(大我)라는 말을 쓰지 않는 반면에 힌두교는 브라만Brahman이나 우주적 자아와 일치한다고 말한다. 그러나 불교 신비주의자들은 궁극적 실재의 개념을 전혀 언급하지 않고, 자신들의 체험을 해석하는 것으로 종교철학자 스테이스는 분석하였다.[54] 신비적 체험에서 같은 믿음을 말하는 것으로 간주되지만, 외형적으로는 체험의 양상이 크게 차이가 있는 것으로

---

53 *Ibid.*, 275.

54 Stace, *Mysticism and Philosophy*, 34.

분석되었다. 따라서 스테이스는 일반적인 두 가지 다른 유형을 제시한다. 한 유형은 종교적 체험에는 유사성이 있고 외형적으로는 같지만, 근본적으로는 그리스도교, 힌두교, 불교의 체험이 다르다는 것이다. 제이너Zaehner 교수는 그의 책 『신비주의, 성과 속』(Mysticism, Sacred and Profane)에서 이 입장을 취한다.[55] 또 다른 유형은 이들 종교 체험이 약간의 차이는 있을 수 있지만, 근본적으로는 모두 같다는 주장이다.[56] 제임스William James는 『개인 체험의 제 유형』(Varieties of Religious Experience)이라는 책에서 이 입장을 취한다. 그러나 제임스는 이 두 유형에서 불교를 제외시킨다. 왜냐하면 일반적으로 불교는 심미적인 것으로 간주되고, 절대자 같은 개념을 갖고 있지 않다고 생각하기 때문이다.[57] 여기에서 불교 신비주의자들이 절대자 개념을 갖지는 않지만, 그리스도교나 힌두교 신비주의자들과 마찬가지로 자기 자신의 종교 체험을 해석하고 있다는 사실을 제임스는 간과하였다. 또한 콜린스Steven Collins는 그의 책 『무아의 인격』(Selfless Persons)에서 불교는 무아론無我論 이외에 전능하고 영원한 궁극적 존재에 대한 어떠한 개

---

55 See Zaehner, *Mysticism*, 140-152. 로마 가톨릭 사제인 제이너(Zaehner)는 기독교 신비주의자와 힌두 신비주의자의 체험은 다르다고 주장한다. 왜냐하면 힌두 신비자들은 범신론적으로 이해하는 반면에 기독교 신비주의자인 에크하르트(Eckhart)나 뢰스브룩(Ruysbroeck)은 정통 삼위일체에서 체험을 설명하기 때문이다. 가톨릭 신학자에 따르면 범신론은 이단으로 간주한다. 물론 그들이 자주 표현하는 거의 같은 말인데도 불구하고 그들의 체험이 서로 다르다는 것은 분명하다. 그러므로 제이너의 주장이 맞을 수도 있으나 스테이스(Stace)에 의해 제시된 사실을 설명하는 두 가지 대안적인 가정 가운데 하나이다.

56 Stace, *Mysticism and Philosophy*, 34.

57 James, *The Varieties of Religious Experience*, 410. 윌리엄 제임스는 같은 책, 371-372에서 종교 체험의 네 특성을 말한다: 1. 체험을 지성으로 표현할 수 있는 특징(noetic quality), 2. 언표불가성(ineffability), 3. 일시성(transience), 4. 수동성(passivity).

념과 사고도 받아들이지 않는다고 말한다. 더 나아가 콜린스는 불교가 궁극적인 존재의 어떤 유형의 실존을 받아들이지만, 궁극적 실존이 인간과 상호작용하도록 하는 어떠한 결정적인 종교적 가치를 허용하지는 않는다고 강조한다. 콜린스의 주장은 궁극적인 존재가 없다는 극단적인 공론空論에 경도된 경향을 보인다. 이러한 콜린스의 입장과는 약간 다르지만, 스즈키는 존재로서의 하느님과 깊숙이 관계하고 있는 에크하르트의 신성 개념을 이해한다. 존재이면서 동시에 비존재인 신성神性은 모든 존재의 근원이 되는 불교의 절대무絕對無와 일치한다. 스즈키는 더 나가서 에크하르트가 신성을 순수 무無라고 말할 때 에크하르트의 신성 개념이 불교의 공성空性과 완전히 같은 개념이라고 말한다.58 또한 스즈키는 불교의 득도 체험은 앞에서 말한 '있음'(is-ness)과 '그러함'(眞如, suchness)의 체험이라고 생각한다.59

앞에서 살펴본 바와 같이 종교 체험 현상의 두 유형이 전적으로 다름에도 불구하고 스테이스는 이들 종교 체험은 비슷하다고 결론을 내린다. 단지 종교 체험의 차이는 자신의 독특한 문화의 영향을 받은 종교 체험을 다르게 해석하는 데서 온다고 본다. 이러한 주장은 다른 문화, 종교 그리고 주관적인 해석 때문에 같은 종교 체험을 서로 다르게 해석할 수도 있다는 것을 뜻한다. 말하자면 신비적인 체험이

---

58 Suzuki, *Mysticism*, 10.

59 스즈키가 말하는 깨달음 현상의 특징: 1) 설명할 수 없음(inexplicability, incommuni-cability), 2) 직관적인 통찰(intuitive insight), 3) 권위가 있음(authoritativeness), 4) 긍정적임(affirmation), 5) 초월 의식(sense of the beyond), 6) 비인격적인 분위기(impersonal tone), 7) 감정의 고양(feeling of exaltation), 8) 찰나적임(moment-ariness). D. T. Suzuki, *Zen Buddhism: Selected Writings of D. T. Suzuki*, ed. by William Barrett (New York: A Doubleday Anchor Books, 1956), 103-108을 보라.

객관적이라거나 주관적이라고 내가 주장한다면 그것은 나 자신의 해석일 뿐이라는 것을 말한다.

1) 자아(自我), 무아(無我) 그리고 대아(大我)

이 항목에서는 앞에서 언급한 신비체험의 관점에서 스테이스가 말한 자아自我(self), 무아無我(non-self) 그리고 대아大我(universal self)에 대한 다석 류영모의 이해를 다루고자 한다. 깨달은 사람에 의해 실현된 자아, 곧 진아眞我(true Self) 안에서 절대자인 하느님을 체험할 수 있다고 류영모는 말한다. 또한 사람이 '거짓 나'인 에고ego의 자아自我를 극복하고 진아, 즉 영아靈我(spiritual Self)를 얻으면 깨달은 사람은 참 자아(眞我) 안에서 하느님과 하나가 될 수 있다고 본다. 더 나아가 류영모는 진리의 영으로서 성령은 '참나'라고 말하였다.[60] "한아님이란 종당엔 '나'다. 참나(眞我)다. 하느님은 '참나' 또는 '영아靈我' 안에 계시는 절대자를 깨닫는 것 이외의 다른 것이 아니다"[61]라고 이해한 류영모의 사고는 불교와 노장사상에서 말하는 체험과 일치하는 것으로 보인다. 그러므로 사람들은 참나가 아닌 어떤 것이기를 바라는 아집의 자아自我(ātman)를 추구해서는 안 된다고 류영모는 말한다. 류영모의 하느님 체험은 거짓 자아로 가정되어 있는 모든 것을 벗겨내고 불교사상에 깊이 관계있는 무아無我(anātman)를 찾을 때 시작된다는 것을 알 수 있다.

---

60 『다석어록』, 200.

61 *Ibid.*, 269.

이와 같이 사물에 집착하는 아집의 자아를 버릴 때 참나(眞我)를 깨닫는다. 무아無我의 상태에 놓일 때 참나를 깨달을 수 있다. 무아의 상태에 이른 사람은 모든 사물이 공空이라고 생각한다. 이런 까닭에 사물에 대한 집착에서 벗어난다. 그러므로 무집착無執着은 무아無我의 상태를 얻기 위한 필연적 귀결이다. 이것은 참나가 완덕의 길에 이르도록 보여주는 것이다. 따라서 류영모가 말하는 참나, 즉 얼나(靈我)는 무아無我를 뜻한다고 말할 수 있다. 이러한 류영모의 무아의 개념은 불교의 무아론無我論과 통한다. 류영모의 무아의 사고는 앞에서 언급했던 깨달음의 신앙의 차원에서 이해되어야 한다. 만약 참나가 자아를 부정함으로써 주어지고 자아를 깬 사심 없는 사람이 무아를 깨달은 사람이라면, 그때 본성本性의 실체 문제, 마음과 하느님과의 관계에 대한 문제를 제기할 수 있다.

하느님의 실체의 문제에 있어서 다석 류영모는 자기의식으로부터 벗어난 대상으로 인식된 하느님을 발견할 때마다 모순을 지적하지 않을 수 없었다. 사실 류영모는 '하느님은 …이다'라고 말하는 초월적인 존재로 이해하였다. 쿠사의 니콜라스와 같은 서양의 그리스도교 사상가는 실재에 대한 모순을 넘어서 이해한 사람이다.[62] 니콜

---

62 하느님의 어떤 형상으로 존재하는가? 쿠사의 니콜라스와 부정의(apophatic) 전통을 따르는 사람들이 말해왔던 것처럼 하느님은 부정의 언어를 통해서 규명된다. 하느님의 실재를 찾아가는 데 부정의 언어로 말하는 그리스도교 신비주의 전통이 있다. 니사의 그레고리, 수도 디오니시스, 무지의 구름의 저자, 쿠사의 니콜라스, 마이스터 에크하르트, 십자가의 성 요한 그리고 토마스 머튼 등이 부정의 전통에 서 있다. 빛과 긍정의 카타파틱(kataphatic, 긍정의) 전통은 긍정의 언어를 통해서 하느님을 이해하는 반면에 아포파틱(apophatic) 전통은 관상기도자들이 어둠과 부정의 언어로 하느님을 이해한다. 부정의 언어로 하느님을 명확히 서술하고 긍정하는 방법은 아포파틱 전통에서 보여진다.

라스의 사고는 류영모의 견해를 지지해 준다. 이러한 관점으로 하느님을 보면 하느님은 절대무絶對無이다. 하느님이 단지 무無인가 의심해야 한다. 그러나 확실히 그렇지만은 아니다. 하느님은 우주의 단일체이다. 하느님은 실체의 근거이다. 왜냐하면 하느님은 특별히 무無가 될 수가 있고, 하느님은 있지 않은 곳이 없고, 하느님이 작용하지 않는 곳이 없기 때문이다. 쿠사의 니콜라스에 있어서 하느님은 하느님 안에 '기원 없은 기원'이다. 하느님 안에는 모든 것이 반대 개념으로 나타난다. 최대로서 하느님은 또한 최소이다. 그러므로 하느님은 가장 작은 것과 가장 큰 것을 넘어서 계신다. 니콜라스는 안셈Anselm 이후 '하느님은 더 크다고 하는 것보다 더 큰 최고의 대상이기 때문에 이 세상에서는 인식될 수 있는 것이 없다는 것을 보이기 위한' 신의 존재 증명에 치명적인 타격을 주었다. "파악될 수 있는 것은 하느님이 아니다. 왜냐하면 하느님이 특별하게 설명되고 파악될 수 있는 어떤 것이라면, 일자(the One)는 이미 유한한 존재이고, 우주를 통합하는 무한성의 기능을 수행할 수가 없기 때문이다."[63] 니콜라스의 하느님 개념은 모든 대상의 가장 높은 존재가 아니고, 정의할 수도 없고 묘사할 수도 없는 존재이다. 상상되지도 형상화할 수도 없는 존재로서 존재와 비존재를 넘어서 있는 존재이다.[64] 이러한 점에서 하느님은 연구될 수 있는 대상이 아니라 "가운데 중의 가운데이고, 목적 중의 목적이며, 상징 중의 상징, 존재 중의 존재, 비존재 중의

---

63 Nicholas of Cusa, *De docta ignorantia*, ch. 24. Jasper Hokins, tr., *Nicholas of Cusa on Learned Ignorance: A Translation and an Appraisal of De docta ignorantia* (Minneapolis: A. J. Banning Press, 1981).

64 E. L. Allen, *Christianity Among the Religions* (London: George Allen & Unwin Ltd., 1960), 113.

비존재이다"(Vom Nichtanderen, 87. theses 5).[65] 니콜라스는 유有와 무無를 초월해 있는 하느님이라고 분명하게 주장한다. 하느님이 유라면, 하느님은 또한 무라고 니콜라스는 말한다. 자아의식의 내면의 깊숙한 곳을 살펴볼 때 우리는 하느님이 아무것도 없는 '고요'요 '심연'이며, '대상 없는 의지,' '깊은 어둠 속의 적막' 등과 같은 말을 통해서 심오한 의미를 발견한다. 그럴 때 우리는 숭고하고 신비로운 감정에 싸인다.

불교의 근본적인 이론인 무아론無我論 이외에 다른 사고로 이 복잡한 개념을 이해한다면 분명하게 설명되지 않는다. 여러 가지 난해한 사실들을 해명解明하려 할 때 역사적이고 해석학적이며 철학적인 애매모호함에 부딪히지 않을 수 없다. 애매모호함에도 불구하고 이러한 하느님 개념이 다석 류영모의 하느님 이해와 관계가 있는 한, 절대자의 개념을 설명해야 하고 이해시켜야 한다.

콘즈Edward Conze는 힌두어 'anātman'을 영어로 'non-self'(無我)로 번역하였다. 그러나 콘즈는 번역어로서 'not the self', 'not a self', 'not-I', 'unsubstantial'[66] 중 어느 것이 더 적절한지는 결정하지 못하였다. 무르티Murti는 불교학파가 크게 다양화되었다고 본다. 그러나 일반적으로 불교학파가 생각하는 것은 실체(ātman)를 거절하는 것으로 본다. 무르티는 실체(ātman)의 거절을 무아無我(anātman)로 보았다. 즉, 실체의 부정을 변화가 없는 영원하고 실체적인 일체의 부정이라고 설명하였다.[67]

---

65 Küng & Ching, *Christianity and Chinese Religions*, 183-184.

66 Conze, *Buddhist Thought in India*, 36-37.

67 Murti, *The Central Philosophy of Buddhism*, 26.

콜린스는 『무아의 인격』에서 소승불교(Theravāda)의 무아無我의 개념을 소개한다. 라후라Rāhula, 말라라세케라Malalasekera와 난아티로카Nyanatiloka, 세 학자의 견해를 소개한다. 이 세 학자는 한목소리로 무아론은 불교를 다른 종교, 신조, 철학 체계에서 분리해내고, 세계 역사에서 불교를 유일하게 만드는 교리라고 주장한다.[68] 세 학자의 무아의 개념에 따르면 무아론은 부처의 해탈解脫 교리의 본질을 형성한다. 무아론으로 불교의 전적인 체계가 확고히 서기도 하고, 무너지기도 한다. 이러한 면에서 콜린스는 무아론에서 불교는 전능하고 영원한 신에 대한 어떠한 개념도 받아들이지 않는다고 결론을 내린다. 어떤 초월적인 존재의 실존을 받아들이더라도 불교는 궁극적 실존이 인간과 상호작용하는 어떤 결정적인 종교적 가치를 허용하지 않는다고 말한다.[69] 결과적으로 콜린스에 의하면 불교는 예배드리고 기도할 필요도 없고, 종교의 범주 안에서 정의되는 것들을 위한 장소도 필요치 않다고 말한다.

---

68 Collins, *Selfless Persons*, 4-5. 라훌라에 의하면 "자아 개념은 실재와는 거리가 있는 허상이고 거짓 자아이다. 허상은 나와 나의 것, 이기적인 욕망, 갈망. 집착, 증오, 악의, 시기, 교만, 아집 그리고 모독, 불결, 문제들 같은 해로운 생각을 만들어 낸다. 이러한 자아는 개인의 갈등에서 나라 사이의 전쟁에 이르기까지 세상의 온갖 문제의 원인이 된다"(W. Rāhula, *What the Buddha Taught*, 51). 말라라세케라는 "불교는 자아의 허상을 거절하고 영원하고 신성한 영혼 안에서 거짓 신념은 모든 잘못의 가장 치명적이고 위험하다는 것과 거짓 신념이 가장 깊은 슬픔과 고통의 씨가 된다는 것을 강조한다"고 주장한다(G. P. Malalasekera, *The Buddha and his Teachings* [the Buddhist Council of Ceylon, 1957], 33-34). 난아티로카는 세 명의 스승에 대하여 언급한다. 첫째 스승은 죽음을 오래 지속되게 하는 자아 실체의 존재, 예를 들면 크리스챤 같은 영원주의자를 말한다. 둘째 스승은 죽음을 소멸시키는 일시적인 자아 실체, 즉 소멸주의자나 물질주의자를 말한다. 셋째 스승은 영원한 실체도 없고 일시적인 실체도 없다는 불교를 말한다(*Buddhist Dictionary* [Ceylon: Buddhist Publishing Society, 1973], 2-3).

69 Collins, *Selfless Persons*, 5-6.

불교의 자아自我나 무아無我에 대한 견해와는 달리, 서양의 '나', '자아', '실체'의 개념은 더 쉽게 이해되는 경향이다. 킹W. L. King은 동서양 사이의 인간 개성個性에 대한 견해를 비교하고 '자아', '무아', '무자기성'의 문제를 간략하게 요약하였다.

> 그리스도교적, 서구적 자기 이해는 주로 개념적이며, 불교와 동양의 자기 이해는 실존적이라는 사실 속에서 기본적인 이해가 되리라 본다. 서양사람들에게 있어서 자아는 날카롭게 분리되어 고정되고, 폐쇄된 개체가 되고 만다. 이 개체는 비인간적이거나 비인격적인 존재 개념을 받아들이지 않는다. 이런 까닭에 서양은 특별한 자기의식, 다른 자아와 사물로부터 분리된 인격적 자아의식을 특히 강조한다. 또한 핑가레트(Fingarette)가 '불안한 상태에 있는' 주체와 자아를 동일시하는 경향이 있다. 이러한 불안한 주체는 내적인 정신 갈등에서 발생한다. 이러한 주체를 처해 있는 실존적 상황과의 감정적 긴장 관계 안에 있는 의식意識의 자아自我라고 부르기도 한다. 서구사람들은 지배적인 그리스도교 신앙에서 요구하는 자기 부정을 약화시키거나 그러한 자기 부정을 좁은 의미로 그리고 분명한 형식으로 한정시켰다. 그래서 무엇보다도 서양은 신비주의 언어와 무아無我 의식이나 비인격적인 앎을 추구하는 것을 불안한 나머지 거부하게 되었다.[70]

서양인들이 그리스도교의 지배적인 신앙인 '자기 부정否定'을 약화시킨 경향이 있다고 지적한 것이나, 무아의식無我意識이나 비인격적 지식을 추구하라는 요구와 신비주의적 체험을 거절했다는 윈스톤

---

70 W. L. King, "East-West Religious Communication," *The Eastern Buddhist* I/2, New Series (Otani University, Kyoto: 1966), 109f.

킹의 지적은 옳다고 본다.

다석 류영모는 서구의 그리스도교인들이 무無나 원대遠大한 '하나'를 잘 이해하지 못한다고 말하였다. 서구사람들은 무無의 차원보다는 유有의 차원에서 사물을 분석하고 연구하여 제법 효과를 내었으나, 원대한 무를 잘 알지 못한다.[71] 그래서 그리스도교 신앙이 예수 그리스도의 본래 가르침에 충실하려면 무아 사상이나 자기 부정을 수용할 필요가 있다고 다석은 강조한다. 류영모는 이러한 관점에서 성서를 해석하고, 예수를 깨달은 성인으로 여긴다. 그래서 다석은 "예수, 석가는 상대 세계에 대해서는 철저한 부정否定이다. 철저한 부정을 안 하려면 불교, 기독교를 믿지 말아야 한다"[72]고 말한 것이다. 특히 류영모는 '자기 부정'을 말하고 있는 마르코복음 8장 34-36절과 요한복음 12장 24-35절 말씀을 주목하였다. 자기를 부인하여야 궁극적인 실체를 얻을 수 있다는 표현이다. 작은 씨앗 하나가 죽어야 풍성한 열매를 맺는 것과 같은 이치다.

류영모의 참나(眞我)에 대한 사고가 불교의 무아無我의 개념과 직접적인 관련이 있는지 아니면 관련이 없는지 알아보기 위해서는 참나에 대하여 더 살펴볼 필요가 있다. 킹W.L.King이 지적한 바와 같이 서구 사람의 무아無我 개념과는 대조적으로, 불교는 기본적으로 개념적 자아自我를 본래 악한 것으로 거부하고, 서양과는 전혀 반대의 입장에서 동양 사람들은 무아의 상태를 높이 평가한다. 불교는 자아의 실체를 모두 멸하고, 자아의식의 망상적 상태를 부정하는 등 서구 사람의

---

71 『다석어록』, 309.
72 Ibid., 287.

이해와는 반대의 입장을 취한다. 그러나 윈스톤 킹은 지금 우리들은 "불교가 어떤 자아로부터(또는 어떤 상황에 있는 자아로부터) 인간성을 해방시키는가?"라고 물을 수 있어야 한다고 말하였다.73 왜냐하면 불교의 사상인 무아無我의 개념이 불교도나 비불교도 간에 그 어느 누구에게도 자아自我 안에 강력하고 고유한 실존적 생명력이 있다는 주장을 가로막아서는 안 되기 때문이다.

2) 불교의 무아론(無我論)

콜린스가 이미 지적한 것처럼 불교의 고유한 사상을 말하라면 일반적으로 무아無我(anātman/anātta)에 관한 교리, 즉 무아론無我論을 든다. 한편으로는 복합체(skandha/khandha)로서 모든 사물은 덧없는 것이고, 거기에는 영원한 어떤 것도 없다고 말한다. 다른 한편으로 이 세상에 사는 우리 각자는 온갖 종류의 슬픔과 고통을 겪도록 되어 있으므로, 어떤 사물에 집착할 하등의 가치가 없다고 말한다. 이 모든 것으로부터 떠날 목적으로 부처는 출가하여 자신뿐만 아니라 세상을 위해 길을 찾기 위해 6년이라는 긴 세월을 방황하였다. 결국 부처는 무아의 생각에 부딪힘으로써 그 길을 찾았다.74

---

73 W. L. King, "East-West Religious Communication," *The Eastern Buddhist* I/2 (1966), 109f.
74 무아에 대한 부처의 가르침을 보라. "모든 조건 지어진 현상(상카라)은 순간순간 변한다(sabbe sankhara anicca, 諸行無常). 지혜의 눈으로 이 이치를 볼 때, 괴로움에서 벗어난다. 이것이 맑음에 이르는 길이다"(법구경 277). "모든 조건 지어진 현상들은 괴로움이다(sabbe sankhara dukkha, 一切皆苦). 지혜의 눈으로 이 이치를 볼 때, 괴로움을 싫어하는 생각이 일어난다. 이것이 맑음에 이르는 길이다"(법구경 278). "존재를 규정하는 어떤 불변의 법칙도 없다(sabbe dharmma anatta, 諸法無我). 지혜의 눈으로 이 이치를 볼 때, 괴로움을 싫어하는 생각이 일어난다. 이것이 맑음에 이

부처가 깨달은 무아론은 자아실체自我實體의 개념을 부인하라는 것이 아니라, 자아개념 자체의 허상虛像을 지적하였다. 내(我, atman)가 없다고 말한 부처의 말씀의 뜻을 정확하게 알기 위해서는 자아에 대한 심리학을 떠나버리지 않으면 안 된다고 스즈키는 말한다.

개별적인 존재자들로 이루어진 이 세상에서 우리들이 사는 한, 우리 모두는 개인적인 자아自我의 관념을 갖고 살지 않을 수 없다. 그러나 이 사실은 결코 자아의 실체성을 보증해 주지 않는다. 사실 현대 심리학은 자아실체

르는 길이다"(법구경 279). *Dhaammapada* (Oxford University Press, 1951)를 S. Radhakrishnan이 영문으로 번역한 것을 참작하여 법구경 277, 278, 279를 번역해 보았다. "사베 상카라 안니카"(sabbe sankhara annica)라는 말을 한문으로 '제행무상(諸行無常)', "사베 상카라 두카"(sabbe sankhara dukkha)는 일체개고(一切皆苦)로 번역하였다. '사베'(sabbe)는 모든 것을 의미하며, '상카라'(sankhara)는 모이고 합하고 결합하는 행위에 의해 생겨난 결과 또는 결합, 행위 작용으로 생긴 존재, 즉 인연에 의해 생겨난 존재를 뜻한다. '안니카'(annica)는 변하는 것을 말한다. '니카'(nica)는 영원한 것, 변하지 않는 것을 뜻하고, 접두사 '안'(an)은 '아니다'라는 부정을 뜻한다. 그러므로 안니카는 '늘 변한다'는 뜻으로 영원한 것은 없다는 것을 의미한다. 따라서 제행무상이라는 말은 이 세상의 모든 것은 생성되고 끊임없이 변한다는 사상을 표현한 것이다. 상대 세계에서는 모든 것이 늘 변화한다는 사상을 한자로 제행무상(諸行無常)이라고 번역한 것이다. 따라서 확고한 가치도 진리도 없다. 팔리어로 "사베 다르마 안아타"(sabbe dharmma anatta)라는 말이다. '다르마'(dharmma)는 '질서, 규칙, 법, 진리, 자연의 법칙' 등으로 번역된다. '다르마'라는 말이 사용되는 용례는 무려 40여 가지가 있으나 한자로는 모두 법(法)으로 번역하였다. 안아타(an-atta)는 개별자(atman)를 말하는 아타(atta)에 부정의 뜻인 안(an)과 합성어이다. 산스크리트로는 안아트만(an-atman)에 해당하는 말이다. 아트만(atman)은 그리스어 아톰(atom: 원자)과 같은 어원을 가진 말이다. 아톰과 아트만 모두 변하지 않고, 파괴되지 않는 개별자, 단독자라는 뜻을 가지고 있다. 아톰이 더 이상 변하지도 않고 쪼개지지도 않는 물질의 기본단위를 뜻한다면, 아트만은 더 이상 변하지도 않고, 파괴되지도 않는 영원하고 고정불변한 인간의 정신적 실체인 '자아'를 뜻한다. 종합하여 말하자면 '사베 다르마 안아타'라는 말은 영원한 가치도, 변하지 않는 진리도 없다는 것을 말한다. 이러한 의미의 사상을 한자로는 제법무아(諸法無我)라고 번역하였다.

自我實體(ego-entity)를 무시한다. 그것은 단순히 우리들의 실제적인 일에 적용되는 효과적인 가설이다. 자아의 문제는 형이상학적인 영역에 이전되지 않으면 안 된다. 부처가 아무런 아我(ātman)도 없다고 한 말의 뜻을 이해하기 위해서는 심리학을 떠나지 않으면 안 된다. 왜냐하면 만일 우리들이 고苦의 마지막에 도달하기를 원하고 우리들 자신이 세상과 아울러 평화롭게 살기를 원한다면, 그저 아무런 아我도 없다고 말하는 것으로는 충분치가 못하기 때문이다. 항구에 안전하게 정박하여 있는 우리 스스로를 보기 위하여 우리는 긍정적인 어떤 것을 소유하지 않으면 안 된다. 단순한 심리학은 이러한 것을 부여해 주지 않는다. 우리들은 지혜 직관智慧 直觀(prajñā-intuition)이 작용하는 더 넓은 실재의 영역에로 나아가지 않으면 안 된다. … 불교신자들은 일반적으로 모든 사물의 무아無我에 관하여 말하지만, 사물의 무아란 지혜 직관(prajñā-intuition)에 의해서 통찰되지 않고서는 이해될 수 없다는 사실을 망각하고 있다. 자아 실체를 심리학적으로 무화無化시키는 것으로는 충분치 않다. 왜냐하면 자아 자체를 무화시키는 것은 여전히 지혜 직관의 눈을 가려 놓고 있기 때문이다.[75]

다석 류영모에 의하면 자아自我(ego)는 '거짓 자아'이고, 참나(眞我, true Self)는 스스로 반영된 것으로서 '그 자체'를 바라보는 마음(心)이다. 다시 말하여 그것은 그러함(如, tathatā)의 상태, 즉 자아 일치의 활동이다. 마음 그 자체가 비어 있을 때, 즉 마음 '그 자체'를 제외하고 마음속에 있는 모든 것이 없는 때 '그러함'(如)이나 '있음 자체'의 상태는 가능하다. 그러나 '그 자체'를 말하는 것은 잘못 이해되기 쉬운

75 Suzuki, *Mysticism*, 28-29.

경향이 있기 때문이다. 그러면 '그 자체'는 무엇을 말하는 것인가 하고 질문을 할 것이다. '그 자체'를 바라본다는 것은 지혜 직관이 열려 자신의 참 자아를 깨달은 각자覺者에게 가능하다. 스즈키가 앞에서 설명한 것 같이, 궁극적 존재의 세계를 꿰뚫어 볼 때 가능한 일이다. 이러한 면에서 다석 류영모의 무아無我 개념은 불교의 무아론無我論과 서로 일치하는 것을 볼 수 있다. 다석의 무아 사상을 이해하려면 깨달음의 믿음의 관점에서 보아야 한다고 본다.

1912년 일본에서 돌아온 후[76] 류영모는 불교를 이해하려고 공부하였다. 이때의 불교 공부가 류영모의 종교 사상을 불교와 관계를 맺게 하였고, 더 나아가서는 통종교적通宗教的인 신앙을 갖게 된 것으로 여겨진다. 도교와 한국의 민속종교의 전통에서 볼 수 있는 이 깨달음의 믿음은 불교의 용어, 득도得道와 일치한다. 그리스도교인으로서 다석 류영모는 깨달음의 신앙을 체험하지만 깨달음의 신앙이 다석으로 하여금 종교적 다원주의 신앙을 취하도록 한 것은 아니다. 다른 종교를 서로 거울로 비추어 자신의 신앙을 살펴보게 한 것이다. 기본적으로 그리스도교 신앙을 견지하면서 불교, 유교, 도교 그리고 그리스도교의 사상을 서로 비추어 생각하였던 것이다. 이러한 깨달음의 신앙은 불교의 득도신앙得道信仰을 의미한다. 스즈키는 깨달음의 신앙을 새로운 관점에서 절대자를 포착한 것으로 정의한다. 스즈키가

---

76 류영모가 1913년 일본에서 동경물리학교 다니다가 공부하는 것을 포기한 까닭은 그의 종교 사상에 있다. 예수가 광야에서 시험을 받았듯이 류영모도 일본의 수도에서 도쿄에서 시험을 받았다고 박영호는 말한다. 일생 동안 어느 때에 고민스러웠냐고 물었을 때, "일본에 있을 때에 가장 고민스러웠어요"라고 대답했다고 한다(『多夕 柳永模의 생애와 사상』上, 123). "세상에서 입신양명(立身揚名)이니 성공출세(成功出世)니 이런 것 다 집어치우고 진리 속에 들어가는 것만이 참 사는 것이다"(『다석어록』, 132; 참조. 『多夕 柳永模의 생애와 사상』上, 123).

정의한 것처럼 다석의 깨달음의 신앙은 한국의 종교다원주의 상황 속에서 새로운 관점으로 종교 간의 신앙을 서로 조화할 수 있게 한다. 이러한 면에서 다석의 가르침은 부처의 가르침과 유사한 점이 있다. 무엇보다도 불교는 깨달음의 종교이다. '붓다'라는 말도 '깨달은 사람'을 뜻한다.

류영모의 사상은 자아실체自我實體를 거절하는 것을 중요하게 생각한다. 자아 개념 자체를 하나의 허상虛像으로 본다. 사람이 자아를 부인할 때 하느님의 실존을 체험한다고 다석은 말한다.

> 나(自我, ego)가 죽어야 참나(True Self, 眞我)가 산다. 나가 완전히 없어져야 참나다. 참나(中)가 우주의 중심이요 나(自我)의 임자다. 나의 임자란 자아를 지배하고 책임질 수 있는 자유무애自由無礙의 존재라는 것이다. 나가 죽어 내 맘이 깨끗해지면 하느님을 볼 수 있다. 마음이 깨끗하다는 것은 부귀富貴와 미색美色을 초월했다는 말이다. 참나와 하느님은 하나다. 참나와 성령은 하나다. 참나로서는 내 생명과 하느님의 생명이 하나이다. 참나와 하느님은 이어져 있다. 그리하여 유한有限과 무한無限이 이어져야 한다. 그것이 영원한 생명이다. 진선미한 생명이다.[77]

자아의 부정을 통해 하느님을 경험한다는 것은 자기중심의 활동을 거절하고 참나를 깨달아야 한다고 류영모는 주장한다. "불경이나 성경은 마음을 죽이는 거다. 살아 있어도 죽은 거다. 자아가 한 번 죽어야 맘이 텅 빈다. 한번 죽은 맘이 빈탕(太空)의 맘이다. 빈 마음에

---

77 박영호,『多夕 柳永模의 불교사상』, 159-160.

하느님 나라 열반나라를 그득 채우면 더 부족이 없다"[78]고 류영모는 말한다. 말도 언어도 계시도 의식도 사라진 그러한 마음의 상태에 이를 때, 불교에서는 참 진리를 얻었다고 말한다.

3) 자기부정과 금욕주의

기원전 6세기 이전에 부처가 붙잡은 것과 같은 말씀을 예수도 가르친다. "누구든지 제 목숨을 살리려는 사람은 잃을 것이며 제 목숨을 잃는 사람은 살릴 것이다"(눅 17:33). 복음 말씀의 자기부정은 불교사상의 밑바탕에 자리하고 있는 무아론이나 자아 부정과 통한다고 본다.

"예수, 석가는 상대 세계에 대해서는 철저한 부정否定이다. 철저한 부정을 안 하려면 불교, 기독교를 믿지 말아야 한다. 불교를 믿는다는 것은 마음 안에 있는 불성을 믿는다는 것이다. 단지 태어난다는 그 자체가 고苦라고 불교에서는 가르친다. 인간 본성은 창조되거나 파멸되지 않는다. 불교를 모르는 사람은 이 말을 이해하지 못한다."[79]

류영모는 자신의 영적 삶을 위해서 삼독三毒을 철저히 제거하려고 하였다.[80] 삼독은 우리 인간의 정신을 황폐케 하고 좀먹게 한다. 탐貪 □ 진瞋 □ 치痴, 이 삼독은 탐욕으로 인간이 타락하게 되어 고苦 속에 놓이게 된다는 불교의 교리를 생각하게 한다. 금욕주의적 그리스도교

---

78 『다석어록』, 349. 참조. 『多夕 柳永模의 불교사상』, 85.
79 『다석어록』, 287. 참조. 박영호, 『多夕 柳永模의 생각과 믿음』, 55.
80 류영모는 삼독에 관하여 자주 언급하였다. 『다석어록』, 130, 185, 193, 214, 239-240, 252, 258, 262, 302를 보라.

신자인 다석은 참나를 깨닫기 위해 삼독을 극복하려고 하였다. 다석은 자신의 전 생애를 통하여 삼독을 제거하기 위해 수신修身하고 극기복례克己復禮한 것이다. 그래서 다석은 육체적 욕망을 끊고, 마음이 하느님과 통하도록 하기 위해서 항상 무릎을 꿇고 살았다. 다석은 사람들이 삼독을 극복하기 위해서 노력해야 하고 절대 '하나'를 믿어야 한다고 주장하였다. "상대적인 것은 일체 믿을 것이 못 된다. 믿을 것은 하나 절대絶對뿐이다. 그런데, '하나' 밖에 무엇이 많다(餘是多). 복잡하다. 그러니까 절대 존재 하나만 믿고 살 수밖에 없다. '하나'를 잡으러 올라가는 것뿐이다. 그러기 위해서 탐 ㅁ 진 ㅁ 치貪瞋痴를 이기고 올라가야 한다"[81]고 다석은 말한 것이다.

류영모는 공관복음에 따른 예수의 말씀보다 요한복음에서 말한 영적인 예수의 말씀에 관심을 가졌다. 다석의 이러한 관심은 영지주의적 경향을 띠고 있음을 지적할 수 있다. 다석은 요한복음 14장 16절을 나름대로 독특하게 해석하였다.

예수가 본 길(道), 진리眞理, 삶(生命)은 이렇게 말할 수 있다. 사람은 하늘로부터 땅에 내려왔다가 다시 위로 올라가는 것을 '길'이라고 보고 그 길을 환하게 걸어감이 '참'이라고 보고, 아버지와 아들이 환 빛으로 하나가 되는 것을 '삶'이라고 본 것 같다. 사람의 아들(人子)은 하늘에서 와서 하늘로 간다. 이보다 환한 길은 없다. 이 길을 틀리지 말고 똑바로 가는 것이 참(眞理)이다. 그리하여 하느님과 만나는 것이 삶(生命)이다. 철도에 비기면 철도가 길이요, 기차가 진리요, 도착이 생명이다. 이렇게 보면 인생은 조금

---

81 『다석어록』, 185.

도 어려울 것이 없다.[82]

그러므로 예수는 진리와 생명 그리고 하느님 사이를 잇는 길을 보여준 사람 중의 한 사람이다[83]라고 다석은 해석한 것이다. 예수 안에 존재하는 영靈은 모든 인간에서도 볼 수 있다고 다석은 분명하게 말하였다. 인간은 성령의 임재에 의해 모든 생명과 하나가 될 수 있다. 예수 안에서 성령의 임재로 삶이 성취된 것과 같이 예수의 길을 따르는 인간 안에서도 같은 성령聖靈에 의해 성취될 수 있다. 이러한 점에서 하느님의 아들이면서 인간으로서 예수에 대한 다석의 해석은 전통적인 그리스도교의 예수 이해와는 전적으로 다르다. 류영모는 예수만이 그리스도가 아니라고 해석한다. 그리스도의 명칭이 예수에게만 적용되는 것이 아니라는 것이다. 한 걸음 더 나아가 그리스도교의 배타적 교리가 확고하게 지속되는 것처럼 예수만이 유일한 구원의 길이라고 주장한다면 신약성서의 기자의 의도를 잘못 이해하고 있는 것이라고 다석은 말한다.[84] 예수를 따른다는 것은 자신의 참 생명과 길, 참나와 진리가 둘이 아니고 '하나'라는 것을 깨닫는 일이라고 다석은 말한다. 여기에서 '하나'는 불교의 무아론에 근거한 자기 부정의 삶을 통하여 하느님과 합일하는 상태를 말한다.

류영모의 이러한 그리스도 이해는 과정신학자 콥[John Cobb]의 로고스로서의 그리스도 이해와 유사성을 보인다. 콥은 『대화를 넘어서』 (Beyond Dialogue: Toward a Mutual Transformation of Christianity and

---

82 Ibid,, 167.

83 Ibid., 138.

84 박영호, 『多夕思想精解』, 118을 보라.

Buddhism)에서 종교다원주의 접근방법으로 그리스도 중심의 방법을 보여주고 있다.[85] "우리의 일은 다른 종교 전통 안에서 알려진 진리를 부정하도록 강요하는 과거의 교리로부터 자유로운 우주적 그리스도의 의미를 드러내는 일이다"[86]라고 콥은 주장한다. 과정신학에 입각하여 그리스도 중심의 다원주의를 전개하는 콥은 다른 종교의 진리가 우리의 진리를 변화시키지만, 진리로서 그리스도는 다른 모든 종교의 진리를 변화시키고,[87] 그리스도는 다른 길을 포함하는 모든 것의 길로서 우주적 성육화의 실현이라고 주장한다.[88] 콥의 이러한 해석은 창조적 변화의 형상으로서 그리스도는 다른 종교에서도 발견될 수 있다는 것을 말하고 있다. 과정신학은 주로 근본적으로 변화와 변혁에 관심을 가지고 있다. 하느님과 자연은 지속적인 변화의 과정 속에 있기 때문에 창조적 변화의 원리로서 그리스도는 모든 것을 창조적으로 변화시킬 수 있다. 그러나 로고스 그 자체는 변화되지 않는다고 콥은 주장한다. 콥의 우주 원리로서 로고스 이해는 류영모의 역易으로서 하느님 개념과 일치한다. 그리스도교철학에서 말하는 것처럼 '움직이지 않는 동인動因'이나 역易의 창조성은 그 자체의 운동이다. 그 자체의 운동은 일시적인 것이 아니라 쉼 없고 영원하다. 다석은 '변하지 않는 역', 즉 불역不易 또는 도道, 즉 진리로

---

85 그리스도 중심의 다원주의는 신 중심의 다원주의보다 더 근본적인 다원주의라고 존 콥은 주장한다. 참조. John B. Cobb, Jr., "Beyond Pluralism," *Christian Uniqueness Reconsidered*, ed. by Gavin D'Costa (New York: Orbis, 1990), 81-85.

86 John B. Cobb, Jr., *Beyond Dialogue* (Philadelphia: Fortress Press, 1982), 143.

87 *Ibid*.

88 John B. Cobb, Jr., *Christ in a Pluralistic Age* (Philadelphia: The Westminster Press, 1975), 22.

불리는 우주의 원리와 하느님을 일치시킨다.[89]

　로고스로서 그리스도는 변화의 과정을 통하여 '되어감'의 변화 운동 안에서 내재적으로 역동하는 것으로 이해되어야 한다고 콥은 주장한다. 그러므로 로고스의 육화로서 그리스도는 다양하고 수많은 방법으로 로고스로서 그리스도를 만나는 사람들만큼이나 다양하게 경험되고 인식되는 것이다.[90] 한 마디로 콥은 예수는 로고스의 완전한 육화이고 육화의 전형적인 하나의 예라고 주장한다. 이때 그리스도는 단순히 한 사람 안에 나타나는 것이 아니라 그 사람 자체로 나타난다.[91] 콥에게 이러한 그리스도의 현존은 내재하는 인격적 일치로 특징되는 예수의 실존으로 전통적 신학의 이해와는 뚜렷하게 구별되는 이해이다. 이러한 이유로 예수를 그리스도로 선언한다는 것은 문자적으로 하나의 진리의 사건이라고 말할 수 있다.[92] 다시 말하여 그리스도는 모든 사물 안에서 현존하는 것이고, 예수는 그리스도라는 것이다. 이러한 점에서 하느님이 예수 그리스도 안에서 육화되었고 또 되고 있다는 그리스도교 신앙을 견지하면서 과정신학의 원리에 근거한 콥의 새로운 그리스도 이해는 다른 종교와의 대화를 가능하게 한다.

　하느님의 양극성에 대한 과정신학자들의 강조는 앞 장에서 언급

---

89 류영모는 불역(不易)을 하느님으로 여긴다. 『다석어록』, 42, 48, 69, 70, 201을 보라: "주역(周易)은 고도의 천문학이라면 대학(大學)은 지리학과 같다. 주역은 「내 생명 내가 산다」는 것이라고 한마디로 말할 수 있다"(『다석어록』, 52). 다석의 주역에 관한 언급을 참조하라. 『다석어록』, 42, 45, 48, 52, 58, 69-70, 90, 96, 101-103, 126, 133-134, 189, 201.

90 Cobb, *Christian in a Pluralistic Age*, 142.

91 *Ibid.*

92 *Ibid.*

한 유有와 무無의 차원에서 그리고 상대적인 관점과 절대적인 관점에서 하느님을 재해석한 류영모의 사상과 비교할만하다. 과정신학의 양극성 이론에 의하면 하느님은 상대적인 존재이면서 절대적인 존재라는 것이다. 하느님의 현존은 하나의 인간이고 다른 것에 영향을 미치므로 하나의 상대적인 존재인 반면에 하느님만이 다른 것에 의존하지 않기 때문에 하느님은 절대적인 존재라는 것이다.93 류영모의 하느님 개념은 '반대의 일치'의 의미를 나타내기 때문에 이 양극성의 하느님은 상대적 존재이면서 동시에 절대적인 존재이다. 양극성의 사고는 서로 다른 필연적인 양면을 말하는 것이 아니라, 양극이 함께 '반대의 일치'를 이룬다. 이러한 면에서 콥의 그리스도 개념은 그리스도가 초월적인 존재가 아니면 내재적인 존재도 될 수 없다. 콥에게 내재성과 초월성의 양극성은 모든 것에 있어서 공통적인 특성으로 나타나나 그리스도에 양극성을 적용하면 특별히 분명해진다.94 콥의 내재적이며 초월적인 존재로서 그리스도의 이해는 앞 장에서 언급한 다석 류영모의 하느님 개념과 매우 가깝다.

콥의 그리스도 해석은 과정신학에 근거한 하느님 이해에 근거하지만, 창조적 변혁의 원리로서 로고스는 다른 종교에서도 발견된다. 그러므로 그리스도의 재개념화를 통해서 로고스를 새롭게 인식할 수 있다. 다시 말하여 콥이 이해하는 그리스도는 모든 창조물을 통해 활동하고 있는 우주적 로고스와 관계가 있다.

---

93 John B. Cobb, Jr. and David Ray Griffin, *Process Theology: an Introductory Exposition* (Belfast: Christian Journals Limited, 1976), 47-48.
94 Cobb, *Christian in a Pluralistic Age*, 63.

이와 같이 그리스도는 살아 있는 생명, 특히 인간의 세계에서 로고스의 내재나 성육화이다. 생명과 비생명 사이의 분명한 선이 없으므로 생명의 분야에 창조적인 변혁이나 그리스도의 한계성을 강조할 필요는 없다. 창조적인 변혁이 비유기체 분야에서 작용할 수 없다면, 생명은 결코 나타날 수 없다. 그러나 그리스도는 유기체 분야뿐만 아니라 비유기체 분야에서도 나타나므로 다른 것과는 구분될 수 있다. 그러나 보통의 시간 개념의 관점 안에서 비유기체적 세상에 있는 창조적 변혁은 무시해도 되기 때문에 그리스도는 생명의 세계에서 널리 퍼져 있는 로고스의 내재를 의미한다. 그리스도가 발견되는 인간 안에 특별히 로고스가 내재한다. ”95

이와 같이 콥이 말하는 그리스도는 로고스를 위한 하나의 이름이다.96 여기에서 그리스도와 로고스는 같은 활동을 나타낸다. 로고스는 원래부터 나타나는 반면에 그리스도는 하나의 형상이다.97 이러한 의미에서 로고스로서 그리스도는 끊임없는 진행 과정 중에 있다. 로고스는 끊임없는 발달 과정 중에 있지만, 이러한 과정 속에 있는 로고스로서 그리스도는 다른 인간 안에서도 나타날 수 있다.

다석 류영모의 얼로서 그리스도 개념은 콥의 그리스도론인 로고스로서 그리스도 개념과 거의 일치한다. ‘얼’이라는 말은 순수한 우리말이다. 얼이라는 이 단어는 한자어에는 없다. 다석은 ‘얼’을 신약성서에 나오는 ‘프뉴마pneuma’(靈)와 같은 뜻으로 사용하였다. 다석의 얼의 개념은 ‘영靈’(spirit), ‘혼魄’(soul)을 뜻하고 활력과 연속성을 생명

---

95 *Ibid.*, 76.
96 *Ibid.*
97 *Ibid.*, 87.

에 불어넣어 주는 보이지 않는 힘이다. 하느님의 속성이 똑같이 얼인 성령에게 주어졌다고 다석은 주장한다. "하느님이 나무라고 하면, 그 나무의 씨는 '얼'이다. 씨가 어디에서 왔나. 나무에서 왔다. 나무는 씨의 근원이다."[98] 다석은 얼로서 성령의 개념을 설명한 것이다. 성령으로서 얼은 하느님의 근원적인 속성이다. 그러므로 이 '얼'은 성질상으로 하느님과 하나이다. 류영모의 얼의 개념은 성령의 내재를 의미한다. '얼'이 '영'이고, '영'이 '얼'이다. 따라서 이들 얼과 영이 성질상 하나이다. 이러한 생각은 영과 그리스도와의 관계에 대한 의문을 일으킨다.[99] 콥은 이 문제를 인지하고, 이 관점에서 그리스도교 신학이 약간의 애매모호한 해석을 하였다고 비판한다. "불행하게도 교회는 우리 안에 내재하는 그리스도와 구별되게 하느님 안에 있는 그리스도로서의 영에 대해 주목할 수 있는 어떤 형상을 설명하지 못하였다. 그리고 이 형상과 영과의 관계를 분명하게 설정하지 않았다."[100] 이 점에서 콥과 다석의 그리스도 개념은 일치한다. "그리스도는 그의 내재성과 성육화 속에서 '아들'과 관계한다. 예수를 생각할 때는 '아들'보다는 '그리스도'라는 말을 사용하는 것이 더 낫다. 다석과 콥에게 예수는 로고스의 성육신이기 때문에, 예수는 그리스도이다."[101] 이와 마찬가지로 '영'은 초월적이면서 내재적인 하느님의 형상과 관계한다. 그러나 교회가 성령에 의미를 부여할 때, 신약성서의 이미지와 교회의 신심은 성령의 내재성을 강조하였고, 그리스도교

98 『다석어록』, 148.

99 Park, op. cit., 216.

100 Cobb, Christ in a Pluralistic Age, 261.

101 Ibid.

정신 안에서 영은 하나의 종말론적인 현상으로 간주하였다"[102]고 콥은 주장한다. 이와 같이 영은 '아들'보다도 오히려 '그리스도'와 더 유사하다.

다석 사상은 영靈인 얼이 그리스도가 되고, 정신적인 수행의 과정을 통해서 예수는 하느님의 아들이 되는 것으로, 영과 하느님의 관계성을 설명한다. 인간이 하느님께로 돌아가듯이 정신 수양의 과정을 통해 자기중심의 삶을 포기하고 하느님 중심의 삶을 살면, 인간이 하느님의 아들이 된다는 것이다. 다석은 이 길이 바로 예수가 그리스도가 된 길로 간주한다. 이러한 해석은 예수가 인간이고 신神이 아니기 때문에 다른 사람도 그리스도가 될 수 있다는 것을 뜻한다. 이러한 의미에서 다석 류영모는 부다, 공자, 노자, 장자와 같은 인물도 '귀일歸一' 할 수 있었다고 말한다. 다석은 다른 여러 길을 통하여 이 얼의 깨달음을 얻을 수 있다는 것을 강조한다.

이와 같이 다석은 인간을 궁극적 존재인 하느님께로 가는 길을 발전시키는 활동적인 존재로 이해하였다. 인간은 자기부정과 영적 수행을 통해서 궁극적으로 하느님께 귀일할 수 있다고 다석은 생각하였다. 그러나 콥은 선행에 대한 '매력'으로 예수의 전형적인 의미에 강조점을 둔다. 또한 콥의 접근방법은 그리스도 중심인 반면에 다석은 하느님 중심이라는 점에서 둘은 차이가 있다고 할 수 있다. 콥의 로고스 중심의 그리스도론보다도 다석의 하느님 중심의 접근방법이 하느님의 우주적인 활동을 긍정하는 데 효과적인 길을 제공하는 것으로 보인다. 그런데 과정신학의 그리스도론 중심의 접근방

---

102 *Ibid.*

법은 영적 수행과 자아 안에서 영靈인 얼의 성취를 통해서, 즉 앞에서 언급한 바 있는 참나를 발견함으로써 예수가 그리스도가 되었다는 류영모의 예수 이해를 설명하는 데 도움이 된다.

(1) 돈오돈수(頓悟頓修)와 돈오점수(頓悟漸修)

자기 깨달음의 사고는 동양 종교와 철학에서 일반적인 현상이다. 자기 깨달음은 유교의 자기 수신修身을 통해서, 불교의 득도得道를 통하여, 직관直觀적인 진리의 깨달음을 통해서 그리고 도교의 무위無爲를 통해서 자아의 근원적인 깨달음을 나타낸다. 진리의 깨달음은 일반적으로 자신의 영적이고 지성적이며 실천적인 삶의 자기 수신의 훈련 과정을 통해서 얻어진다. 깨달음에 대한 사고는 특히 선불교禪佛敎에서 강조된다.

선불교에는 깨달음의 두 가지 유형이 있다. 득도得道라고 말하는 깨달음에 대한 논쟁은 오랫동안 지속되어 왔다. 불현듯 깨닫는 돈오頓悟와 천천히 점진적인 수행을 통해서 깨닫는 점오漸悟의 방법이 있다.103 오조五祖 홍인弘忍 선사禪師의 제자 신수神秀는 북송北宋에서 점교漸敎를 설립한 반면에 남송南宋에서는 혜능慧能(638~713)이 돈교頓敎를 세웠다. 점교漸敎와 돈교頓敎는 각기 서로 다른 방법으로 깨달음을 가르쳐왔다.

당나라 때 두 위대한 선사가 나타났다. 천태종天台宗에는 담연湛然(711~782)이고, 화엄종華嚴宗에서는 징관澄觀(737~838)이다. 특히 징관은 불교의 새로운 흐름에 있어 대표적인 위대한 선사였다. 종밀宗密(780~841)은 징관의 화엄 사상의 계승자일 뿐만 아니라 남종南宗 신회

---

103 Humphreys, *A Popular Dictionary of Buddhism*, 85, 187.

의 후계자이기도 하다. 또한 종밀은 한국의 위대한 선사 지눌^{知訥}
(1153~1210)의 선사상^{禪思想}에 큰 영향을 끼친 중요한 인물이다. 돈오
점수^{頓悟漸修}의 입장에 서 있는 다석 류영모의 사상을 연구하기 위해
지눌의 선사상에 주목하고자 한다. 종밀은 종^宗과 교^敎를 화합하는
주장을 하였다. 한편으로 종밀은 종과 교의 밑바닥에 흐르고 있는
근본적인 사상을 설명하고, 다른 한편으로는 특별한 기능과 성격을
가지고 있는 선종^{禪宗}과 교종^{敎宗}을 융화하려고 하였다. 종밀은 선종
삼가^{禪宗三家} 모두의 가르침은 궁극적으로는 본성^{本性}을 가르치고 있다
고 생각했기 때문에 선종삼가의 기본적인 교리 유형을 분류하고 선
종의 주요 세 분파의 가르침을 조화하여 선종과 교종을 구체적으로
화합하려고 하였다. 그러나 종밀의 선과 교의 일치 사상은 선종을
따르는 사람들, 특히 더 근본적인 과정을 따르려고 했던 사람들의
지지를 받지 못하였다. 근본적인 선종을 따르는 사람들은 종밀의
선교^{禪敎}의 일치 사상과 종밀이 서술한 비배타적^{非排他的}인 선종을 무시
하였다.[104]

　그러나 종밀의 사상이 긍정적으로 받아들여진 고려 불교의 상황
은 달랐다. 불교의 양대 산맥인 선종^{禪宗}과 교종^{敎宗} 사이의 갈등은 심
각하였고, 어떠한 종파도 결정적으로 우위의 위치에 있지 않았다.
고려의 대선사 지눌은 선종과 교종의 두 불교사상을 통합하고 화합
하려고 하였다.

　지눌^{知訥}은 교종과 선종의 일치를 위한 기반을 닦기 위해 3년 동안
불경을 연구하였다. 화엄경^{華嚴經}과 8세기 중국의 해석학자 이통현^{李通玄}[105]

---

104 Keel, *Chinul*, 60.

의 주석을 기초로 지눌은 선정에 든 부처의 마음과 불교의 교리적 가르침으로 발전된 부처의 말씀 사이의 차이를 구별하였다. 이 두 가지는 구별할 수 없을 정도로 한 부처에 속한다. 이것은 둘이 아니라 한 부처 안에 있다. 선을 통해서 부처의 말씀이 반영되는 것과 마찬가지로 불교의 교리적 가르침도 선을 통해서 얻어진 신비적 지식을 반영한다.106 이 말은 교리에 의해 설명된 진리와 선禪을 통해 경험된 진리의 근본적인 종합을 의미한다.

지눌은 선불교의 후기 발달사를 연구하였으므로 다른 사람과 달리 역사를 폭넓게 이해하였다. 더욱 지눌은 간화선看話禪으로 불리우는 임제종臨濟宗의 선사 대혜大慧(1089~1163)를 만났다. 임제종은 종밀이 결코 생각해 보지 못했던 급진적인 선종의 한 부류이다.107 당시에 지눌은 선종에 근거한 돈오頓悟 교종에 근거한 점오漸悟 사이의 큰 차이를 해결하려고 하였다.

지눌은 선종과 교종을 통합하는 새로운 길로서 돈오점수頓悟漸修 이론을 제시하였다. 가령 '점수漸修와 돈오頓悟', '점수漸修와 점오漸悟', '돈오頓悟와 돈수頓修' 등 세 가지 대안이 있다. 지눌은 이 세 가지 이외에 다른 방법은 말하지 않았다. 지눌은 모든 선사와 성인들의 발자취로서 돈오점수 이론을 붙잡았다. 이러한 의미에서 지눌에게 점수漸修는 지知와 행行의 사이 그리고 원리와 현상 사이의 간격을 극복하는 것이고, 돈오頓悟는 점수漸修를 참 수행으로 변화시키는 것이다.108 참

---

105 Keel, *Chinul*, 51.

106 Park, *Building a Local Christian Theology in the Context of Korean Religious Pluralism*, 37.

107 Keel, *Chinul*, 38.

수행은 무위無爲로 하는 것이지 유위有爲로 하는 것이 아니다. 이 말은 도교道敎의 삶에 대한 불교적 표현이다. 이러한 사상은 다음 4장에서 설명할 것이다.

(2) 화합과 상호보완의 길

다석 류영모는 "화두話頭나 공안公案은 똑같은 말이다"[109]라고 말하였다. 화두話頭는 말이나 주제를 뜻하는 말로서 임제종臨濟宗에서 처음 사용하였다. 화두라는 말은 전문적인 용어로서 높은 단계에서 선을 할 때 사용된다. 화두는 지성으로 풀어지는 것이 아니라 모든 것을 집중하여 몸으로 깨우치는 것이다.[110] 이러한 의미에서 화두는 부정을 통해서 높은 단계의 도道를 얻는 수단이다. 류영모는 아미타阿彌陀의 이름을 부르고 항상 마음속에 부처가 있게 하면 득도의 상태를 유지하는 것이라고 말하였다.[111] 앞에서 언급했듯이 이 상태는 돈오점수를 통해서 유지된다. 다석 류영모의 금욕적 삶과 철저한 신앙 실천은 지눌 사상의 원리를 통하여 지켜졌다. 다석은 아래와 같이 말하였다.[112]

---

108 Cf. Chae Taeg-su, "Sŏn Philosophy," in *Buddhist Thought in Korea*, ed. by The Korean Buddhist Research Institute (Seoul: Dongguk University Press, 1994), 38-65. About Chinul's idea to integrate the *Sŏnjong* and the *Kyojong* in detail, see Keel, *Chinul*, 90-143.

109 『다석어록』, 290.

110 스즈키는 화두에 대하여 설명한다. 화두는 사고의 한계를 깨는 훈련으로 직관으로 보도록 한다. 그리하여 이원론을 넘어 순간적으로 인식한 후에 깨달음에 이르게 된다. D. T. Suzuki, *Essays in Zen Buddhism,* Third Series (London: Rider & Company, 1958), 229-231을 보라. 참조. D. T. Suzuki, *The Essentials of Zen Buddhism*, ed. by Bernard Phillips (London: Rider & Company, 1963), 289-308.

111 『다석어록』, 311.

성신聖神을 받고 돈오頓悟를 하면 한꺼번에 다 될 줄 알아도 그렇지 않다. 석가도 단번에 모든 것을 다 알은 줄 알지만 그렇지 않다. 돈오頓悟 뒤에도 점수漸修를 해야 한다. 돈오도 한 번만 하고 마는 게 아니다. 인생의 길이란 꽉 막혔던 것 같다가도 탁 트이는 수가 있고, 탁 트였다 싶다가도 또 꽉 막히고 그런 것이다.

돈오 뒤에는 반드시 점수가 있어야 한다고 다석은 주장한다. 이 말은 득도의 상태를 지속적으로 유지하기 위해서는 돈오가 반드시 점수로 보완되어야 한다는 의미이다. 득도의 상태에서 다석 류영모는 참 자아를 깨달았다.

나는 계(絶對界)로부터 나온 나그네다. 허공을 건너갈 나그네다. 불교는 제계彼岸 가야 한다고, 바라밀다波羅密多라고 한다.113

허공虛空으로 건너가는 동안에 완전한 진리의 세계에 들어가기 위해서는 자신의 마음을 정신적으로 닦고 수신해야 한다고 다석은 말한다. 다석은 절대자를 하느님, 니르바나, 원일물불이元一物不二라고 부른다.

원일물불이元一物不二 이것이 하느님이요, 니르바나다, 나는 원일물불이元一物不二를 믿는다.114

---

112 *Ibid.*, 288-289.

113 *Ibid.*, 327.

114 *Ibid.*, 162, 169.

더 나아가 류영모는 천국 따로 있고 하느님 따로 있는 것이 아니라 하느님이 천국이고 천국이 하느님이라고 말한다.[115]

그러므로 류영모는 인생을 죽음으로부터라고 생각한다.[116] 다석은 참 삶은 죽음의 문제를 극복할 때부터 시작되는 것이라고 하였다. 여기에서 죽음은 대사大死를 뜻한다.[117] 즉, '영적인 깨달음'을 의미한다. 다석 류영모는 말한다.

이 오줌똥으로 가득 찬 이 더러운 땅 예토穢土를 넘어서야 정토淨土에 들어 간다. 정토가 천국이요, 니르바나다. 천국에 가는 것이 아니다. 깸(覺)이 천국이다. 그래서 있다시 온 이(如來)가 되는 것이다. 있는 그대로 온전한

---

115 *Ibid.*, 147.

116 *Ibid.*

117 1911년에 류영모보다 2살 어린 동생 류영목이 갑작스러운 죽음은 류영모로 하여금 정통 그리스도교의 신앙을 떠나게 하였다. 동생의 죽음은 하나의 큰 충격이다. "내가 22살 때 20살의 동생이 죽었다. 그때부터 나는 이 세상에서는 완성된 게 없다고 생각하였다. 일 하나를 완성했다는 것은 일감을 하나 더 만들었단 말이다"(『다석어록』, 303. 참조. 『다석 유영모의 생애와 사상』상, 120). 아우의 죽음으로 낙심하였다는 것은 기독교 신앙에 회의가 일어났다는 말이다. 신앙이란 낙심이 없는 마음이다. 낙심이 왔다면 신앙이 무너졌다는 말이다. 이 사건 이후 류영모는 성경보다는 불경을 읽고 노장사상에 관하여 공부하였다. 인간 존재에 대하여 그리고 죽음 문제에 대하여 깊이 성찰했다는 것은 삶의 현실에 대한 회의와 허무에 깊이 생각하는 대의(大疑)에 앞에 직면하였다는 말이다. 일본 교토철학의 창시자인 니시타니는 허무(虛無)란 다양한 존재와 현상에 대한 절대적인 부정하는 것이며 죽음이란 삶 자체에 대한 절대적인 부정이라고 하였다(니시타니 게이지, 『종교란 무엇인가』, 정병조 역[서울: 대원정사, 1993], 24-26). 삶에 대한 허무와 회의의 경험에서 사람들은 자기 자신의 실존의 의미에 대해 질문하고 의심하게 된다. 선불교(禪佛敎)에서는 이것을 대의현전(大疑現前)이라고 말한다. 대의현전이란 자기의식의 고립된 자아에 관계된 것이 아니라 모든 생명과 하나가 된 자아와 관계를 말한다. 이런 까닭에 의식하는 것이 아니라 자신과 생명의 근원 그 자체의 현존에 실질적인 회의이다(니시타니, 『종교란 무엇인가』, 42-43; Keiji Nishitani, *Religion and Nothingness,* tr. by Jan Van Bragt [California: University of California Press, 1983], 45).

존재가 되는 것이다. 정토에는 늙음이 없다. 병도 없다. 죽음이 없다. 고통
이 없다. 영원한 진리와 사랑이 있을 뿐이다.[118]

　다석의 이 말은 앞에서 설명한 반야심경의 공사상空思想과 통하는
내용이다. 영원한 진리와 사랑을 얻기 위해서는 깨달은 후에도 지속
적으로 몸과 마음을 수신해야 한다고 다석 류영모는 생각하였다.[119]
깨달은 후에도 수행해야 한다는 다석의 사고는 지눌의 돈오점수와
일치한다. 지눌이 선종의 돈교頓敎와 교종의 점교漸敎를 화합시켰듯이
다석 류영모도 자신의 깨달음의 체험에서 둘이 아니라 하나라는 것
을 알고, 자력自力구원과 타력他力구원을 조화시켰다. 앞에서 언급한
지눌에 의해서 확립된 돈오점수 사고를 통해서 제자를 훈련시키기
위해 다석은 기독교청년회관(YMCA)의 연경반에서 돈오점수의 관점
에서 성서와 더불어 다른 종교 사상도 가르쳤다.
　다른 한편으로 다석 류영모의 이러한 사상은 범신론이며 이단
사상이라고 비판을 받고 있다. 다석의 가르침은 한국의 목회자와
신학자들에 의해 비정통주의 신앙이라고 오늘날까지도 비난받고
있다. 그러나 그들의 비판에 대하여 다석은 "나는 범신론자이며 이
단이다"[120]라고 말하였다. 다석 류영모는 범신론은 잘못된 것이 아

---

118 *Ibid.*, 176.
119 "기도의 생활을 하는 것을 수신(修身)이라고 한다. 유교에서는 기도를 수신이라고
　　한다. 입으로 기도하는 것이 아니라 몸으로 한다. 그러면 마침내 멀지 않아서 하늘
　　에 다시 이르게 된다는 것이다"(『다석어록』, 135). 하늘에 다시 이르게 된다는 것은
　　깨달음의 세계에 도달했다는 말이다.
120 류영모는 어록에서 범신론을 부정하지 않고 긍정적으로 언급하였다. 『다석어록』,
　　72-3, 215, 223. 참조. 박영호, 『다석 유영모의 기독교 사상』, 86-87.

니라고 주장하고 자신은 범신론도 좋아한다고 말했다. 그러나 류영모의 하느님 개념은 범신론汎神論보다는 범재신론汎在神論에 가깝다.[121] 유신론은 범신론이나 범재신론과는 종종 대립되지만, 전체로서 하나이거나 모든 것이 하나라는 사상은 고등 종교의 교리로서 유신론의 각 유형에서 지배적으로 나타나는 개념이다.

여기에서 류영모의 범재신론적 하느님 이해는 중요한 문제를 야기시킨다. 다석의 하느님 개념은 그리스도교의 하느님 개념과 일치하느냐는 문제가 그것이다. 다석의 실체에 대한 영적인 관점은 세계 안에 존재하고 또 하느님 안에 존재하는 세계로서 초월적이고 내재적인 개념을 모두 포함할 수 있다. 비록 초월적이고 인격적인 하느님을 강조하는 사람들은 범신론에 대한 이러한 영적 견해를 비판하지만, 류영모의 절대자 개념은 이원론을 반대하는 입장에서 범신론에 빠지지 않으면서도 그리스도교의 하느님 개념과 통하는 것으로 보인다. 다석에게 하느님은 실재 안에 있는 특별한 대상이 아니라 마음 안에 존재하는 분이시다. 다석의 하느님 개념은 인격적인 면을 포함하고 있지만, 또한 인격적인 개념을 넘어 존재하는 하느님이다. 이러한 차원의 절대자를 초월적인 하느님이라 일컫는다.[122]

존재의 현존, 힘 그리고 본질을 통하여 모든 것 안에 계시는 하느

---

121 『다석어록』, 72, 215, 223을 보라. 그리스어로 pan은 '모두', theos는 '신' 그리고 en은 '안에'라는 말이다. 그러므로 '모든 것이 하느님이다'라고 말하면 범신론이 되고, '하느님 안에 모든 것이 있다'고 표현하면 범재신론이 된다.

122 세상 안에 본래 갖추어진 숨겨진 하느님은 몸 안에 가지고 있는 생명의 원리인 토마스 아퀴나스의 영혼의 개념과 비교된다고 한스 큉은 주장한다. Küng & Ching, *Christianity and Chinese Religions*, 267. ref. Thomas Aquinas, *Summa Theologiae I*, 8, 2-3.

님은 하늘과 인간이 조화하여 하나가 되는 것이 기본적이며 최후의 목표가 되는 중국의 사상과 비교된다고 큉Hans Küng은 말한다.123 이러한 면에서 동양 사상에 근거한 상호 연관과 연속성뿐만 아니라 상호 보완과 조화의 원리에 의하여 하느님과 합일이나 하늘과의 일치는 인격적 개념의 신인동형론적인 주장을 넘어 있다. 다석 류영모는 이러한 하느님을 말한다. 따라서 다석의 하느님 개념은 범신론보다는 범재신론에 가깝다. 다석의 내재적이며 초월적인 하느님 개념은 불교사상에서 나온 것으로 여겨진다. 그래서 류영모의 하느님 개념은 "하느님께서 지나다니시는 허공과 빈 마음속에 나타난다."124 다석 류영모는 특별히 요한복음을 즐겨 읽었다. "성경은 하나에서 나와서 하나로 돌아간다는 것이다. 요한복음은 하나로 돌아가는 것을 외친 것이다. 예수는 늘 내 안에 아버지께서 계시고 아버지 안에 내가 있다"125고 생각하였다. 이와 같이 다석 류영모의 하느님 개념은 초월적이며 내재⁽內在⁾적이다. 예수는 초월적인 하느님을 아버지라고 부르고 내재적인 하느님을 하느님의 아들이라고 불렀다고 류영모는 해석하였고, 불교의 초월적인 절대자를 니르바나로, 내재하는 절대자를 '다르마'로 해석하였다. 『중용中庸』에서는 초월적인 하느님을 하늘(天)로, 내재적인 하느님을 성性126으로 다석은 이해하였다. 다석

---

123 Küng & Ching, *Christianity and Chinese Religions*, 267.

124 "우리는 정신을 바싹 차려서 지난 무지(無知)를 바로 보고 잊은 전체(全體)를 찾아야 한다. '하나' 이것을 찾아야 한다. 하나는 온전하다. 모든 것이 하나를 얻자는(得一) 것이다. 어떻게 하면 득일(得一)하나. 큰 내 속에(大我中) 이것이 있다. 그러니 마침내 한아님 아버지에게 매달릴 수밖에 없다. 신앙을 가진다는 것은 곧 대아중(大我中)이다. 큰 내 속으로 들어가는 것이다. 우리 아버지 그리고 '나' 이런 생각을 가끔 자주 하여볼 필요가 있다"(『다석어록』, 260).

125 『다석어록』, 273.

은 아버지, 니르바나, 하늘을 초월적인 하느님으로, 다르마, 성性을 내재적인 하느님으로 생각하였다. 그러나 다석이 이해하는 절대자는 초월적이면서 동시에 내재적인 하느님이다. 그러므로 류영모는 말한다. "초월해서 들어가는 것 같지만, 사실은 자기 속에 자기의 뿌리 밑동을 파고들어 간다."127 "하느님께 들어가는 길은 자기 마음 속으로 들어가는 길밖에 없다."128 아래의 류영모의 "허공과 마음"이라는 제목의 시에서 보는 바와 같이 '허공'과 '마음'은 현상적인 사물이나 절대적인 것, 그 무엇도 포용할 수 있다고 말한다.129

마음이 속에 있다고 좇아들어 못 봤거늘
허공虛空이 밖에 있대서 찾아나가 만날손가!
제 안팎 모르는 임자 아릿다운 주인인가?

달라붙은 속알이 마음을 제 속이라고만녘!
터믄이도 모르는 이 한테를 밖이라고만 암!
우주를 휩싼 허공도 빈 맘에 속에 드누면!
온갖 일에 별별 짓을 다 봐주는 마음이요
모든 것의 가진 꼴을 받아 주는 허공인데
아마도 이 두 가지가 하나인 법 싶구먼

---

126 유영모, 『中庸에세이』, 박영호 편(서울: 성천문화재단, 1994), 96.
127 『다석어록』, 51.
128 Ibid., 52.
129 『다석일지』, 2권, 477(1967. 2. 23). 참조. 박영호, 『다석 유영모의 불교사상』, 80-81; 『동방의 성인 다석 류영모』(서울: 무애출판사, 1993), 265.

제 맘이건 쉽게 못되게는 안 쓸 것이

없이 보고 빈탕이라 망발을랑 마를 것이

님께서 나드시는 길 가까움직 하구먼

다석 류영모는 절대공絶對空과 빈 마음을 하느님이 다니시는 길이
라고 생각한다. 또한 하느님의 장엄함은 허공虛空에서 나오는 것이어
서 허공은 의미심장한 것이라고 말하였다. 허공의 모습인 우주宇宙는
공空을 보여준다. 우주 안에 있는 만물萬物은 허공虛空 안에서 자신을
드러난다. 다석은 절대자 하느님을 허공虛空과 빈 마음에서 발견하였
다. 여기에서 허공은 단순히 어떤 것도 아니다. 순수한 무無 이외의
다른 어떤 것도 아니다. 따라서 다석은 순수한 무無를 태공太空이라고
한다.130 "맘과 허공은 하나라고 본다. 저 허공이 내 맘이요, 내 맘이
저 허공이다. 여기 사는 것에 맛을 붙여 좀 더 살겠다는 그따위 생각
은 말자. 맘하고 빈탕이 하나라고 아는 게 참이다. 빈虛空 데 가야 한다.
맘이 식지 않아 모르지 맘이 식으면 하나 된다. 허공이 맘이고 맘이
허공이라는 자리에 가면 그대로 그거다. 오는 것도, 가는 것도 아니
다."131 이러한 류영모의 사상은 반야심경의 색즉시공色卽是空 공즉시
색空卽是色의 사상과 일치하는 것으로 보인다. 그러므로 다석 류영모
의 하느님은 마음 안에서는 내재하고, 허공에서는 초월하는 것으로
여겨진다. 이러한 하느님 이해는 무아無我의 상태에서 알게 되는 것이
므로 다석의 하느님 개념은 불교의 사상과 매우 가깝다고 본다. 앞에

---

130 『다석어록』, 306, 310, 328 참조. 박영호, 『다석 유영모의 생각과 믿음』, 91.
131 『다석어록』, 348. 참조. 박영호, 『동방의 성인 다석 류영모』, 263.

서 말했듯이 다석이 말하는 하느님은 '참나'(眞我) 안에서 경험되고, 성령과 함께하는 '참나'는 영아靈我, 즉 대아大我가 된다.

4) 텅 빈 충만함(vacuum-plenum)

류영모의 무아無我 이해는 『신비주의와 철학』(*Mysticism and Philosophy*)이라는 책에서 스테이스Stace가 분류하고 설명한 '텅 빈 충만함'(vacuum-plenum)의 역설과 일치하는 것으로 보인다. '텅 빈 충만함' 역설이 동서양 양측의 신비주의 안에서 그리고 긍정적인 면과 부정적인 두 측면에서 가장 생생하게 그리고 쉽게 이해되고 일치한다고 스테이스는 언급한다. 왜냐하면 '텅 빈 충만함'의 역설은 서양의 유신론적 종교의 신비주의에서도 발견되기 때문이다. 텅 빈 충만함은 신비주의 현상이 있는 모든 종교와 철학 속에서 찾아볼 수 있다. 그 현상에는 세 가지 일반적인 유형이 있다고 스테이스는 말한다.[132] 예를 들면 시적 표현과 은유적인 언어의 긍정적인 표현으로는 '빛' 또는 '소리'로, 부정적인 표현으로는 '어둠'과 '고요'로 나타난다. 이러한 이유로 뤼스브룩[133]이 언급한 '어두운 침묵'(dark silence)이라는 표현

---

132 Stace, 『*Mysticism and Philosophy*』, 163을 보라. 충만(plenum)은 긍정적인 측면으로 인격적, 역동적, 독창적, 활동적인 특성을 가진 반면에 텅 빔(vacuum)은 부정적인 측면으로 특성이 없고 비인격적이며, 전혀 활동이 없고 정적이고 움직임이 없지만, 텅 빔과 충만함은 상호 배제적이지 않다고 스테이스(Stace)는 지적한다.

133 플랑드르의 신비가 얀 뤼스브룩(Jan van Ruysbroeck, 1293~1381)은 1318년에 사제 서품을 받고 명상 생활을 했다. 1343년 힝켈트, 기타 신부들과 함께 베네룩스 제국의 그뢴탈(Grunthal) 수도원에 은둔하여 신비주의에 관한 논문을 썼다. 1350년 성 어거스틴 수도원 원장이 되어 모여드는 제자들을 가르쳤고, 관상기도로 하느님께 이르도록 하였다. 저서로는 『신비주의 신학』(*Mystical Theology*), 『정신적 결혼』, 『영적 사랑의 7단계』, 『최고 진리의 책』(*The Book of Supreme Truth*), 『영원한 구원

은 사랑하는 사람들 모두가 자신을 잃어버리는 상태와 같은 것으로 부정적인 측면을 언급한 반면에, 수소^{Suso}134의 '빛나는 어둠'(dazzling obscurity)이라는 말은 긍정과 부정의 양면을 설명하는 것으로 이해할 수 있다고 스테이스는 결론을 내린다. 그러나 다석 류영모의 우주적 자아^{自我}나 대아^{大我} 개념은 부정적인 면과 긍정적인 면, 양면에서 나타난다. '없음'이라는 차원에서는 무^{無}로, '있음'이라는 차원에서는 '영^{靈}으로 충만한 것'으로 나타난다. 이 말은 부정적인 측면에서는 무^{無}, 'vacuum'으로, 긍정적인 면에서는 '영으로 충만함', 'plenum'으로 나타나는 것을 의미한다.135 그러나 앞에서 설명한 용수^{龍樹}의 중도론에서 보았듯이, 다석 류영모의 하느님으로서의 대아^{大我} 개념은 인격적이면서 비인격적이고 또한 인격적인 것도 아니고 비인격적

의 거울』 등이 있다.

134 헨리 수소(Henry Suso, 1300~1365)는 13살에 도미니코 수도회에 입회하여 수사가 되었다. 수소는 평생을 털 셔츠를 입고 다리에는 쇠고랑을 차고 다녔다. 고통을 참는 것보다 더 즐거운 일은 없다고 하였다. 그는 신비주의자이면서 고행주의자이다. 헨리 수소와 폴 터스티겐(Paul Tersteegen) 그리고 그 밖에 몇몇 경건한 신자들은 "하느님의 친구"라는 이름으로 알려져 있다.

135 Stace, *Mysticism and Philosophy*, 177-178. 텅 빈-충만함(vacuum-plenum)의 개념은 하느님의 의와 인격적이며 역동적인 힘을 강조하는 예언자 전통의 종교에서는 거의 찾아볼 수 없다고 스테이스는 주장한다. 그러나 엔 소프(En-Sof)로서 숄렘(Scholem)의 설명에서 발견되는 알려지지 않은 하느님(hidden God)은 토라에서 나타나는 알 수 없으면서 비인격적이고 인격적인 하느님이다. 엔 소프(En-Sof)는 알려지지 않은 하느님으로 불리기도 한다. 엔 소프 하느님은 그분의 없음(His/Her nothingness)의 깊이에서 말하는 카발라주의자들의 표현과 바로 관계가 있다(G. G. Scholem, *Major Trends of Jewish Mysticism* [New York: Schochen Books Inc., 1954], Lecture 1, sec. 4). 더 나아가서 무한하신 엔 소프 하느님은 어떤 속성도 특성도 없다. 현현하는 하느님에 거룩함만이 속한다. 엔 소프의 어둠의 본성 안에서 빛의 세계를 스스로 드러내신다(Scholem, *Ibid.*, Lecture 6, sec. 2). 이러한 개념은 기독교 신비주의자들이 말하고 있는 삼위일체 개념을 쓰지 않는다면 에크하르트와 뤼스브룩의 하느님 개념과 일치한다.

인 것도 아니다. 다석의 이러한 하느님 이해는 스테이스가 말한 텅 빈 충만함 역설을 잘 보여준다. 그리고 류영모의 대아 개념은 정적^{靜的}이면서 역동적이고 또한 정적인 것도 역동적인 것도 아니다. 왜냐하면 일단 하느님을 무엇이라고 이름을 붙이면, 하느님의 전체적인 의미를 다 설명할 수가 없게 되기 때문이다. 하느님은 무어라고 이름 붙일 수가 없다고 표현한[136] 다석의 말에서 보듯이, 대아^{大我}로서 하느님 개념은 인간의 상상이나 묘사를 넘어서 있는 개념으로서 말로 정의되거나 논리나 상상으로 묘사될 수 없다.

그러나 불교사상에 근거한 다석 류영모의 우주적 자아나 대아^{大我} 이해는 여기에서 중요한 문제점을 제기한다. 대아의 신비적 개념이 그리스도교 하느님의 개념과 일치하느냐 일치하지 않느냐의 문제가 있다. 또한 대아는 내적 자아 안에 있는 궁극적 존재'이다' 또는 참나(眞我)'이다'라고 단언할 때 여기에서 술어 '~이다'라는 말의 의미에 관한 문제를 제기한다. 궁극적 존재는 주관적인 존재도, 객관적인 존재도 아니고, 주관과 객관의 영역을 넘어 존재하기 때문에 여기에서 술어 '~이다'는 일반적으로 '만물이 존재한다'나 '돌이 있다' 등등의 문장^{文章}에서 '존재한다'는 의미를 뜻하지 않는다. '대아^{大我}가 하느님과 일치하는가 일치하지 않는가?'는 질문에 대답함에 있어서 우리는 '하느님'이라는 말의 일반적 개념과 철학자와 신학자에 의해 더 학문적인 의미를 부여한 '하느님'의 개념과 구분해야 한다. 브로

---

136 신비주의자들이나 『도덕경』 1장에서 말하듯이 류영모도 하느님 체험을 말로써 표현하는 것이 부적절하고, 표현의 한계 때문에 하느님의 개념을 정의할 수 없다고 류영모는 말하였다. 따라서 하느님은 인격적이지도 않고 비인격적이지도 않고 초월적이지도, 내재적이지도 않으며 개념을 넘어 존재하는 분이라고 류영모는 말하였다.

드^{Broad}는 『종교, 철학과 정신적 분석』이라는 책에서 일반적인 의미의 하느님은 인격적인 존재이고, 하느님이 인간이 되기 위해서는 실체^{實體}를 생각하고 느끼는 의지를 가져야 한다고 주장한다. 실체가 생각하고, 느끼고, 동시에 의지를 가지고 있을 때 그리고 이러한 의식^{意識} 상태에 놓일 때, 각자는 마음속에서 신과의 합일^{合一} 의식을 가지게 된다. 이러한 상태가 지속되는 한 사람들은 인격적인 합일 의식을 갖지 않으면 안 된다.137 브로드의 주장은 일반적으로 사람들이 말하는 전통적인 그리스도교의 하느님 개념이다. 이러한 관점에서는 대아^{大我}는 결코 하느님일 수는 없다. 이러한 입장을 견지하고 있는 한 종교 간의 대화는 불가능한 일이다. 그러나 개개인으로 분리된 상태에서의 인간은 어쩔 수 없이 유한한 존재이고 한계를 가질 수밖에 없다. 전통적으로 하느님을 무한하다는 말을 사용하기는 하지만, 일자^{一者}는 무한자^{無限者}이다. 스테이스가 대아^{大我}는 하느님과 일치할 수 있다고 말한 것과 같이 대아는 꼭 필요한 것으로, 일반적으로 인식되는 것들의 최소한의 특성을138 소유한다. 따라서 동양과 서양의 신비주의자들이 체험한 무차별의 합일이 창조주와의 합일이냐 아니냐에 질문할 것이 아니라, 그리스도교 신비주의자들이 실제로 창

---

137 C. D. Broad, *Religion, Philosophy, and Psychical Research* (New York: Harcourt, Brace and Company, Inc., 1953), 194-195.

138 전제되어야 하는 우주적 자아의 다섯 가지 특성을 스테이스는 제언하였다: 1) 하느님은 나무토막처럼 죽어 있거나 생명이 없고 의식이 없는 것이 아니어야 하고 하느님은 인간과 반드시 분리되어 있을 필요는 없다. 2) 하느님은 영적인 영감을 주고 마지막으로 완전한 구원과 행복의 목표가 되어야 한다. 3) 하느님은 거룩함과 헌신의 감정이 일어나는 특성을 가져야 한다. 4) 하느님은 모든 가치와 선의 궁극적인 근원으로 생각되어야 한다. 5) 하느님은 모든 것이 흐르는 이 세계를 넘어 저 세계의 근원으로 생각되어야 한다.

조주 하느님과의 합일로 여기는 사실이 그들의 신앙을 독창적으로 증명하느냐 증명하지 못하느냐를 질문해야 한다. 그리스도교 신비주의자들은 그들이 체험한 것을 창조주와 같은 언어로 자주 표현한다. 그러나 스테이스는 이러한 표현은 조금도 신비적 체험에 근거하지 않고, 단지 이성적이고 합리적인 과정에 근거한 지성적인 이론이라는 것을 논리적으로 증명할 수 있다고 결론을 내린다.[139]

이런 까닭에 실제로 질문은 그 믿음이 신비체험에 대한 순수한 묘사이냐 아니냐에 달려 있다. 이러한 점에서 "신비주의자들이 체험하는 것이 창조자이느냐 아니냐는 질문은 신비주의자들이 독창성을 체험하느냐 체험하지 않느냐는 질문이라는 것을 증명할 필요가 있다."[140] 무차별의 일치는 그 자체로서는 차별된 것으로 인식된다고 스즈키, 에크하르트, 노자가 언급한 말에서 그 답을 분명히 찾을 수 있다.[141] 이 말의 독창성은 자기 차별이라는 말에 있다. 부연해서

---

139 Stace, *Mysticism and Philosophy*, 181.

140 *Ibid*.

141 에크하르트는 말한다: "하느님(God)은 활동하나 신성(Godhead)은 활동하지 않는다. 신성은 아무것도 하지 않고 더 나아가는 어떤 것도 없다. … 하느님과 신성의 구분은 행위와 무위의 차이와 같다"(*Meister Eckhart*, trans. by R. H. Blakney [New York: Harper and Brothers, 1941], Sermon 24, 211). 구별되지 않고 움직임이 없는 그것은 그 자체 안에서 구분이 되는 활동인데 스즈키의 설명에서 더 명확하게 볼 수 있다. "그것은 프라즈나의 본성도 아니고 아무 움직임도 없는 공(空, sunyata)의 상태에서 남아 있는 신비적인 직관도 아니다. 그것은 궁극적으로 그 자체를 구별되게 하는 그 자체이어야 하고 동시에 그 자체 안에 있어야 한다. 공이 단지 비어 있는 상태가 아니고 무한 가능성의 저장소가 되어야 한다고 말하는 이유이다. 그 자체와 구별되나 구별되지 않는 그 자체 안에서 있으면서 구별되지 않는다. 이와 같이 창조하는 일 안에서 영원히 지속된다. … 우리는 그것을 무(無)로부터 창조했다고 말한다. 공(空)은 정적인 것이 아니라 역동적이다. 더 좋은 표현으로는 정적이면서 동시에 동적이라고 말할 수 있다(Charles A. Moore, ed., *Essays in East-West Philosophy* [Honolulu: University of Hawaii Press, 1951], 45). 『도덕경』 4장에서 노자는 이와 같은 말을 한다.

말하자면 무차별의 것은 그 자체를 차별화한다. 이 말은 하나로 된 것이 그 자체를 여럿으로 나눈다는 것을 뜻한다. 잠재적 능력이 그 자체를 활성화한다. 이러한 차별과 분별, 활성화는 외부에 있는 것으로부터 그것을 하도록 하는 것이 아니다. 그러므로 류영모의 대아 개념은 깨달은 사람의 '참나' 안에서 하느님의 영과 하나가 되어 현상화한 실체로 나타난다. 그리고 초현상화된 실체로서 대아太我는 허공虛空 안에 무無로 존재한다. 이 말의 의미는 비존재 안에서는 무극無極으로, 존재 안에서는 태극太極으로 불리고, 무아無我라는 점에서는 무無 또는 공空으로 불린다는 것을 뜻한다.

　　그러나 하느님은 어떤 개념, 묘사나 상상을 넘어 존재하기 때문에 하느님은 어떤 이름으로 불릴 수 없고, 어느 곳에 한정해 놓을 수 없다. 앞에서 언급한 대승불교의 설립자인 마명馬鳴(Asvaghosha)이 언어를 제거하기 위해 언어를 사용해야 한다고 말하였다. 이런 까닭에 '이것도 저것도 아닌'(neither this nor that) 논리는 류영모의 하느님 개념에 적용될 수 있다. 즉, 하느님은 대아太我도 참나(眞我)도 아니다. 따라서 "나는 하느님의 본질은 알지 못하고 하느님만 사랑하고 하느님을 믿는다"고 말하는 사람이 가장 잘 하느님을 알 수 있는 사람이다. 다석 류영모는 어쩔 수 없이 하느님은 "없이 계시는 궁극적 존재로서" 존재한다고 표현하였다. 이러한 표현은 류영모가 존재와 비존재, 유有와 무無 관계의 하느님 개념을 상호보완하고 조화하고 있는 것을 설명한다. 그러므로 앞 장의 성리학적인 입장에서 살펴본 하느님의 이해에서 보았듯이 다석의 하느님 이해는 이중부정과 상호보완, 조화의 원리뿐만 아니라 동양 사상에 깊게 관계된 연속성(continuum)에 근거하고 있다고 본다.

III. 무와 공, 비존재로서 하느님을 이해한 다석

본 장에서는 인도 불교철학자 용수(Nāgārjuna)의 『중론中論』과 『반야심경』의 근본적인 사상에 근거한 다석 류영모의 무無와 공空 그리고 비존재로서의 하느님 이해를 논하였다. 다석의 이러한 하느님 이해는 불교의 주요 논리 중의 하나인 이중부정, '이것도 저것도 아닌' 사고에 의해 직면한 그의 종교다원적인 체험으로부터 나왔다고 본다. 이러한 하느님 이해는 2장에서 밝혔던 태극太極으로서 하느님의 개념처럼 전통적인 하느님 개념이나 그리스도교 사상과는 상당히 거리가 있다. 불교사상의 관점에서 본 하느님의 개념에 대한 설명은 다른 종교를 새롭게 이해하게 한다. 종교 간 대화를 위해 다석의 하느님 이해는 다른 신앙의 절대자에 대한 상호 이해를 하도록 하는 여지를 제공한다. 여기에서 불교사상에 입각하여 류영모의 우주적 자아와 대아大我의 이해를 논의하고, 다른 한편으로는 대아의 신비적 개념이 그리스도교의 하느님의 개념과 일치하느냐는 질문을 하였다.

전통의 인격적 하느님과 절대무絶對無를 함께 조화있게 묘사하는 것은 정통 그리스도교 신학에 도전이 된다. 이러한 시도는 전적으로 새로운 토론의 장을 마련해 주고, 다원종교 사회에 새로운 도전이 된다. 엄밀히 말하자면 말로 형언할 수 없는 궁극적 존재는 그리스도교 전통적 사상의 관점에서는 설명될 수 없다. 왜냐하면 그리스도교의 하느님 개념은 한쪽 면과 부분적인 면으로 제한되어 있기 때문이다. 말하자면 이러한 그리스도교의 하느님 개념은 비인격적이고 내재적인 면보다 오히려 인격적이고 초월적인 면을 강조하는 경향이 있다. 그런데 앞에서 설명했듯이 하느님은 이러한 개념을 넘어 존재한다는 것이다.

존재로부터 떨어져 나온 무無는 순수한 무가 아니다. 모든 것으로부터 떨어져 나온 '하나'는 진정한 '하나'가 아니다. 차별로부터 분리된 평등은 진정한 평등이 아니다. 이러한 방법으로 논리를 전개해 가보자. 만약에 세상이 없다면 세상도 하느님도 없다. 무無는 근본적으로 불교의 관점이지 그리스도교에서는 찾아볼 수 없다. 다석 류영모는 하느님이 속성을 가진 대상의 차원에서 말하는 그러한 실체를 거부한다. 하느님은 내재적인 존재가 아니라 초월적인 존재이기 때문에 하느님은 우리와 하나가 되는 존재가 아니라 떨어져 있는 존재라는 교리를 다석은 거절한다. 초월적인 하느님의 자유로운 세상 창조의 교리는 류영모의 하느님 이해를 난처하게 만드는 장애물이 된다. 왜냐하면 하느님과 세상의 관계가 필연적인 것으로 묘사해야 하기 때문이다.

하느님과 무無에 대한 주장도 서구 사회에서는 무에 대한 두 가지 정의를 생각하게 됨으로써 똑같은 결과를 가져온다. 무에 대한 한 가지 정의는 하느님께서 무無로부터 천지를 창조하였을 때의 무의 개념이고, 또 다른 정의는 아무것도 아닌 단순한 허무虛無의 의미에서의 '없음'에 대한 개념이다. 그러한 교리는 세상의 의미를 주고 성취를 약속해주는 하느님과 대립되는 개념이다. 그러나 류영모의 사고에 의하면 절대적인 자아自我의 부정을 통해 무無와 하느님이 같은 개념이 될 수 있다. '참나(眞我)가 하느님 안에 거하면' 누구에게나 가능하다. '하느님 안에서 산다'는 말이 하느님과 인간관계가 동등한 개념으로 묘사되는 것은 결코 아니다. 자아의 절대부정은 불교의 용어인 절대무絕對無와 연관해서 이해되어야 한다. 다석 류영모는 '빈 탕'虛空에서 이 절대를 찾는다. 허공이 자체 부정이나 무無를 직면한다는 차원에서의 절대이다. 다른 종교의 관점에서 류영모는 상호보완과 조화를 시도하였을 뿐만 아니라 '이것이면서 저것'인 논리와 '이것도 저것도 아닌' 논리를 통해서 초월적이면서 내재적이고, 인격적이면서 비인격적인 하느님의 개념을 발전시켰다. 실체實體의 힘과 바탕으로서 하느님은 모든 존재를 초월해 존재하며, 모든 존재는 하느님을 의존한다. 무無로서 궁극적 존재는 완전히 무아無我를 넘어서 존재하는 동시에 '참나(眞我) 안에 있다. 그럼에도 하느님은 인간과 아주 가까이 관계하고 있으며, 절대자의 존재와 비존재를 통해서 인격적으로 또는 비인격적으로 경험될 수 있다. 불교와 그리스도교의 부정신학의 전통과 아주 흡사한 다석 류영모의 관점은 동양 사고와 언어로 하느님의 개념을 재개념화할 수 있음을 보여준다.

4장

도(道)와 진리로서 하느님

I. 노장사상 관점에서 본 하느님 개념

앞의 2장에서는 성리학性理學의 관점에서 본 류영모의 태극太極으로서 하느님 개념을, 3장에서는 불교佛敎의 관점에서 본 류영모의 절대무絶對無로서 하느님을 탐구하였다. 본 4장에서는 특별히『도덕경道德經』과『역경易經』에 나오는 도道와 관계되는 다석 류영모의 하느님 개념을 분석하고자 한다.『역경易經』,『논어論語』와 함께 중국 고전 중의 최고의 종교경전인『도덕경道德經』에서 노자老子는 도道의 개념을 정의하였다. 앞의 두 장에서 이미 알아보았듯이 본 장에서는 도의 개념과 직접적으로 관계된 사고를 알아본다.

본 장은 다석 류영모의 도道로서 하느님 이해를 설명하기 위하여 먼저 도의 속성과 원리를 알아보고자 한다. 그다음에 그리스도교의 하느님 개념과 일치하는 절대자로서 도의 해석 가능성을 알아본다. 다음에 성리학, 불교와 도교의 세 관점에서 다석이 상호보완하고 화합하려고 한 사상을 설명하고자 한다.

류영모가 도道와 관련하여 사용한 말은 무위無爲와 허虛이다. 무엇보다도 이 개념들은 류영모가 받아들이고 발전시킨 장자莊子의 개념과 관련하여 설명하고자 한다. 둘째로 도道의 개념을 하느님에 적용한 바탕 위에서, 종교다원주의 상황 속에서 류영모는 어떻게 하느님을 이해하였는가를 알아본다.『다석어록』에서 류영모는 다른 중국 고전보다도『도덕경道德經』과『역경』에 더 관심을 가졌다. 또한『역경』에서 강조하는 조화와 연속성, 상호 관계와 상호보완의 사고뿐만 아니라 무위 사상과 다석 사상이 어떤 관계가 있는지 알아본다.

앞 장에서 보았듯이 '이것도 저것도 아닌' 사고考를 적용해 보면 하느님은 인격적이지도 않고 비인격적이지도 않을 뿐만 아니라 초월적이지도 내재적이지도 않다. 이러한 관점에서 본 장은 동양적 사고와 언어로 하느님 개념을 재개념화再概念化 하기 위해 초월적이며 내재적인 궁극적 존재로서 도道에 대하여 살펴본다. 마지막으로 현재 종교다원적 한국 사회에서 종교 간 대화를 위하여 절대자로서 도道에 대한 다석의 이해가 중요한 의미가 있고 가치가 있는 것으로 본다.

II. 도(道)의 속성과 원리

1. 도(道)의 개념

도道라는 말은 '길', '방법' 또는 '방향'이라는 뜻에서 '원리', '체계', '진리', '실체'라는 의미로 쓰인다. 산스크리트어의 '다르마Dharma'와 같은 의미로 사용된다.[1] 다양한 전통에서 도道라는 말은 사용되고, 규범規範이나 윤리 행위로서 인간의 길을 말하기도 한다. 이러한 의미에서 서양철학과 종교 전통에서 수없이 도道라는 말을 사용하여 왔다.[2] 이러한 의미의 도는 하나의 일반적인 이해이다. 사실 도학道學에서는 우주의 원리로서 도라는 일반적인 의미와 뚜렷이 구별되는 철학적인 뜻을 가지고 있다. 철학적인 의미의 우주의 원리로서 도는 중국 사상과 철학사에서 중요한 사상 중의 하나이다. 『도덕경道德經』의 처음에 "도를 도라고 말하면 이미 영원한 도가 아니고, 부를 수 있는 이름은 영원한 이름이 아니다"[3]라고 선언한 것처럼 도는 말로 설명하기 어려운 개념이며, 『도덕경』의 핵심 사상이다. 도道는 만물을 지배하는 모든 것의 기원起源이며, 모든 것이 있게 하는 맨 처음의 원리로서 도는 우주를 유지하고 기르는 실체의 근저이다. 도는 만물이 영원히 존재하도록 하기 위해 쉼 없이 움직이게 하고 끝없이 만물이 생성 변화하도록 하는 궁극적 존재의 근원이다. 서양철학에서 말하는 모든 사물의 근본 원리인 희랍어 '로고스'는 도道의 개념과

---

1 Suzuki, *Mysticism,* 11.

2 Ray Billington, *Understanding Eastern Philosophy* (London: Routledge, 1997), 90.

3 道可道, 非常道; 名可名, 非常名(『道德經』, 第一章).

가장 가까운 말이다. 이러한 도의 개념은 힌두교 '브라만'의 교리 그리고 요한복음에 나오는 '말씀'의 개념과 상통한다. 또한 모든 것 안에 있고, 초월적인 실체이면서 우주의 본질인 불성佛性을 의미하는 '다마카야'(法身)와 같은 개념이다. 한자어 도道는 희랍어 '로고스'인 말씀과 '호도스'인 길과 같은 의미이므로 요한복음의 서두에 "태초에 도가 있었다"는 번역은 아주 적절한 표현이라고 칭Julia Ching은 말한다.4 '태초에 도가 있었다'는 말은 "나는 길이요, 진리요, 생명이다"(요 14:6)라는 메아리로 나타나는 것 같다.

이러한 해석은 노장철학에 대한 일종의 그리스도교적인 접근을 보는 것 같다. 또한 위의 인용문은 처음의 원리로서 이름 붙일 수 없는 도道가 만물을 생성시킨다고 지적한 도교 사상과 그렇게 표현하려고 한 노력은 상당히 역동적인 방법론을 보여준다. 노장사상에서는 '진리', '궁극적 실체', '로고스' 등등의 의미로 사용되는 도道는 볼 수도 느낄 수도 없고, 지각知覺으로 느낄 수 없다. 따라서 도는 현상화되는 것이 아니라 없이 존재한다. 모든 것의 근원인 도에 의해서 만물은 단지 존재하는 것이다. 노자老子는『도덕경道德經』에서 도道를 다음과 같이 정의하고 있다.

도의 본체는 공허空虛하다.
그러나 그 작용은 항상 무궁무진無窮無盡하다.
도는 심오深奧하여 잘 알 수가 없다.
그러나 만물을 생육화성하여

---

4 Küng and Ching, *Christianity and Chinese Religions*, 132.

마치 만물의 근본인 종주宗主 같다.

도는 만물의 예리한 끝을 꺾고,

만물의 분쟁을 풀고,

만물의 지나친 빛을 부드럽게 고르고,

만물의 더러움에 동화한다.

도는 소리 없이 깊이 숨어 보이지 않는다.

그러나 만물을 생육화성함으로써

태고太古 때부터 영원히 있는 것 같다.

나는 도가 누구의 자식인지 모르겠다.

그러나 천제天帝보다도 앞에 있으며

천제天帝의 으뜸가는 시조始祖인 것 같다.5

　　그릇은 비어 있으면서 동시에 가득 차 있다. 그 안에는 아무것도
없으나 모든 것이 그 안에서 나온다. 비어 있으면서 가득 차 있는 것으
로 묘사된 도道의 실체에 대한 표현은 '텅 빈 충만함'(vacuum-plenum)
의 역설의 시적인 표현이다.6 신비주의자들이 '하나'는 비어 있으면
서 충만하다고 말한 것과 같은 표현이다. 이러한 설명은 '정적이면서
역동적인 모습'이라고 말한 '이사 우파니샤드'의 시적 묘사와 같은

---

5 道沖, 而用之或不盈. 淵兮, 似萬物之宗; 挫其銳, 解其紛, 和其光, 同其塵; 湛兮, 似或存.
　吾不知誰之子, 象帝之先(『道德經』, 第四章).

6 앞 장에서 설명했듯이 스테이스는 세 가지 측면에서 텅 빈-충만함의 개념을 전제하였
　다: 1) 특성이 있음/특성이 없음, 2) 인격적/비인격적, 3) 역동적, 창조적, 활동적/활동
　이 없음, 정적, 움직임이 없음(사선 앞은 긍정적인 모습이고, 뒤쪽은 부정적인 모습이
　다). 시적이고 상징적인 언어로 부정적인 측면은 어둠이나 침묵으로, 긍정적인 측면
　은 빛이나 말로 표현한다.

표현이다. "일자一者, 자신은 결코 움직이지 않지만 생각보다도 빠르다. … 비록 고요하게 있지만, 뛰어가는 모든 것을 앞지른다. … 그것은 활발하지만 고요하다."[7] "그것은 활발하지만 고요하다"는 말에서 역동적力動的이며 동시에 정적靜的이고, 움직이지만 움직임이 없다는 역설은 일자一者의 본성을 보여준다.

『도덕경道德經』14장에 도道의 특성을 구체적으로 설명한다. 영원한 도로서 궁극적 존재는 무형無色, 무성無聲과 무형無形으로 설명된다. 『반야심경般若心經』에서 진리眞理는 형상도 느낌도, 인식도, 충동도, 의식도 없다고 표현한 것과 같다.

> 눈으로 보아도 보이지 않으므로 이夷라 하고,
> 귀로 들어도 들을 수 없으므로 희希라 하고,
> 손으로 쳐도 칠 수가 없으므로 미微라 한다.
> 도는 이 셋으로는 구명할 수가 없는 것이며,
> 이들 셋을 합쳐서 하나로 한 것이다.
> 도는 위에서 밝게 나타나지 않지만
> 아래에서는 어둡지 않고,
> 한정 없이 퍼지고 작용하여 무어라 말할 수가 없다.
> 그러나 도는 결국 다시 무의 상태로 복귀한다.
> 그러므로 도를 형상 없는 형상이라고도 한다.
> 즉, 도를 황홀한 것이라 하겠다.
> 도는 앞에서 마주 보아도 그 머리나 시작을 볼 수가 없고, 뒤쫓아 보아도

---

7 Hindu Scripture, *Isa Upanishad*, 4 and 5, 207.

꼬리나 끝을 볼 수가 없다.

도는 예로부터 모든 진리를 파악해서

오늘의 현상세계를 주재하고 있다.

또 도는 우주의 근원을 알고 있으므로

모든 도리의 근본이라고 부른다.8

형이상학적인 존재나 궁극적인 실체로서 도는 볼 수도, 들을 수도, 붙잡을 수도 없기 때문에 도道는 무색, 무성無聲 그리고 무형의 존재, 즉 무한한 궁극적인 존재는 인간의 감각과 인식을 넘어 어느 곳에서나 존재한다는 것이다. 그러므로 도의 힘과 도가 낳는 결과로 인해서 도, 그 자체는 분리될 수 없는 존재가 되기 위하여 도교道敎는 도道를 신비神秘하고, 묘사描寫할 수 없고, 알 수 없는 것으로 설명한다. 도道는 그 자체의 속성 때문에 맨 처음의 숨이고, 기氣인 우주의 근원이지만 정확하게 설명되지 않는다. 그러나 도道는 기氣의 근원이다. 그러므로 도는 우주의 기원의 기원이다.9 실제로 『도덕경』 42장은 '근원의 근원'으로서 도에 대하여 설명한다.10 '하나'는 기氣를 의미하고, '둘'은 음陰과 양陽을 말하는 양의兩儀이다. 그리고 '셋'은 만물이 생성하는 '하늘', '땅' 그리고 '인간'을 의미한다. 이러한 개념들은 이 책의 방법론을 다루는 장에서 이미 설명하였던 『역경』에 나오는 주요 사

---

8 視之不見, 名曰夷; 聽之不聞, 名曰希; 搏之不得, 名曰微. 此三者不可致詰, 故混而爲一. 其上不皦, 其下不昧, 繩繩不可名, 復歸於無物. 是謂無狀之狀, 無物之象; 是謂惚恍. 迎之不見其首, 隨之不見其後. 執古之道, 以御今之有. 能知古始, 是謂道紀(『道德經』 第十四章).

9 Billington, *Understanding Eastern Philosophy*, 91.

10 道生一, 一生二, 二生三, 三生萬物. 萬物負陰而抱陽, 沖氣以爲和(『道德經』, 第四十二章).

상이다.

진영첩陈荣捷은 중국의 사상과 철학, 종교 역사에서『도덕경』이 차지하는 의의에 대하여 언급하였다. 단지 5,250자에 불과한『도덕경』안에 있는 심오한 사상을 이해하지 않고서는 중국의 철학, 종교, 정치, 예술, 의학, 음식의 본질을 이해했다고 할 수 없다[11]고 말하였다. 이 말은『도덕경』이 중국의 문화와 사상 그리고 개인의 삶에 얼마나 영향을 미치고 있는가에 대하여 잘 설명해 주고 있다.[12]

칭Julia Ching은 도교道教가 정치와는 거리를 두고 은거하는 경향이 있다고 주장한다. 사실 유교儒教는 종교 생활보다는 사회질서와 활동에 강조한 반면 도교道教는 정치적인 활동보다는 개인의 삶과 고요한 생활에 관심을 두었다. 진영첩은 도교가 실제적으로 유교의 현실 참여를 현실에 참여하지 않음으로써 유교적 삶을 반대하고, 유교의 세상적 관심을 초월적 삶과 정신으로 유교의 삶의 방법에 대해 반대한 것이라고 주장한다. 사실 도교는 유교와 정부의 지시에 매우 비판적이었다. 도교는 마음을 수신하고 삶과 사물을 다스림에 집중함으로써 유교와 같은 위치의 영향력을 행사하였다.[13]중국 철학가 진영첩은 도학道學을 두 부류로 나누었다. 철학으로서 도가道家와 종교로서 도교道教이다. 본 장에서 주요하게 다루려는 것은 도가나 도교의

---

11 Chan, *A Source Book in Chinese Philosophy*, 136.

12 줄리아 칭은 중국 사상은 어떤 운율을 가지고 있다고 주장한다. 양(陽)의 측면은 능동적이고 활동적이며 음의 측면은 수동적이고 고요하다. 고요한 측면의 도학자의 경우 자연주의와 고요함이 강한 면이 있는 반면에 정치적 단합과 사회질서를 위해 유교의 윤리와 사회철학은 활동적인 측면이 강하다(Küng and Ching, *Christianity and Chinese Religions*, 131).

13 Chan, *A Source Book in Chinese Philosophy*, 136.

사상이나 정신이 아니라 도학에서 말하는 자연적이고 영원하고 스스로 되고, 이름을 가지지 않았으며, 묘사할 수 없는 '하나'라고 생각하는 도道이다. 철학으로서 도가道家는 체계나 우주의 원리로서 도덕적 진리를 말하지만, 내가 관심을 갖고 연구하고자 하는 도는 자연적이고 영원하고 스스로 존재하며 이름을 붙일 수도 묘사할 수도 없는 '하나'이다.[14] 철학으로서 도가道家는 종교적 삶보다는 도道를 우주의 원리로서 하나의 체계, 윤리적 가치를 주장하는 경향이 있는 반면에, 종교宗教로서 도교道教는 개인의 이상적인 삶과 사회의 이상적인 질서 그리고 치리의 이상적인 유형으로서 도道의 개념에 관심을 두고 있다.

2. 도(道)와 무위(無爲)

1) 무위(無爲)의 개념

류영모는 도道를 성서에 나오는 '로고스'나 '말씀'으로 생각하고, 불교의 관점에서는 '법法'이나 '다르마'로 여긴다. 다석 류영모는 도道나 리理가 의미는 같다고 생각하고 순수한 원리가 바로 길이라고 여긴다.[15] 도道에 따라 사는 사람을 무위無爲의 길을 따르는 사람이라고 생각한다. 자연의 순리에 따라 살면 모든 것은 저절로 된다고 다석 류영모는 말하였다.[16] 다석의 이 말은 『도덕경』 3장과 통하는 말이다.[17] 따라서 다석은 무위無爲의 삶에 대하여 강조한다. 만물은 도道에

---

14 *Ibid.*
15 『다석어록』, 170-171.
16 *Ibid.*, 311.

근거하고 있고, 도에 의해 움직인다. 삶의 길로서 도는 단순함, 자율성, 고요함, 연약함과 무위의 삶을 의미한다. 칭^{Ching}은 무엇보다도 중요한 것은 무위는 행동을 하지 않는 것을 의미하는 것이 아니라, 오히려 인위적으로 하지 않는 행위, 과도한 행동이 없는 행위, 행함, 그 자체에 집착하지 않는 행위라고 설명한다.[18] 진영첩은 무위는 문자적으로 행동이 없는 것을 뜻하지 않고 오히려 '자연을 거스르는 행동'을 취하지 않는 것을 의미한다고 설명한다. 다시 말하여 자연自然이 하는 그대로 놓아둔다는 것이다.[19] 무엇보다도 『도덕경』 2장에서 말하는 무위無爲의 삶에 대하여 알아보자.

> 그러므로 성인은 무위無爲의 태도로서 세상사를 처리하고
> 말 없는 교화를 실행한다.
> 만물로 하여금 스스로 자라게 버려두고
> 인위적인 간섭을 하지 아니하며,
> 만물이 자라도 자기 소유로 삼지 않고,
> 만물을 생육화성하고도 자기의 자랑으로 여기지 않고,
> 모든 공업을 성취하고도 높은 자리에 처하지 않는다.
> 오직 유공자로서 높은 자리에 처하지 않기 때문에
> 그의 공적이 언제까지나 없어지지 않는다.[20]

---

17 爲無爲, 則無不治(『道德經』, 第三章). 자연의 원리에 따라 산다는 것은 무위로 사는 것이라고 류영모는 말하였다.

18 Julia Ching, *Chinese Religions* (New York: Orbis, 1993), 89. Cf. Küng and Ching, *Christianity and Chinese Religions*, 133.

19 Chan, *A Source Book in Chinese Philosophy*, 136.

20 是以聖人處無爲之事, 行不言之教. 萬物作焉而不辭, 生而不有, 爲而不恃, 功成而弗

'도道에 따라 사는 삶의 길'을 무위無爲라고 노자老子가 정의한 개념을 장자莊子는 발전시킨다.[21] 장자의 무위 개념은 류영모의 삶과 사상에 지대한 영향을 끼쳤다. 다석은 장자의 무위 사상과 이상적인 삶에 관심을 가졌을 뿐만 아니라 삶의 실천에도 관심을 가졌다. 앞에서 언급한 것과 같이 사람이 자연의 순리에 따라 살면 모든 일이 저절로 된다. "저절로가 좋다. 억지로 하려고 말아야 한다. 자연을 저대로 살아야지 무리를 말아야 한다. 자연을 제 돌아가는 대로 두어두고 그것을 조금조금 매만져 가야 한다. 과학자는 무리를 안 한다."[22] 또한 다석 류영모는 예수나 부처는 무위의 삶을 산 사람들이라고 생각하였다. "석가나 예수의 같은 점은 무엇인가 하면 저절로 되는 것을 바라도록 가르치는 데 특징이 있다."[23]

무위無爲의 개념은 아마도 『장자』 33장에 가장 잘 요약되어 있다고 본다. "만물의 근원인 무無를 정精한 것이라고 하고, 형체가 있는 것을 조粗한 것이라 하여, 청렴한 삶과 무욕無慾으로 신명神明과 더불어 산다. 옛날 도술에 이러한 경향이 있었다. 관윤關尹과 노담老聃은 이 학설을

居. 夫惟弗居, 是以不去(『道德經』, 第二章). 참조. 『도덕경』에서 무위는 다음 장들에서도 언급된다: 3, 10, 37, 43, 48, 63, 64장.

21 夫虛靜恬淡, 寂寞無爲者, 天地之平, 而道德之至. 故帝王聖人休焉. 休則虛, 虛則實, 實者倫矣. 虛則靜, 靜則動, 動則得矣. 靜則無爲. 無爲也, 則任事者責矣. 無爲則兪兪. 兪兪者, 憂患不能處, 年壽長矣(대저 허정, 염담, 적막, 무위는 천지의 평준이요 도덕의 본질이다. 그러므로 제왕과 성인은 여기에 머문다. 거기에 쉬면 마음이 허하고, 마음이 비면 고요해지고, 고요하면 움직이며, 움직이면 정도를 얻는다. 또 마음이 고요하면 행위함이 없고, 행위함이 없으면 일을 맡기매 책임을 질 수 있다. 또 행위함이 없으면 스스로 즐겁고, 스스로 즐거우니 근심 걱정이 그 마음에 깃들 수 없어서 오래 살 수 있다[『莊子』, 第十三章]).

22 『다석어록』, 328.

23 Ibid., 233.

듣고서 기뻐하여 허무의 도를 세우고 태일*—이라는 절대의 도를 따랐다. 연약해서 겸손한 태도를 행동의 실재로 삼고, 자신을 공허하게 해서 만물을 다치지 않는 것을 내덕內德으로 삼았다."24

도道의 이러한 작용으로 만물은 자신의 존재를 가진다. 『도덕경』 25장은 곧바로 이러한 신비의 선언으로 시작한다.

> 혼돈하면서도 이루어지는
>
> 무엇인가 천지보다도 먼저 있었다.
>
> 그것은 소리가 없어 들을 수도 없고,
>
> 형태가 없어 볼 수도 없으나,
>
> 홀로 우뚝 서 있으며
>
> 언제까지도 변하지 않고,
>
> 두루 어디에나 번져 나가며
>
> 절대로 멈추는 일이 없어
>
> 천하 만물의 모체라 할 수 있다.
>
> 나는 그 이름을 알지 못한다.
>
> 억지로 도라 부르고,
>
> 억지로 이름을 지어 대大라 할 뿐이다.25

도道는 이와 같이 우주가 생기기 전에 존재하는 것으로 묘사되고,

---

24 以本爲精, 以物爲粗, 以有績爲不足, 澹然獨與神明居. 古之道述有在於是者. 關尹老
聃聞其風以說之, 建之以常無有, 主之以太一. 以濡弱謙下爲表, 以空虛不毁萬物爲
實(『莊子』, 雜篇, 第三十三章).

25 有物混成, 先天地生. 寂兮寥兮, 獨立不改, 周行而不殆, 可以爲天下母. 吾不知其名,
强字之曰道, 强爲之名曰大(『道德經』, 第二十五章).

변하지 않는 맨 처음의 원리로, 심지어는 모든 것이 나오게 되는 만물의 모체로 기술하고 있다. 이러한 사고는 초기 종교 신앙을 개념화한 것으로 보인다. 2장에서 설명했듯이 하늘天은 때때로 모든 생명生命이 태어나게 하는 창시자나 창조주의 역할을 하지만, 상제上帝는 중국 고전에서는 최고의 신에 해당한다. 칭Ching은 '하늘'(天)이라는 말이 특히 도道라는 말과 함께 『장자』 안에 나타나고 있어서, 도가철학의 작품에서 완전히 사라진 것은 아니라고 주장한다. 그러나 노자에게 도道라는 말은 이미 자연의 길과 인간의 길로 심지어는 정치의 길로서 천天이라는 말을 대신하게 된다.26 이 말은 노자와 장자의 사상은 매우 비슷하지만, 노자와 장자의 사상은 차이가 있다는 것을 말하는 것이다.

장자는 노자의 영향을 많이 받았다고 말한다. 장자는 노자의 사상을 받아들이고 또 노자 사상을 발전시킨다. 장자는 한 걸음 더 나아가 조심스럽게 스스로 노자와 거리를 둔다. 다음의 글은 노자는 정치적 가르침과 이상적인 정치사상과 함께 지배자에 관심 가지고 있다는 것을 보여준다. 그러나 장자는 정치와는 완전히 거리를 두었다.27

---

26 Küng and Ching, *Christianity and Chinese Religions*, 133.

27 以本爲精, 以物爲粗, 以有積爲不足, 澹然獨與神明居. 古之道術有在於是者, 關尹老聃, 聞其風而悅之(『莊子』, 第三十三章). 관윤(關尹)과 노담(老聃)은 열정적으로 도를 따랐다. Fung, *A History of Chinese Philosophy*, 173. 老聃曰, "知其雄, 守其雌, 爲天下谿, 知其白, 守其辱, 爲天下谷"(『莊子』, 第三十三章). 장자는 『도덕경』 28장을 인용하여 썼으나 『도덕경』과 약간 다른 뜻이다. 知其雄, 守其雌, 爲天下谿; (爲天下谿, 當德不離, 復歸於嬰兒. 知其白, 守其黑. 爲天下式; 爲天下式, 當德不忒 復歸於無極. 知其榮.) 知其辱, 天下下谷(『道德經』, 第二十八章); 人皆取先, 己獨取後, 曰, "受天下之垢." 人皆取實, 己獨取虛. 無藏也, 古有餘, 歸然而有餘. 其行身也, 徐而不費, 無爲也而笑巧. 人求求福, 己獨曲全, 曰, "苟免於咎." 以深爲根, 以約爲紀. 曰, "堅則毁矣, 銳則挫矣." 常寬容於物, 不削於人, 可謂至極. 關尹老聃乎, 古之博大眞人哉!

『장자』 33장에서 장자는 자신이 도道를 열정적으로 추종하는 사람이 었다고 언급한다. 장자는 특별한 어느 학파를 따르거나 어떤 특별한 학맥을 가지지 않고, 거친 말과 언어로 그의 사상을 자유롭게 표현했다. 우주의 정신에 화합하여 장자는 홀로 모든 사물과 평화롭게 지냈다. 장자는 옳거나 그르다고 싸우지 않았기에 보통 사람과 어울려 살 수가 있었다. 위로는 조물주 하느님과 함께 살았고, 아래로는 생사生死, 시종始終을 초월해 사는 사람들과 벗 삼아 살았다.[28]

여기서 노자와 장자의 유사점과 차이점을 분명히 볼 수 있다. 유사점은 '정신적이고 지성적인 것과 더불어 홀로 조용하게 살았다', '열정적인 도의 추종자', '우주의 정신과 조화' 등등의 말에서 찾을 수 있다. 그러나 몇몇 관점에서 차이점이 분명하게 드러난다. 노자의 사상은 '앞서는 것과 따라가는 것, 남성적인 것과 여성적인 것, 영예와 불명예, 공과 사실적인 것' 등등의 구분을 강조한다. 노자는 강직한 것은 부러지고, 날카로운 것은 두들겨 맞을 수 있다는 것을 알고 있었기 때문에 삶에 있어서 부서지고 뭉뚱그려질 것을 피하는 도道의 삶을 강조했다고 펑유란馮友蘭은 말한다.[29] 이러한 의미에서 펑유란은 장자가 정치에 무관심한 반면에 노자는 정치를 가르치고 정치문제를 논하였다고 주장한다. 이외에도 펑유란은 장자의 철학은 시종始終

(『莊子』, 第三十三章)

28 芴漠無形, 變化無常. 死與生與, 天之竝與, 神明往與. 芒乎何之? 忽乎何適? 萬物畢羅, 莫足以歸. 古之道術有在於是者, 莊周聞其風而悅之. 以謬悠之說, 荒唐之言, 無端崖之辭, 時恣縱而不儻, 不以觭見之也. 以天下爲沈濁不可與莊語, 以卮言爲曼衍, 以重言爲眞, 以寓言爲廣, 獨與天地精神往來, 而不敖倪於萬物. 不譴是非, 以與世俗處. 其書雖瓌瑋, 而連犿無傷也. 其辭雖參差, 而諔詭可觀. 彼其充實不可以已, 上與造物者遊, 而下與外死生無終始者爲友(『莊子』, 第三十三章).

29 Chan, *A History of Chinese Philosophy*, vol. I, 174.

이 없고, 생사를 초월하는 것을 가르친다고 말한다. 결과적으로 장자는 노자가 강조한 것은 더 이상 말할 필요가 없다는 것을 느꼈다고 평유란은 조심스럽게 결론을 내린다.[30]

　　그러나 칭Ching은 노자가 금욕주의, 은둔 생활, 특히 쾌락 생활과 소중히 해야 할 가치의 기준까지도 제시했다고 주장한다. 왜냐하면 도道를 추구하는 사람들은 감정과 욕정을 정화淨化하고 절제해야 한다고 생각했기 때문이다.[31] 여기에서 칭은 노자의 철학을 쾌락과 세상에서 소중히 여기는 가치에서 떠난 금욕주의로 보는 경향이 있다. 칭은 노자의 정치에 관한 가르침과 지배자 덕목에 대한 견해는 가장 논의해볼 만한 주제들이라고까지 말한다. 앞에서 살펴본 바와 같이 장자는 완전히 정치와 거리를 두고, 세상에서 물러나 초야에 살았다. 그러나 노자가 세상을 떠나 은둔하였든 하지 않았든 상관하지 않고, 우주를 다스리고 지배하는 원리로서 도道에 대한 노자의 핵심 사상을 장자는 받아들였다고 칭은 주장한다.[32]

　　노자는 이 세상에서 어떻게 도道의 정신에 의해 살아야 하는지를 확실하게 깨달은 사람으로 여겨진다. 앞에서 언급한 명明이라고 불리는 '통칙通則'[33]에 의해서 세상에서의 사물과 삶을 이해하여야 한다고 노자는 분명하게 설명하고 있다. "천하를 다스리려면, 반드시 무

---

30 *Ibid.*

31 Ching, *Chinese Religions*, 89.

32 Küng and Ching, *Christianity and Chinese Religions*, 134.

33 사람이 살아가는 데 필요한 통칙에 관하여 『도덕경』에서 노자는 언급하였다: 取天下常以無事 (『道德經』, 第四十八章); 民之從事, 常於幾成而敗之(六十四章); 常有司殺者殺(七十四章); 天道無親, 常與善人(七十九章); 『도덕경』에서 지상(知常)에 관하여 언급한 부분: 復命曰常, 知常曰明(十六章); 知和曰常, 知常曰明(五十五章); 知常, 容. 容乃公 (十六章); 無遺身殃, 是爲習常(五十二章); 不知常, 妄作, 凶(十六章).

위로 처리해야 한다"(『도덕경』48장).34 "세상 사람들이 일을 할 때는 언제나 다 될 무렵에 실패하기가 일쑤다"(『도덕경』64장).35 "하늘에는 노상 죽음을 다스리는 자가 있어 나쁜 것을 죽게 한다"36(『도덕경』 74장). "하늘의 도天道는 편애하지 않고, 노상 착한 사람의 편을 든다" (『도덕경』79장).37 어디까지나 노자는 사물의 현상적인 변화의 법칙 이 있다는 것을 인식하였다. 한 사물이 한 방향으로 움직이면, 한계 점에서 그 움직임의 변화는 반대 방향으로 나타난다는 사실을 이해 한 것이다. 이러한 현상을 '역행한다'(反)거나 '복귀한다'(復)고 말한 다. "반대로 순환하여 복귀復歸하는 것이 도道의 활동이다"(『도덕경』 40장).38 "만물이 다 생육화성生育化成하지만, 나는 만물萬物이 근원으로 되돌아감을 본다"39고 노자는 말하였다. 이 말들은 노자가 정치와 세상일에 관심을 가졌지만, 모든 무질서의 원인을 소멸시키는 것을 강조하는 성인들의 다스림에 더 많은 관심을 가졌다는 사실을 말해 준다. 이러한 점에서 평유란은 노자가 강제된 법이나 전통적인 제도 의 폐습을 제거하려고 노력하였고, 앞에서 말했던 무위를 통해서 일들을 처리해 나갔으며, 다스리지 않고 다스렸다는 입장을 견지하 고 있다. 무위無爲는 행함이 전혀 없는 그 자체를 말하는 것이 아니다.

---

34 取天下常以無事(『道德經』, 第四十八章).

35 民之從事, 常於幾成而敗之(『道德經』, 第六十四章).

36 常有司殺者殺(『道德經』, 第七十四章).

37 天道無親, 常與善人(『道德經』, 第七十九章).

38 反者道之動(『道德經』, 第四十章, John C. H. Wu 역, Lao Tzu, *Tao Te Ching*, 61의 번역 을 따름). John Wu, 37의 『도덕경』 24장 번역과 비교: "To be great is to go on; to go on is to be far; to be far is to return."

39 萬物並作, 吾以觀復(『道德經』, 第十六章).

또한 다스리지 않는다는 말도 전혀 다스림이 없는 그 자체를 말하는 것이 아니다.40

　다석 류영모는 도(道)와 조화를 이루며 항상 하느님과 더불어 살았다. 다석은 홀로 자연과 함께 고요하게 살았다. 다석은 옳고 그름을 따지고 자기주장을 강요하지 않아 보통 사람들과 함께 살 수 있었다. 다석의 사고는 고갈되지 않아 사상의 풍요로움을 누릴 수 있었다. 위로는 하느님과 동행하며 살았고, 아래로는 진리를 추구하며 진리에 따라 살고, 생사를 초월하여 사는 사람들과 벗하며 살았다. 다석은 특이하게 아량이 넓고, 이해심이 많으며, 사고가 깊고 어떤 것에 막힘이 없었다. 도(道)와 관련하여 다석은 인간과 사물을 조화하였다. 그럼에도 변화와 사물을 이해하는 데는 사고가 고갈되는 일이 없었다. 다석의 삶을 따라갈 수 없었으며, 그의 사고는 어둡고 애매하며 이해할 수 없는 것이었다. 장자와 같은 삶을 산 금욕주의자로서의 류영모의 삶은 인생사와 사회 일에 완전히 거리를 두고 사는 경향을 보였다. 그러나 다석 류영모는 세속의 삶을 초월하여 살지는 않았다. 오히려 날마다 깊이 있는 인생을 살았다. 다시 말하여 철저히 하루하루의 일일주의 삶을 살았다. 이 말은 다석이 사회와 인간사를 피하지 않았다는 것을 말한다. 단지 다석은 정치적인 일에 관심을 두지 않았다. 왜냐하면 다석은 정치가들을 불신하였기 때문이다. 류영모는 이기심이라고 불리는 모든 것, 즉 부와 명예, 선입견과 주관적인 것을 포기하였다. 다석 류영모는 사상을 경시하지 않고, 자신의 마음을

---

40 Fung, *A History of Chinese Philosophy*, I, 186 참조. 將欲取天下而爲之, 吾見其不得已. 天下神器, 不可爲也, 不可執也. 爲者敗之, 執者失之. 是以聖人無爲. 故無敗; 無執, 故無失(『道德經』, 第二十九章).

닦고 영적 삶을 풍요롭게 하는 수덕修德 생활을 통해서 진리를 따라 살고, 우주적 초월 과정에로의 진리를 받아들였다. 이러한 삶의 태도는 자연과 우주를 관조하는 삶으로 이끌었다. 이러한 삶은 무위無爲라는 말로 표현된다. 류영모의 무위의 삶은 이 세상을 초월해서 사는 것이 아니라 정치가들과 권위적인 집단과 세력에 강하게 저항하는 수단이었다.

다석의 제자, 함석헌은 노자와 장자는 세상을 도피하려고 한 것이 아니라 현실의 삶을 철저하게 살았다고 주장한다. 한 마디로 노장사상은 현상적인 삶을 넘어 사는 것을 말한다. 세상적인 삶을 초월해서 사는 것은 이 세상의 사건이나 문제를 회피하는 것이 결코 아니다. 이 사람들의 진리를 따라 사는 삶이나 무위의 행위는 정치적 권위집단에 하나의 저항이 된다.[41] 동양 사회에서 다양한 종류의 저항과 반정부 운동에 노장사상의 정치적 사용은 노장사상이 저항의 철학으로 사용되고 있음을 말해 준다. 자주 권위적인 정부에 반대하는 수단으로 노장사상이 사용되는 것은 무위無爲의 역량을 보여주는 것이다. 이러한 사상은 함석헌의 주장과 행동을 잘 뒷받침해 준다. 관상 수도자인 토마스 머튼Thomas Merton은 장자가 인격주의자로서 세상 정치에 흥미 없어 하는 경향을 보여주는 것으로 해석하였다. 대안 제시를 하지 않고 문제를 회피하는 인격주의는 진정한 인격주의가 될 수 없다. 인간관계를 통해 사회는 발전되는 것인데, 책임을 회피하는 인격주의는 인간관계를 무너뜨리기 때문이다. 무엇보다도 머튼은 자기중심적인 자율성을 가지고 살기 위해 순종과 절제를 무시

---

41 함석헌, 『씨알의 옛글풀이』(서울: 삼인사, 1982), 27-33.

하고 자신의 개인적 자유를 추구하는 사고는 '참나'와 자유의 능력을 쇠퇴시키는 결과를 야기시킨다고 지적한다.[42] 이와 같은 삶을 개인주의적인 삶이라고 부른다. 따라서 인격주의와 개인주의를 혼돈해서는 안 된다고 머튼은 주장한다. 그는 자기 자신이 아니라 다른 사람에게 우선권을 주는 것이 인격주의라고 정의한다. 여기에서 다른 사람에게 우선권을 준다는 것은 자기 자신뿐만 아니라 타자他者의 고유하고 빼앗을 수 없는 가치를 존중한다는 것을 의미한다. 타자를 배제하고 자기중심적인 존경심은 그 자체가 위선적이며 남을 속이는 행위이다.[43]

장자莊子처럼 다석 류영모는 사회적이고 정치적인 활동보다 오히려 자신의 마음을 수양하고, 영적인 삶을 풍요롭게 하기 위한 삶을 살았다. 이러한 삶은 아마도 정치적 책임성을 회피하는 경향을 보여 준다. 그러나 진리를 실천하며 산 다석의 삶은 앞에서 지적한 것과 같이 개인주의가 아니라 인격주의라고 말할 수 있다. 이러한 인격주의적인 삶은 류영모의 사상이 근본적으로 종교적이고 신비적이다는 것을 말해 준다. 그리고 다석 류영모가 정치 활동을 하지 않은 것은 정치적 무관심 때문이 아니라 정치에 대한 저항 의식 때문임을 보여 준다.

---

42 Thomas Merton, *The Way of Chuang Tzu* (London: Unwin Books, 1975), 17.
43 *Ibid.*

2) 무위(無爲)와 선불교(禪佛教)

평유란馮友蘭의 노자의 철학에 대한 해석에 공감하면서 진영첩陳榮捷은 도가道家 철학이 『장자莊子』에 가장 잘 요약되어 있다고 주장한다. 앞의 문장에서 장자는 "무엇을 쌓아 두는 것을 잘못된 것으로 여기고, 영적이고 지성적인 것과 더불어 홀로 고요하게 살기 위해서는 근원을 본질로, 개체를 비본질적인 것으로 생각하는 것이 중요하다"[44]고 말한다. 진영첩은 무엇보다도 장자가 이 세상을 초월해서 산 것 같지만, 장자는 언제나 하루하루를 심도 있게 살았다고 주장한다. 장자는 고요하게 살았으나 삶은 질주하는 말처럼 힘차게 살았다. 장자는 신비주의자이면서 안내하는 빛과 같이 이성적인 사람이었다.[45] 이 말은 장자가 이 세상을 초월해서 살거나 무시한 은둔자가 아니라 자연의 친구가 되고자 한 신비주의자이었다는 말이다. 장자는 자연에 인간의 의지를 강요하여 간섭하려고 하지 않았다. 자연을 벗 삼아 자연 그대로 되게 하였다.

이러한 장자의 삶과 사고는 류영모의 인생관과 세계관에 딱 들어맞는다. 다석은 '오늘의 삶'을 강조하였다. 삶의 궁극적인 의미에 대하여 깊이 생각하는 것은 오늘 하루를 사는 삶 속에서 그 의미를 발견하게 된다. 오늘(今日), 여기(此處), 나(自我)라는 것을 '동출이이명同出而異名'이라고 다석은 말하였다. 이 셋은 이름만 다를 뿐 하나이다. '오늘'

---

44 노자철학은 은둔자를 위한 것이 아니라 세상을 버리지 않고 간섭 없이 세상을 다스리는 성인(聖人) 지도자를 위한 것이라고 진영첩은 주장한다. 진영첩은 더 나아가 도교는 은둔철학이 아니라 로고스와 브라만 사상과 비교된다는 사실을 고려해야 한다고 결론을 내린다. Chan, *A Source Book in Chinese Philosophy*, 137.

45 Chan, *A Source Book in Chinese Philosophy*, 177.

이라 할 때 '여기' '내가' 있는 것은 물론이요, '여기'라 하는 곳이면 '오늘' '내가' 사는 것이 분명하고, '나'라 하면 '오늘' '여기'가 전제되어 있다.[46] 사람이 다른 시간과 장소에 살지만, 삶의 진정한 모습은 '오늘', '여기', '나'라는 말에서 찾아진다. 이 말은 다석 류영모가 '지금'의 삶을 강조하였다는 것을 의미한다. 렁Kenneth Leong은 『예수 선을 말하다』(The Zen Teachings of Jesus)라는 책에서 '현재'란 윤리나 문화의 기원과 관계없이 모든 순수한 '영성'의 초석이 된다고 말한다.[47] 특히 '여기 지금 존재하는 것'이나 '지금'은 예수가 공생애 동안 거듭해서 강조한 말씀이다.

다석 류영모는 장자莊子의 삶과 사상을 받아들였다. 장자에 있어서 단지 '진인眞人'만이 자연과 하나 될 수 있기에, 장자의 삶의 목적은 자연의 친구로서 절대적인 영적인 해방과 평화를 얻는 데 있었다. 영적인 해방과 평화는 자기 자신의 성性의 한계와 능력을 알고, 성性을 양성하고, 성性을 우주의 변화 과정에 적응함으로써 얻어진다.[48] 이 목적을 위해서 장자는 모든 종류의 이기심과 명예, 부와 편견 혹은 주관적인 사고를 버렸다. 이러한 점에서 장자의 사상은 노자의 사상과 차이가 있고, 노자의 사상을 넘어 진일보하였음을 보여준다. 분명히 맹자孟子가 공자孔子의 사상을 발전시켰을 뿐만 아니라 사상을 새롭게 해석하였던 것처럼 장자는 노자의 사상을 확실히 발전시켰다. 장자와 노자의 차이점은 노자가 사회를 변혁시키려는 데 목적을 둔

---

46 유영모, "오늘", 「청춘」 14권, 1918년 6월호. 참조. 『다석일지』 4권, 559-564; 박영호 편집, 『오늘』(성천문화재단, 1993), 8-16.

47 Kenneth S. Leong, The Zen Teachings of Jesus (New York: Crossroad, 1999), 34.

48 Chan, A Source Book in Chinese Philosophy, 177.

반면에 장자는 세상을 떠나 소요逍遙하는 삶을 택했다.49 이러한 면에서 현실에 참여적인 유교와 자연의 순리에 따르는 도교의 차이는 더욱더 드러난다.

평유란馮友蘭에 의하면 한漢나라 때부터 사회문제와 정치 사건에 어떻게 반응해야 하는지 관심을 가진 노자의 철학을 유학자들이 특별히 마음에 두었다는 것이다. 장자의 철학은 인간의 사건을 초월하여 한 차원 높은 곳에 관심을 둔다.50 한나라 초기에는 노자의 사상이 널리 확산되었고, 한나라 말기에는 장자의 사상이 더 인기가 있었다. 예를 들어 한나라 초기에 황제가 고요(靜)와 무위無爲로 나라를 다스렸다고 말했을 때, 이 말은 그들이 노자의 가르침을 따랐다는 것을 의미한다. 그러나 한나라 말경에 현허玄虛에 많은 강조를 하기 시작했다고 말할 때 노자의 사상은 장자의 정신 아래서 해석되기 시작하였고, 노자의 사상은 장자에 의해 계승되었다는 것을 의미한다. 결과적으로 노자와 장자의 사상을 함께 말하게 됨에 따라 노장사상老莊思想이란 말이 나오게 되었다.

유학자들은 자신의 성性을 수신修身하고, 자신의 운명을 성취하여 자연의 창조적 활동에 참여하는 반면에 장자는 자연을 벗 삼아 '하나로 돌아가는'(歸一) 성性을 양성養成하는 데 중점을 두었다. 유교와의 이러한 차이점으로 인해 장자는 사회적이고 정치적이기보다는 오히려 도가적 道家的이고 종교적으로 되었다. 임어당林語堂은 간단하게 유학자儒學者와 도학자道學者의 특징을 대비하여 말했다. "도학자들은

---

49 *Ibid.*, 178.
50 Fung, *A History of Chinese Philosophy*, I, 175.

세상을 관조하고 그냥 미소를 지으며 살았다면, 유학자들은 세상 속에서 사회를 세우고 열심히 노력하며 살았다."[51] 클래스퍼Paul Clasper 는 『동양의 길과 그리스도인의 길』(Eastern Paths and The Christian Way)이라는 책에서 중국 사람들은 맥박과 박자, 두 가지를 가진 사람들이라고 하였다. 즉, 유학자와 도학자의 맥박과 박자를 가졌다고 말한다. 이 말은 도학자는 도교의 상징적인 언어인 '물 흐르듯이 순리에 따라' 일을 하며 자연과 조화를 추구하는 반면에 유학자는 인간과 사회관계에서 덕을 쌓으며 선한 일을 한다는 것을 의미한다. 사람은 도道를 따르거나 우주의 원리에 따라 살아야 한다.[52] 이러한 형이상학적인 경향과 부정의 언어를 사용하는 도가道家철학은 불교의 사상과 가르침에 잘 어울린다. 도학자들은 외딴곳에서 고요하게 지내는 것을 즐기기 때문에 불교의 금욕주의와 수도 생활을 누구보다도 더 잘 이해할 수 있다.

불교 경전을 중국어로 처음 번역할 때 도교 사상과 언어로 표현하였는데, 이러한 시도는 인도 사상과 중국 사상을 혼합하는 결과를 가져왔다. 불교는 인도에서 중국에 전래된 외래外來 종교인데, 당시에 중국인들은 불교를 받아들이고 중국화하였다. 불교의 중국화는 선불교禪佛敎 안에서 일어났다. 바로 도교의 자연적이며 순리적인 삶, 즉 전형적으로 동양적인 신실信實의 길을 추구한 것이 선불교이다. 이 말은 선불교의 '길 없는 길'을 위해 도교가 그 길을 깔아 주었다는 뜻이다.[53] 선禪이라는 말은 명상을 뜻하는 산스크리트어 '댜나'dhyāna

---

51 Lin Yutang, *My Country and My People* (New York: John Day, 1935), 55.
52 Paul Clasper, *Eastern Paths and the Christian Way* (New York: Orbis, 1980), 52.
53 *Ibid.*, 51-52.

의 한자어 자역字譯이다. 선이라는 불교 개념은 앞의 3장에서 설명한 것과 같이 마음을 고요하게 평정하고, 생각을 내적 의식 속으로 꿰뚫고 들어가는 종교 훈련과 근본적으로 관계되어 있다. 명상 훈련으로 '댜나'는 수 세기 동안 인도에서 발달되어 왔다. 그러나 불교의 하나의 분파로서 선禪은 중국식으로 발전되어 나중에는 한국과 일본에 확산되었다. 발덴펠스Waldenfels는 나가르주나(龍樹)의 공론空論의 출발점과 니시타니철학 사이의 접촉점은 선불교의 이론과 실천에서 성립된다고 말한다. 선불교는 행동과 실천을 절대적으로 우선시하기 때문에 다른 어떤 불교 학파보다도 이론과 전통을 반대하는 것으로 알려졌다.54 머튼Merton은 『신비주의자들과 선의 대가들』(Mystics and Zen Masters)에서 선불교는 노장사상을 손상시키지 않고 원래대로 살아 있도록 하면서 인도의 대승불교大乘佛敎와 도교를 결합시킨 것이라고 주장한다.55 중국의 위대한 철학자 장자에 의해 설명된 모든 사상과 문화는 다양한 인도 불교사상을 조화롭게 그리고 인습을 타파하면서 선禪으로 꽃을 피운 완전한 실천 불교라고 해도 의심할 여지가 없다. 이와 같이 선불교는 중국 문화와 도교 사상,56 특히 도道와 조화를 이루며 살아갈 것을 강조하는 장자의 사상57과 인도 불교사상의 결합물이다. 이러한 결과로 인해 선불교는 다른 종교 분파보다

---

54 Hans Waldenfels, *Absolute Nothingness*, trans. by J. W. Heisig (New York: Paulist Press, 1980), 24.

55 Thomas Merton, *Mystics and Zen Masters* (New York: The Noonday Press, 1996), 46.

56 Heinrich Dumoulin, *Zen Enlightenment: Origin and Meaning* (N.Y.: Weatherhill, 1979), 25-34.

57 Thomas Merton, *The Way of Chuang Tzu* (London: Unwin Books, 1975), 16. 선불교는 장자에게 빛을 비춰주었고 장자는 선불교에 빛을 비춰주었다고 머튼은 결론을 내린다.

도 더 독특하고 창조적인 신심의 길을 보여주고 있다.

다른 대승불교 분파처럼, 선불교는 3장에서 설명한 불성佛性이라고도 하는 공空(sūnyatā)을 궁극적인 실체로 본다. 이 실체는 언어나 개념으로 표현할 수 있는 것이 아니다. 단지 직관直觀을 통해서 인식된다고 가르친다. 이러한 직관은 훈련과 연습을 통해서 얻어지는 것이나, 직관을 자유와 자율성으로도 간주한다.58 자율성과 자연스러움, 일상적인 생활의 삶과 말없이 지혜를 전하는 삶 등등에 대한 강조는 도교에 대하여 호감을 갖게 한다. 선禪은 부처의 본래의 가르침으로 돌아가려고 부단히 노력한다. 이러한 까닭에 선은 자력自力이라고 불리는 자기 자신의 노력으로 자신을 구하는 소승불교小乘佛教의 어떤 특징을 내포하기도 한다. 또한 선禪에는 자기 자신의 본성을 발견하려고 노력한 도교적인 모습도 있다. 선이 종교적 실천에 대한 열성뿐만 아니라 도교와 잘 어울리는 성향은 선을 중국 종교로 느끼게 하였다.59 이와 같이 선禪의 실천은 도道와 더불어 사는 무위無爲의 삶과 매우 비슷하다. 도에 따라 사는 무위의 삶이 순수하고 신실한 삶의 길이다. 따라서 노장사상에 깊은 관심을 가진 다석 류영모는 선불교의 이러한 특성을 아주 편안하게 받아들였다. 다원주의적인 상황 속에서 발전되고 원융圓融된 이러한 사상은 류영모로 하여금 동양 사상과 그리스도교 사상을 조화하도록 이끌었다. 다석은 이들 사상을 발전시키고 그리스도교와 화합할 수 있도록 해석하였다. 이러한 시도는 동양적 사고로 하느님의 개념을 재개념화할 수 있는

---

58 Küng and Ching, *Christianity and Chinese Religions*, 211.

59 Küng and Ching, *Christianity and Chinese Religions*, 213.

새로운 해석의 길을 보여준다.

3) 무위(無爲)와 이중부정

이중부정의 사고는 장자의 무위無爲의 사상에 의해 크게 발전되었다. 용수의 『중론中論』에서 보듯이 두 가지 유형의 부정否定이 불교의 논리로 자리 잡았다. 즉, '긍정肯定하기 위한 부정否定'(affirmative negative)과 '긍정하지 않는 부정'(non-affirming negative), 두 가지가 있다.[60] 부정은 다른 것을 분명하게 이해하기 위하여 부정의 요소를 제거해내기 위한 논리인 반면에 긍정하기 위한 부정(affirmative negative)은 제거된 어떤 것의 자리 안에 하나의 실재하는 현상이 있도록 하는 논리이다.[61] 긍정하지 않는 부정은 제거된 어떤 것의 자리에 어떠한 존재存在가 내포內包하지 않도록 제거하는 논리이다. 예를 들면 '이기심 없는 인격들'(the selflessness of persons)이라는 말을 들 수 있다.

---

60 F. Th. Stcherbatsky, *Buddhist Logic,* vol. I (New York: Dover Publishing, 1962), 363-399. 두 유형의 부정 *paryudāsapratisedha*(긍정하기 위한 부정)과 *parasajyapratisedha* (긍정하지 않는 부정)에 관해서는 Yuichi Kajiyama, "Three Kinds of Affirmation and Two Kinds of Negation in Buddhist Philosophy," *Wiener Zeitschrift für die Kunde Südaseins und Archiv für Indische Philosophie,* 17(1973), 161-175와 Anne Klein, *Knowledge and Liberation: The Sautrāntika Tenet System in Tibet* (Ithaca, New York: Snow Lion Publishions, 1986), ch. 6 and 7 그리고 B. K. Matilal, *Epistemology, Logic, and Grammar in Indian Philosophical Analysis*(The Hague: Mouton, 1971), 63-64를 보라.

61 Donald S. Lopez, Jr., *The Heart Sūtra Explained: Indian and Tibetian Commentaries* (New York: State University of New York Press, 1988), 60. 긍정하기 위한 부정의 글을 예를 들어보자. "뚱뚱한 드바다타는 그날 동안 아무것도 먹지 않았다"는 표현은 물론 그날 해 질 무렵 단식을 마쳤다는 말을 내포하고 있다.

위에서 진영첩이 설명했듯이 장자의 무위의 개념은 자연의 질서를 거스르는 어떠한 행위도 하지 않는 것을 말한다. 이치에 따라 자연스럽게 되어가도록 그대로 놓아두는 것이다. 이러한 관점에서 장자는 도의 속성에 대하여 설명한다. "태초에 무無만 있었다. 유有가 없었기 때문에 이름도 없었다. 이 무에서 '하나'가 생겨났다. 이 하나가 나타나 있지만, 아직 형태는 나타나 있지 않았다. 만물은 그 하나를 얻어 생겨났으니 이를 덕德이라 한다. 아직 형태가 없는 하나가 실존이라는 점에서는 음과 양으로 분화하나, 본질이라는 점에서는 미분화未分化된 '하나'이므로 이를 명命이라 한다. 운동과 정지를 통하여 만물을 만들어 낸다. 이치에 따라 만물이 생겨나니 이를 형形이라 한다. 그 형체가 정신을 보유하고 각기 그 법칙을 따르는 것을 성性이라 한다."[62] 이와 같이 장자에 있어 무로서 도道는 존재도 이름도 가지지 않았다. 무색無色, 무성無聲, 무형無形으로서 도는 이름도 없고 모양도 없다. 그러나 음陰과 양陽으로 나누어지는 도는 2장에서 언급했듯이 도의 창조성에 의해 만물을 낳는다.

유대-그리스도교, 베단타, 선불교 전통처럼 『역경易經』의 세계관은 근본적으로 일원론을 보여 준다.[63] 영적이며 물질적인 모든 것이 음양陰陽의 상호작용에서 나온다. 음양의 양의兩儀는 역易의 구성요소이다. 이 역을 『도덕경』에서는 도道라고 말하고, 성리학에서는 태극太極, 『역경』에서는 역易이라 한다. 그러므로 도道는 역易이나 태극太極과 다

---

62 泰初有無無有無名. 一之所起, 有一而未形. 物得以生, 謂之德. 未形者有分, 且然無間, 謂之命. 留動而生物. 物成生理謂之形. 形體保神, 各有儀則, 謂之成(『莊子』, 外篇 第 十二 章). 참조. Merton, *The Way of Chuang Tzu*, 75.

63 Lee, *The Theology of Change*, 106.

르지 않다. 그런데 창조적인 양陽과 수동적인 음陰이 상호작용할 때 역易이 일어난다. 이와 같이 양의兩儀를 낳는 역易의 변화 과정에는 일정한 형태가 있다.

앞 장에서 언급한 것처럼 에크하르트Meister Eckhart는 말한다. "하느님에게는 전후가 없다. 하느님은 '이것도 저것도' 아니다. 하느님은 완전히 단순하다. 창조 이전에 존재하였으며 영원한 '지금'으로 존재한다. 나는 하느님의 영원한 적막寂寞 가운데서, 성부에 앞서 활동한다."[64] 사실 에크하르트와 노자는 신비주의자이다. 그런데 그들의 표현 방법을 비교해보면, 노자는 시적이고 상상력이 풍부한 반면에 에크하르트는 위에 글에서 보는 바와 같이 더 개념적이다. 에크하르트는 하느님을 없이 계시는 분으로 인식하지 않기 때문이다. 하느님이 비존재로서 있는 것이 아니라 존재로서 있다고 에크하르트는 생각하기 때문이다. 이러한 사실은 다케우치Takeuchi가 앞의 3장에서 지적했듯이 절대자에 대한 동양적 이해가 서양 사람과는 꽤 다르다는 것을 분명하게 보여준다.

우파니샤드Upanishad는 인간의 감각과 사고로 절대자를 알 수 없다고 주장한다. 이러한 절대자나 브라만은 앞에서 설명했듯이 말과 생각으로 인식할 수 없고, 볼 수도 없다. 그러므로 '이것도 저것도 아닌' 이중부정二重否定의 논리를 통해서 궁극적 존재의 개념이 알려진다. 이와 같이 도道도 이중부정을 통해서 설명할 수밖에 없다.

2장에서 살펴보았듯이 유학자들도 도道라는 말을 사용하나 노장 사상과 다른 의미로 사용한다. 성리학에서는 "도道는 형이상학적인

---

64 Evans, *Meister Eckhart*, 13.

의미보다는 더 윤리적인 것으로 해석된다."[65] 2장에서 설명했듯이 다석 류영모는 성리학자들이 절대자 하느님을 철학적이고 관념적인 우주의 원리로 대치시킨 것에 대하여 강하게 비판하였다. 비인격적인 존재로서 궁극적 실재를 철학적이고 관념적으로 이해하는 성리학자들의 사고를 류영모는 거부하였다. 다석 류영모는 도道에 대한 성리학자의 사상보다는 노장사상을 더 받아들였다.

---

65 Suzuki, *Mysticism*, 20.

III. 궁극적 존재로서 도(道)

1. 비상징적(非象徵的) 성격으로서 도(道)

『도덕경』에서 도^道는 궁극적 존재의 비상징적 성격을 나타낸다. 앞에서 설명한 『도덕경』의 서두에서 도는 묘사할 수도 이름을 붙일 수도 없다고 말한다. 신비주의자들이 절대자 체험에서 언표할 수 없고, 말로 교통하거나 형언할 수도 없다고 말하는 것처럼 도^道 역시 묘사할 수도, 이해할 수도 없다. 에크하르트의 신성^{神性} 개념처럼 도^道의 개념은 하느님 개념 이상이다. 에크하르트의 신성 개념과 비슷하다. 에크하르트의 신성 개념은 하느님 자체가 셋으로 영원히 나누어진 삼위일체^{三位一體}로 나타나기 이전의, 구별되거나 나누어지기 전의 일체를 말한다.

도^道의 성격을 오천여 자로 묘사할 수는 없지만, 노자는 도^道를 '있음 자체'로 이해했다고 역^易의 신학자 이정용은 주장한다.[1] 비록 언어로는 완전한 의미를 담을 수 없음에도 불구하고 도학자들은 '절대진리', '궁극적 실체', '로고스' 등을 의미하는 것으로 도^道라는 말을 사용한다. 노자가 도에 관해서 말하려고 했던 것은 하느님의 맨 처음의 존재 표현, 무어라고 묘사할 수 없는 하느님의 '존재 자체'를 의미한다. 도는 무어라고 표현할 수 없으므로 노자는 도를 시적으로 묘사할 수밖에 없었다고 이정용은 주장한다. 앞에서 언급했듯이 도^道는 무형, 무성, 무색으로 존재한다. 도는 하나의 공^空과 같은 개념이다.

---

1 Lee, *The Theology of Change*, 34.

그러나 도의 활동은 무궁무진하다. 이러한 도의 개념은 불교의 '니르바나' 개념이나 에크하르트의 '순수 무無'로서 신성 개념2과 일치한다. 무어라고 묘사할 수 없는 도道는 '브라만', '니르바나', '공'空, 'YHWH'로 알려진 궁극적 실체를 의미한다.

> 나는 그 이름을 알지 못하겠다. 굳이 이름을 붙이라면 도道라고 부른다. 억지로 이름을 지어 대大라 할 뿐이다. 도道는 크므로 어디에나 번져 나가고, 어디에나 번져 나가므로 안 가는 곳이 없이 멀리 가고, 멀리 가므로 결국에 되돌아오게 마련이다. 이런 까닭에 도道는 크다. 하늘도 크고, 땅도 크다. 인간 또한 크다. 이 세계에는 큰 것이 네 개 있는데, 그중에는 사람도 한 몫을 차지하고 있다. 사람은 땅의 법도를 따르고, 땅은 하늘의 법도를 따르며, 하늘은 도道의 법도를 따른다. 도道는 자연을 따라 스스로 그렇게 된 것이다.3

우리는 그것의 진정한 이름을 모르나 억지로 이름을 붙여 도道라 부르지만, 도는 '브라만', '니르바나', 'YHWH' 등과 같은 이름으로 불릴 수 있다. 출애굽기 3장 14절에 보듯이 성서의 하느님은 시나이 산에서 모세에게 '나는 나이다'라고 말하였다. 여기에서 '있음 자체'로서 하느님은 인간이 경험할 수 있고 영적으로 만날 수 있는 하느님의 가장 근원적인 의미이다.4 '있음 자체'로서 하느님의 개념은 궁극

---

2 Suzuki, *Mysticism*, 20.

3 吾不知其名, 强字之曰道, 强爲之名曰大. 大曰逝, 逝曰遠, 遠曰反. 故道大, 天大, 地大, 人亦大. 域中有四大, 而人居其一焉. 人法地, 地法天, 天法道, 道法自然(『道德經』, 第二十五章).

4 이정용은 존재 자체로서의 하느님과 있음 자체로서의 하느님은 분명한 차이가 있다

적 존재의 역동적인 모습을 강조하는 반면에 '존재 자체'로서의 하느님은 그것의 존재론적 형상을 강조한다. 다시 말하여 궁극적 존재의 역동적인 모습은 도道의 역동성과 같다. 그러나 과정으로서 본질이나 본질의 구조적인 형상으로서 '존재 그 자체'는 더 정적靜的이다. 1장의 음양 관계의 원리에서 설명했듯이 동양적인 관점에서 보면 역동적인 '있음 자체'로서 절대자와 정적인 '존재 자체'로서 절대자는 대립적인 것이 아니라 상호보완적이다.

2. 비상징적 성격으로서 하느님

이러한 '있음 자체'로서 그리고 '존재 자체'로서 하느님의 현존은 'YHWH'와 '엘로힘' 두 다른 이름을 가진 초기 유대교를 상기시킨다고 줄리아 칭Julia Ching은 해석한다.5 더욱이 칭은 천天이라는 말이 후대에 와서 범신론적인 경향이 있게 된 반면에 유대교의 경우는 하느님의 두 이름이 인격적인 의미를 가졌다고 주장한다.6 한스 큉Hans Küng 역시 이러한 견해를 가지고 있다. 그러나 'YHWH'는 인격적인 하느님일 뿐만 아니라 인격적이고 비인격적인 의미를 모두 가지고 있는 '존재 자체'이다. 역의 신학자 이정용은 하느님은 인격적이면서 비인격적인 존재이어야 한다고 주장한다. 다시 말하여 인격적인 하느님은 또한 비인격적인 하느님도 된다.7 본래 비인격적인 유대-그리스

고 말한다. 있음 자체로서 하느님은 존재 자체로서 하느님과 일치하지 않는다. 있음 자체와 존재 자체는 비상징적인 말이나 각각 다른 측면을 강조한다는 관점에서 보면 그들 사이의 차이점은 분명하다.

5 Ching, *Chinese Religions*, 34.

6 *Ibid.* 비교. Küng and Ching, *Christianity and Chinese Religions*, 100.

도교의 하느님 개념이 어떻게 그리고 왜 인격화된 하느님이 되었는지 이정용은 해석한다. 특히 '~이다', '~이 되다' 또는 '있음'[8] 등으로 해석되는 '하야hayah'라는 동사뿐만 아니라 하느님의 이름에 대하여 이정용은 관심을 가진다. 출애굽기 3장 1-15절에 나오는 구약성서 하느님의 최초 개념으로 'YHWH'는 동사 '~이다'나 명사 '있음'과 관계가 있다. 이러한 의미에서 'YHWH'와 교체해서 쓸 수 있는 'I am that I am'은 '나는 스스로 있는 나이다', '나는 스스로 있을 나이다', '나는 스스로 되는 나이다' 등으로 해석된다.[9] 또한 이정용은 '있음 자체'로서 하느님은 인격적이고 비인격적인 존재 사이의 구분을 넘어서 존재하였으나 후에 'YHWH'는 인격적인 존재로만 여기게 되었다[10]고 말한다. 더 나가서 이정용은 고대 히브리인이 부른 하느님 이름, 야훼와 엘로힘은 본래 비인격적인 존재를 뜻하였다고 주장한다. 하느님 이름이 차차 인격화되어 완전히 인격적인 이름이 되었다고 말한다.[11] 스즈키Suzuki도 모세에게 알려진 성서의 하느님 이름은 "나는 스스로 존재하는 나다"라고 해석될 수 있다고 지적한다. 그리고 이 말은 가장 심오한 외침이라고 주장한다. 왜냐하면 모든 종교 체험과 영적이고 형이상학적 체험은 '존재 자체'로부터 나오기 때문이다.[12] 인간의 상상력을 넘어 계시는 하느님에게 이름을 붙이는 것

7 Lee, *The Theology of Change*, 50.

8 John Courtney Murray, *The Problem of God: Yesterday and Today* (New Haven: Yale University Press, 1964), 7.

9 *The Holy Bible: Revised Standard Version Containing Old and New Testament* (New York: Thomas Nelson and Sons, 1952), 58의 주를 보라.

10 Lee, *The Theology of Change*, 54.

11 *Ibid.*, 53.

은 옳지 않은 일이라는 것이다. 이러한 점에서 하느님은 이름을 가질 수 없다. 다석 류영모 역시 출애굽기에 나오는 하느님을 다음과 같이 해석하였다.

> 모세가 '백성에게 어떠한 신神이라 말하리까'라고 하자, '나는 나다'라고 하였다. '엘리'니 '여호와'니 하지 않았다. 이름 없는 것이 신이다.[13]

『도덕경』의 서언에서 선언한 것처럼 다석도 말하였다. "신神은 본디 이름이 없다. 신에 이름을 붙일 수 없다. 신에 이름을 붙이면 이미 신이 아니요, 우상이다."[14] 이름 붙일 수 없는 존재, 이름을 알리지 않는 존재는 인간의 개념을 넘어 존재하기 때문에 이름을 붙일 수 없다고 다석 류영모는 생각하였다. 이러한 비상징적 성격으로서 하느님은 이미 언급했듯이 유대-그리스도교와 동양 전통에서 발견된다. 다석의 하느님 이해는 동양 전통, 특히『도덕경』에 보이는 도교적인 관점에 근거하고 있으므로 다석의 하느님 이해는 비상징적 성격을 가지고 있다. 다석 류영모가 말하는 하느님 개념은 우리의 상상과 이해를 넘어서 존재하기 때문에 하느님을 표현할 적절한 상징물은 없다. 그러므로 인격적이고 비인격적인 면을 모두 갖고 있는 '있음 자체'로서 하느님은 '이것이면서 저것도' 논리와 '이것도 저것도 아닌' 논리를 통하여 하느님을 이해하는 다석 사상을 연구하는 본인에게는 가장 근원적인 하느님의 개념이다.

---

12 Suzuki, *Mysticism*, 126.

13 『다석어록』, 98.

14 *Ibid.*, 34.

그리스도인으로서 류영모는 '무형無形, 무성無聲, 무색無色의 존재', '도'나 '절대 진리'를 다름 아닌 하느님으로 여긴다. 이와 같이 다석 류영모의 하느님 이해는 『도덕경』의 도道 개념에서 유래함을 알 수 있다. 다시 말하자면 무어라 말할 수 있는 도는 영원한 도가 아니고, 무어라고 이름이 붙여지면 그 이름은 영원한 이름이 아니다. 하늘과 땅의 근원으로서 도는 이름을 갖지 않는다. 모든 만물의 어머니인 도에 무어라고 이름을 붙일 수 없다.[15]

서양 사람들은 이 무無를 잘 이해하지 못한다고 다석 류영모는 지적한다. 서양 사람들은 사물의 원리를 매우 잘 분석하고 증명해낸다. 그러나 그들은 무의 위대함을 알지 못한다고 다석은 말하였다. 서양인들이 무극無極과 태극太極을 잘 이해하지 못하는데, 절대적인 관점에서는 태극이 무극이며 태극과 무극이 서로 다르지 않다는 신비를 서양 사람들은 이해해야 한다고 다석은 말하였다.[16]

3. 허공 속의 궁극적 존재로서 도(道)

다석 류영모는 허공 안에 있는 도道를 이해한다. 무無로서 도道는 존재도 없고, 이름도 없다. 앞에서 말한 것과 같이 태일太一은 '하나'이다. 이 '하나'는 도道에서 나온다. 도교의 관점에서 류영모는 불교의 언어, 무無나 공空을 허虛로 이해한다. 한자 '虛'는 '공空' 또는 '빔'을 의미한다. 성리학자나 불교인들은 도교의 말 '허虛'를 자주 '공空'으로 사용

---

15 道可道 非常道 名可名 非常名 名無名天地之始 有名萬物之母(『道德經』 第一章).
16 『다석어록』, 186. 이 개념은 주염계의 태극도설(太極圖說)에서 유래한다(無極而太極 太極而無極).

한다. 허虛의 개념은 불교의 '순야타'ṡūnyatā(空) 이론과 일치한다.[17] 3장에서 정의한 것처럼 과거에는 공론空論이 '무無'나 '상대성'으로 번역되었다. 공空은 마음의 상태를 묘사하는 것으로 절대적인 평화로움, 개인의 욕망과 걱정으로부터 자유, 외부의 작용에 의해 방해를 받지 않는 순수한 마음의 상태를 말한다.

2장에서 노장사상 '허' 개념을[18] 언급한 장횡거張橫渠는 태공太空의 개념으로 발전시켰다. 『도덕경』 12장에서 무위無爲의 도를 터득한 성인이 다스릴 때는 오직 생명의 근원인 배를 실하게 채워주는 일만을 할 뿐, 눈에 보이는 인공적 감각세계를 버리고 말없이 자연과 더불어 산다(是以聖人爲腹, 不爲目, 故去彼取此)고 말한다. 노자의 무위 사상은 『역경易經』의 철학과 유사성을 띠는 형이상학에 관한 말이다. 특히 장자의 무심無心으로 도道에 순종하며 사는 삶은 『역경』의 「설괘전說卦傳」 1장과 일치한다.[19] 그러므로 성리학과 도교의 사상 차이를 보면, 도학자들이 자연과 일치하며 살기 위해 '마음의 비움'을 추구한 반면에 성리학자들은 같은 대상을 성취하기 위해 자기 자신의 성性의 완성을 주창하였다는 점이다. '마음의 비움'은 평정平靜의 상태를 얻기 위하여, 즉 이기적인 욕망과 걱정으로부터 자유를 얻기 위하여 마음을 정화하고 비우는 것을 의미한다.

---

17 Stace, *Mysticism and Philosophy*, 107, 109, 202, 240, 259를 보라.

18 泰初有無無有無名. 一之所起, 有一而未形. 物得以生, 謂之德. 未形者有分, 且然無間, 謂之命. 留動而生物. 物成生理謂之形. 形體保神, 各有儀則, 謂之性. 性修反德. 德至同於初. 同乃虛. 虛乃大. 合喙鳴, 喙鳴合, 與天地爲合. 其合緡緡, 若愚若昏. 是謂玄德, 同乎大順(『莊子』, 外篇 第十二章).

19 昔者聖人之作易也 幽贊於神明而生蓍 參天兩地而倚數 觀變於陰陽而立卦 發揮於剛柔而生爻 和順於道德而理於義 窮理盡性以至於命(『易經』,「說卦傳」, 第一章).

다른 성리학자와는 달리 장횡거는 태공太空 안에서 모든 사물의 원리와 개념을 인식하였다. 공空 안에 주어진 개체의 실존은 반대의 대상을 요구한다.[20] 태허太虛에는 기氣가 없을 수 없고, 기는 모여서 만물이 되지 않을 수 없고, 만물은 기의 상호작용으로 흩어져 태허太虛로 되지 않을 수 없다. 이와 같이 장횡거는 사물이 바로 사물이 되게 하는 것은 그리고 그 자체가 사물로 나타나는 것은 다른 것과 서로 의존해서 관계를 맺고 있기 때문이라고 생각한다.[21] 음양의 원리에서 설명한 것과 같이 어떤 사물도 스스로 독립하여 존재하는 이치는 없다. 동이同異(사물 자체와 그 대립물) 없이 또 수축하거나 팽창하지 않으면, 시작과 끝의 원리로 전개되지 않으면 비록 사물이 하나인 것처럼 보일지라도 어떠한 사물도 사물이 아니다. 사물이 완성되기 위해서는 하나의 사물에는 시작과 끝이 있어야 한다. 동이同異와 '있음'(有)과 '없음'(無)이 서로 감응하지 않으면 사물은 완성의 상태를 얻을 수 없다. 사물이 완성되지 않으면 비록 사물이 하나인 것처럼 보일지라도 그것은 사물이 아니다. 이러한 속성을 가진 사물은 태허太虛 속에서 기氣의 수축과 팽창의 상호작용으로 인하여 생성된다.[22]

류영모는 노장老莊의 허虛사상과 장횡거의 태허太虛 개념을 받아들이고 이 사상을 그리스도교의 관점에서 해석하였다. 다석 류영모는

---

20 氣本之虛, 則湛本[本: 一]無形. 感而生, 則聚而有象. 有象斯有對, 對必反其爲. 有反斯有仇, 仇必和而解. 故愛惡之情, 同出於太虛, 而卒歸於物欲. 倏而生, 忽而成, 不容有毫髮之間, 其神矣夫!(『正蒙』,「太和篇」)

21 太虛不能無氣; 氣不能不聚而爲萬物; 萬物不能不散而爲太虛; 循是出入, 是皆不得已而然也(『正蒙』,「太和篇」).

22 物無孤立之理. 非同異屈伸終始以發明之, 則雖物非物也. 事有始卒乃成, 非同異有無相感, 則不見其成, 不見其成, 則雖物非物, 故曰: "屈伸相感而利生焉"(『正蒙』,「動物篇」).

사람은 단 하나밖에 없는 온통 하나가 허공(虛空)이라는 것을 이해해야 한다고 말했다.[23] "아주 빈 것(絶對空)을 사모한다. 죽으면 어떻게 되나 아무것도 없다. 아무것도 없는 허공이어야 참이 될 수 있다. 무서운 것은 허공이다. 이것이 참이다. 이것이 한아님이다. 허공 없이 진실이고 실존이고 어디 있는가. 우주가 허공 없이 어떻게 존재할 수 있는가. 허공 없이 존재하는 것은 없다. 물건과 물건 사이, 질(質)과 질 사이, 세포와 세포 사이, 분자와 분자 사이, 원자와 원자 사이, 전자(電子)와 전자 사이, 이 모든 것의 간격은 허공의 일부이다. 허공이 있기 때문에 존재한다."[24] 이러한 점에서 다석 류영모는 허공 안에 '하나'로, 존재하는 하느님의 개념을 설명하였다.

> 한아님을 불일지지(不一知止)로 하나 아닌 것이 없는 것을 아는 데 이르는 것이다. '불일지지(不一知止)'는 모두를 하나가 다스린다. 그대로 '하나' 당신이 주관한다. 한아님을 불일지지 할 때, 빈탕한데(虛空)와 비슷하지 않는가.[25]

> 천 가지 만 가지의 말을 만들어보아도 결국은 하나(절대)밖에 없다. 하나밖에 없다는 데는 심판도 아무것도 없다. 깨는(覺) 것이다. 깨는 것, 이것은 '하나'이다. 한(天)과 나(我)가 '하나'이다.[26]

다석 류영모는 시작과 끝이 둘이 아니고 하나라고 강조하고 성서

---

23 『다석어록』, 154.
24 Ibid., 161.
25 Ibid., 252.
26 Ibid., 19.

에서 공空을 자주 언급하지 않을 것을 아쉬워하였다. 2장에서 언급했듯이 다석 류영모는 아버지 하느님의 마음이 허공虛空이라고 주장한다. 진리는 무無에서 발견되고, 허공만큼 큰 것은 없다고 말한다. 그러므로 다석 류영모는 공空만큼 높고, 거룩하고, 밝은 것은 없다고 생각하였다. 허공같이 빈 마음이 가장 좋고 또 허공은 맑고 아름답다고 말하였다.[27] 허공 없이는 어떠한 사물도 존재할 수 없기 때문에 다석은 허공 안에서 하느님과 사물의 개념을 이해한 것으로 보인다. 이러한 류영모의 관점은 절대자에 대한 타 종교의 사상과 교류할 수 있는 가능성을 보여준다. 특히 타 종교의 절대자 개념과 『도덕경』의 도道 개념과 상통한다. 2장에서 언급했듯이 류영모는 태공太空이 하느님의 마음이라고 말한다. 오직 하나는 태공이고, 현상세계는 색계色界라고 생각하는 다석 류영모의 사고는 뛰어난 사상으로 여겨진다. 현상세계에서 단일單一 허공虛空을 확실히 느낀다고 류영모는 말하였다.[28] 이러한 관점에서 류영모는 태공太空을 하느님의 마음으로 생각한 것이다. 더 나아가서 다석은 우주는 자신의 몸이라고 믿었고, 우주가 자신의 몸이라고 생각될 때 하느님의 아들이 된다고 생각하였다.[29]

---

27 *Ibid.*, 153, 161, 333, 348, 367.

28 *Ibid.*, 154.

29 류영모에게 있어 하느님의 아들은 일자(the One)이다. 류영모는 스스로 일자의 아들이 되었다는 것을 깨달았다. "절대자인 그 '하나'가 나에게 계시니 나에게 사람의 사명을 주신 이가 곧 '하나'이다. 사명을 받아서 그의 아들이 된다. '하나'의 아들이 된 것을 느낀다. 그러므로 '하나'의 아들 노릇을 해야 한다. 아마 예수도 이것을 느낀 것 같다. 아들은 그 '하나'의 소리 없는 소리를 귀 없는 맘이 듣는다. 허공에 퍼져 있는 것과 시간으로 인해서 '하나'의 뜻이 있음을 이 사람은 느낀다. 아들 노릇한다는 그 소리 그리고 아버지가 계신다는 그 소리, 아버지와 아들 사이에 뜻이 활동하는 소리가 맘속에서 들린다. 내 맘에서 자꾸만 '하나'의 뜻이 일어난다. 그것을 느끼는

아버지 하느님께서 가지신 태공太空에 아버지의 아들로서 들어갈 때, 이 몸뚱이는 만족할 것이다. 이것이 그대로 허공이 우리 몸뚱이가 될 수 있다. 단일單一 허공에 색계色界가 눈에 티검지와 같이 섞여 있다.[30]

앞에서 살펴보았듯이 태공太空은 모든 생명과 사물의 기원이고 유무有無를 초월한 '하나'인 하느님이라고 다석은 본다. 그래서 다석은 빔과 공空, 무無에 관해서 말하곤 하였다. 1960년 어느 날 기독교청년회관(YMCA)의 연경반에서 무에 대하여 언급하였다. "없(無)을 내가 말하는 데 수십 년 전부터 내가 말하고 싶었다. 그런데 말머리가 맘대로 트이지 않았다. 나는 없(無)에 가자는 것이다. 없는 데까지 가야크다. 태극太極에서 무극無極으로 가자는 것이다. 이것이 내 철학의 결론이다."[31] 한 마디로 다석은 '하나'로서 궁극적 존재는 태공太空 안에 있다고 주장한다. 그러나 다석은 언제나 중용中庸을 지키려고 노력하였다. 가장 큰 것은 빈 것이다. 참 빈 것은 빈 것이 아니다. 반야공관般若空觀은 지혜智慧인데, 공空에 너무 치우쳐도 못 쓰고 허무에 빠져도 못쓴다."[32] 여기에서 '참 빈' 것은 단순히 빈 것을 말하는 것이 아니라 앞 장에서 말한 '텅 빈 충만함'(vacuum-plenum)의 역설을 의미한다. 이러한 류영모의 사고는 위에서 설명한 『도덕경』 4장의 내용과 일치한다. 계속해서 퍼 써도 빈 공간이 다시 채워지는 샘물과 같다. 물을

것이 내 뜻이다. 맘의 뜻은 '하나'의 뜻이다. '하나'는 가장 큰 나(大我) 참나(眞我)이다"(『다석어록』, 241-242).

30 Ibid., 154.
31 Ibid., 310.
32 Ibid., 275.

퍼 공간을 비우면 쉼 없이 흐르는 물이 다시 빈 공간을 채우는 물줄기의 근원과 같은 상태는 '텅 빈 충만함'의 역설을 잘 말해 준다.

이와 같은 류영모의 하느님 개념에서 '있음'(有, 존재)과 '없음'(無, 비존재)의 양면을 화합하고 조화하는 시도는 태허太虛에서 원일물元一物을 이해하고 있음을 보여준다. 원일물은 둘이 아니라 오직 '하나'이며, 하느님이면서 '니르바나'라고 류영모는 생각한다.33 이 맨 처음의 것이라는 '하나'는 하나, 둘로 나누어질 수 없다. 또한 '하나'는 무無라고 다석은 이해한다. 2001년 에든버러 대학에서 류영모의 생애와 신학으로 박사학위를 받은 박명우는 다석이 분명하게 서로 다른 양면을 '하나'의 개념으로 조화시켰다고 해석한다. 말하자면 지각적인 면에서는 반대 개념으로 나타나는 것을 실체 안에서 하나로 일치시켰다고 박명우는 주장한다.34 여기에서 박명우는 '하나'를 반대의 개념으로 각각 나타나는 사물이 실체 안에서 하나로 일치하는 것으로 간주한다. 그러나 실체가 반대의 개념으로 나타나는 것이 아니라 같은 실체가 이름만 다르게 불릴 뿐이다. 위에서 그리고 앞장에서 말했듯이 류영모의 '하나' 개념은 서로 반대의 사물이 하나로 나타나는 것도 아니고, 둘로 나누어지는 것도 아니다. '하나'가 각각 다르게 불릴 뿐이다. 태극太極으로 현상화된 '하나' 그리고 무극無極으로 비현상화된 '하나'로 불린다. 같은 '하나'가 각각 태극, 무극으로 이름만 다르게 불리는 것이다. 이러한 의미에서 존재로서 '하나'는 태극太極으로, 비존재로서 '하나'는 무극無極으로 각각 부르는 것이라

---

33 *Ibid.*, 162, 169.

34 Park, *op. cit.*, 132.

고 다석은 말하였다. 다시 말하여 상대적인 개념에서는 '하나'가 태극太極으로 나타나는 반면에 절대적인 개념에서는 '하나'가 무극無極으로 나타나는 것이다.

> 허무虛無는 무극無極이요, 고유固有 태극太極이다. 태극 무극은 하나라, 하나
> 는 신神이다. 유有의 태극을 생각하면, 무無의 무극을 생각하지 않을 수 없
> 다. 그래서 하나다.[35]

진리는 하나이다. 유일불이唯一不二, 이것이 절대 진리이다. 상대 세계에서 '있음'(固有)이니 '없음'(虛無)이니 말해봐야 의미 없는 일이다. 유무有無의 문제는 아무 문제가 되지 않는다. 절대 '하나'의 개념은 유무의 개념으로는 간단하게 설명할 수 없다. 오히려 '있음'(有)과 '없음'(無)이 동시에 느껴진다고 다석은 말하였다. 따라서 다석 류영모는 단언한다. "내가 말하고 싶은 것은 원일元一이다. 본디의 하나가 원일이다. 원일은 유일불이唯一不二이다."[36]

다석 류영모의 '하나' 개념은 동양 사상의 우주관과 1장에서 설명한 음양陰陽의 원리에 의해 만물을 생성하는 역易의 작용, 즉 상호보완과 조화 사상에 기인하고 있다. 다석은 유무有無의 '하나'는 무한과 유한 사이의 상호작용뿐만 아니라, 음양의 상호작용의 역동적인 모습을 드러낸다고 강조한다. 박명우는 음양의 상호작용의 역동성이라는 말은 조화 속에서 유무有無를 아우르는 '하나'에 대한 류영모의

---

35 『다석어록』, 240.
36 Ibid., 169-170.

해석이 생명력을 준다고 주장한다.[37]여기에서 박명우는 불교사상에 기초한 류영모의 하느님 개념을 '하나' 안에서 존재와 비존재의 양면을 조화하려고 한 것으로 간주한다. 그러나 다석 류영모의 초월적이고 내재적인 존재로서의 '하나' 개념은 불교적인 관점보다는 오히려 도교적인 관점에서 나왔다고 본다. 물론 다석의 '하나' 개념은 불교사상과도 일치하지만, 다석의 사고는 불교적인 사상보다는 도교적인 사상에 기인하고 있다. 하느님으로서 '하나'는 하느님이 지나다니는 길이며, 하느님의 마음인 태공太空 안에서 드러난다. 만물은 이 '하나'와 연결되어 있기 때문이다.

다석 류영모는 '영원한 생명인 정신의 줄絲, 곧 얼(靈)줄'이 '하나'와 연결되어 있다고 말한다. 이 우주에는 '하나'에서 나온 도道, 법法(dharma), '로고스logos'라고 불리는 '얼(靈)줄'이 있다고 말한다.[38] 류영모는 얼줄을 그리스도교에서는 '로고스'로, 불교에서는 법法으로, 도교에서는 도道로 간주한다. 사실 류영모는 '얼줄'이 말로는 각각 다르게 불리지만, 실체에 있어서는 같다고 본다. 이와 같은 도道에 대한 해석은 종교 간 대화의 길을 제공한다.

여기에서 도道가 하느님이냐 아니냐는 문제는 신학적으로 검토해 봐야 할 문제이다. 칭Ching은 이와 같이 존재에 관해서 이 세상에서 무無로서 새롭게 그 자체를 영원히 드러내는 어떤 것으로 말할 수 있다면, 그때 그 존재는 하느님의 개념과 어떤 차이가 있는가라는 문제를 제기한다.[39] 더 나아가 칭은 스스로 질문한다. "나 자신에게 스스로 질

---

37 Park, *op. cit.*, 135.

38 『다석어록』, 17.

39 Küng and Ching, *Christianity and Chinese Religions*, 174.

문한다. 만약 무無가 존재 스스로 그 자체를 드러나도록 하는 존재의 장막이라면, 그때 인간성이 관계되는 존재는 또한 하느님의 장막으로 이해될 수는 없는가?"[40] 이 질문에 대해 칭은 되어감 속에 존재하는 '존재 자체'는 정확하게 하느님이라 불릴 수 있는 '존재 그 자체'를 포함한다고 한마디로 대답한다.

다석 류영모는 도道를 궁극적 존재, 하느님 또는 '니르바나'로 이해한다. "원일불이元—不二, 이것이 한아님이요, '니르바나'이다. 나는 원일불이를 믿는다."[41] 이와 같은 의미에서 다석은 원일불이 하느님은 '없이 계시는 하느님'으로 생각한다. "하나, 둘로 나누어질 수 없는 원일불이元—不二의 '하나'는 불이즉무不二卽無한 것이다. 소유한다는 것이 도무지 없다. 있었던 소유조차 잊어야 하는 원일元—이다."[42] 또한 다석 류영모는 원일불이의 '하나'를 이 세상의 모든 사물을 초월해 있는 도道 또는 진리로 간주한다.[43]

도道라는 것은 길을 말한다. 허공虛空이 진리라는 말은 이런 점에서 이해되어야 할 것이다. 불교에서 말하는 법法도 이러한 이치와 길을 가리킨다. 도道라는 글자나 이理라는 글자는 같은 뜻이다. 참 이치가 곧, 길이다.[44]

만물을 이룬 것이 '로고스'(말씀)라면, 이것은 바로 생각을 말하는 것이

---

40 *Ibid.*, 174.
41 『다석어록』, 162, 169.
42 *Ibid.*, 169.
43 *Ibid.*, 177.
44 *Ibid.*, 170-171.

다. 로고스가 말씀이라면 생각하지 않고서는 나올 수가 없다. 이 생각이라는 것은 기독교에서는 얼(靈)이, 유교에서는 길(道)이, 불교에서는 법法이 나타나는 것이다. 아트만도 마찬가지다. 유신론有神論도 생각 없이는 나올 수 없다. 유물론, 유신론 하는 것은 모두 생각의 방편이지 별것 아니다.[45]

그러면 도道는 처음과 마지막인 궁극적 실체와 같은가? 도道는 초월적인 존재로서 절대자와 같은가? 다석 류영모는 도道와 궁극적 존재가 같은 것으로 본다. 비현상화되는 '하나'는 허虛로 나타나는 반면에 현상화한 '하나'는 '도道', '다르마dharma', '로고스logos'로 나타난다고 다석은 말한다. 이러한 사고는 2장에서 성리학의 관점 아래 살펴본 태극太極과 무극無極으로서 궁극적 실체의 개념과 일치한다. 그리고 3장에서 설명한 불교사상의 관점에서 본 유무有無로서 '없이 계시는 하느님'의 개념과 일치한다. 이러한 의미에서 현상화된 '하나'로서 도道는 우주의 '길'이며 '원리'이다. 그러나 도道 '하나'는 둘이 아니라 하나이다. 앞에서 살펴보았듯이 이러한 논리는 '이것이면서 저것도'의 논리와 '이것도 저것도 아닌' 사고가 밑바닥에 흐르고 있는 동양적 사고에 근거하고 있다.

그러므로 다석 류영모는 하느님 자신이 길이요 도道다. 신중히 말하자면 하느님은 '신비 중의 신비'라고 본다. 위에서 살펴보았듯이 역설적으로 도는 처음이며 나중인 실체와 하나가 될 수 있다. 류영모의 도, 존재, 하느님 개념에 대한 이해는 구조적으로 같은 것으로 여기게 된다. 절대자에 대한 이러한 이해는 다른 문화와 타 종교의

---

45 *Ibid.*, 172.

절대자 이해에 다리를 놓는 가장 의미 있는 사고 중의 하나라고 본다.

　　이러한 면에서 아무 노력 없이 그저 이해해보고자 하는 책임 없는 해석은 주의해야 한다. 본문을 신중히 이해하는 것이 유익하다. 위에서 언급했듯이 도道는 하늘과 땅에 앞서 존재한다. 둘로 나누어지기 이전에 존재한다. 실제로 하나, 둘로 나누어지기 이전에 존재하는 도道는 만물의 기원이다. 이와 같이 도는 극極 자체가 아니고 극의 기원이다. 예를 들어 도는 음양陰陽의 원리에 의해 체계화된 그것 자체는 아니다. 이 말은 동양 사고의 관점에서 도, 그 자체는 양면성이 있는 것도 아니고, 서로 다른 면이 있는 것도 아니고 대립적인 개념이 있는 것도 아니라는 것을 의미한다. 오히려 도, 그 자체 안에 모든 반대 개념이 음양陰陽의 상호작용처럼 상호보완될 뿐만 아니라 그 안에서 조화를 이루며 용해되어 있다.

IV. 도와 진리로서 하느님을 이해한 다석

본 장에서는 노장사상老莊思想과 『역경易經』에 근거하여 이해한 류영모의 도道와 진리로서 하느님의 개념을 살펴보았다. 다석의 이러한 사고는 '이것이면서 저것도'의 논리와 '이것도 저것도 아닌' 사고에 직면하여 다석 자신의 종교다원적인 하느님 체험을 통해서 나온 것이다. 2장에서 알아본 태극太極으로서 하느님 개념 그리고 3장에서 살펴본 '없이 계시는 하느님'의 개념은 기존의 전통적 하느님 개념이나 그리스도교 사상과 아주 다른 것으로 이해되리라 본다.

본 장에서 장자莊子의 사상에서 깊이 영향받은 다석 류영모의 삶과 사상을 이해하기 위하여 무위無爲의 사상을 알아보았다. 다석은 사회활동과 정치 참여보다는 오히려 자신의 마음을 닦고, 영적인 삶을 추구하였기 때문에 다석의 삶은 정치와 거리를 두고 현실을 도피하는 경향으로 보여지기도 한다. 본 장에서는 다석의 삶과 사상이 어떻게 종교적이고 신비주의적인 경향을 보였는지 살펴보았다. 그러나 다석이 정치적 활동을 하지 않는 것은 잘못된 정치를 거부한 것이지 결코 정치적 무관심을 보인 것은 아니라는 점을 살펴보았다. 다른 한편으로는 다석의 사상이 왜 그렇게 불교사상과 가까운지 그리고 어떻게 불교사상을 받아들였는지 분명히 정리하기 위하여 선불교禪佛敎와 노장사상과의 연관성을 알아보았다. 사실 불교 경전이 중국어로 번역될 때 도교 사상과 언어로 표현되어 인도 사상과 혼합되는 결과를 가져왔다. 일반적으로 불교는 인도에서 중국으로 들어온 외래 종교이지만, 당시 중국은 불교를 받아들여 자신들의 문화가 반영된 중국화된 종교로 만들었다. 특히 선불교 안에서 자연스럽고, 신실한 신심의 길을 만들어 내었다. 이 말은 도교가 선불교의 길 없는 길을 위해 길을 놓아 주었다는 것을 의미한다.

또한 다석 류영모의 도道 사상을 더 깊이 이해하기 위하여 하느님의 비상징적 성격뿐만 아니라 도의 비상징적 성격을 규명하였다. 하느님의 개념에 대한 이러한 도교적인 표현은 다른 신앙을 새롭게 이해하고 종교 간 대화를 할 수 있는 여건을 보여준다. 그리고 타 신앙의 하느님 개념에 대한 상호 이해를 위한 장을 제공하리라 본다. 이러한 이유 때문에 도교적인 사상에 기초를 둔 다석 류영모의 태공 太空 안에 있는 '하나' 사상을 알아본 것이다. 그러나 이러한 하느님의 이해는 도道의 신비적 개념이 그리스도교의 하느님 개념과 일치하느냐에 대한 심각한 의문을 갖게 한다.

도道로서 원일불이元一不二의 하느님과 그리스도교의 전통적인 인격신과 함께 다룬다는 것은 완전히 새로운 차원의 토론의 장을 제공한다. 이러한 시도는 전통적인 정통 그리스도교 신학과 종교다원주의 사회에 하나의 도전을 준다. 다석 류영모는 빔(空)에서 절대를 찾았다. 그리고 류영모는 타 종교의 관점을 상호보완하고 조화시키는 시도를 통해서 뿐만 아니라 '이것이면서 저것도'와 '이것도 저것도 아닌' 논리를 통해 초월적이거나 내재적인 하느님뿐만 아니라 인격적이거나 비인격적인 하느님의 개념을 발전시켰다. 실체의 근원과 힘으로서 하느님은 모든 존재 위에 현존하며, 모든 존재는 하느님을 의존한다. 도道로서 궁극적 존재는 무아無我를 넘어서 존재할 뿐만 아니라 참나(眞我) 안에 내재한다. 류영모의 사상에 의하면 비현상화된 '하나'는 공空으로 나타나는 반면에 현상화된 '하나'는 도道, 다르마dharma, 로고스logos로 나타난다. 이러한 개념은 성리학의 개념인 태극太極이며 무극無極으로서 궁극적 존재와 일치하며, 불교의 유무有無를 초월한 '없이 계시는 하느님'의 사상과 통한다. 이러한 점에서 현상화된 '하나'로서 도道는 우주의 길이며 원리가 된다. 그러나 도와 '하나'는 둘이 아니라 하나라는 것이다. 이러한 사고는 동양적 사고인 '이것이면서 저것도'의 논리나 '이것도 저것도 아닌' 논리를 통해서 설명된다. 그러므로 다석 류영모의 하느님 이해는 동양의 언어와 사고로 하느님의 개념을 재개념화할 수 있음을 보여주고 있다.

5장

마무리 글과 다석 신학의 평가

이 글의 목적은 다원종교 상황 속에서 종교 간 대화를 위한 이론적 근거와 장을 마련하기 위해서 한국의 그리스도인들에 의해 재고되고 평가되어야 하는 궁극적 존재의 개념을 동양적 사고로 재구성하는 데 있다고 하였다. 내가 14년 동안의 교회 사목을 포함한 47년 동안의 인생 삶을 통해서 느낀 것은 우리 한국 사회에서는 매일의 삶 가운데 타 종교인과의 만남을 피할 수 없다는 것이다. 한국 사람이 모임을 갖거나 모였을 때마다, 즉 학술모임이나 결혼식, 장례식, 조상에게 제사 드릴 때마다 사람들은 서로 다른 신앙으로 나누어진다. 그러므로 타 신앙을 만나는 일은 피할 수 없는 일이다. 자주 종교의 차이로 다투기도 한다. 따라서 한국인들이 타 신앙인과 함께 더불어 살고 다툼 없이 평화롭게 공존하기 위해서는 종교 간의 대화가 요청된다.

나의 삶과 사목 생활 그리고 4년여 동안의 한국기독교교회협의회 근무 그리고 영국에서 4년 이상의 종교 간 대화에 관한 연구를 회상해 보면서 나는 흥미로운 사실을 알게 되었다. 류영모의 하느님 이해에 대한 연구는 나의 종교 여정을 깊이 회상하게 하였고, 여러 면에서 나의 사고의 깊이와 이해의 폭 그리고 세계를 보는 눈을 변화시켰다. 이 말은 다원종교의 상황 속에서 종교 체험에 대한 성찰이 진실성에 바탕을 둔 종교 간 대화를 위한 전제가 된다는 점이다. 니터Paul Knitter도 다른 신앙과 관계성을 가지고 진리를 추구하는 모델은 새로운 종교 시대, 종교다원주의를 향한 동기와 계기를 제공한다고 지적하고 있다.[1]

첫째로 다원종교 상황 속에서 살아가는 우리 마음속에 언제나 잠재해 있는 다양한 사상과 신앙을 조화하고, 다른 신앙과의 내적인 갈등을 최소화하기 위해서 각 개인의 신앙 간의 내적인 대화를 해야 한다. 실제로 심각한 신앙 차이가 있다 하더라도 서로 인정하고 직면할 수밖에 없는 차이점들은 직면하기 힘든 대립 관계가 아니라 역동적인 긴장 관계이고 창조적인 국면이라고 본다.[2] 타 신앙의 근본적인 차이점들을 인정하면서, 다석의 하느님 이해를 연구하는 것은 대립과 갈등보다는 더 상호보완적이고 화합적으로 이해하기 위한 것이다.

이러한 문제를 풀어가는 과정에서 나는 서양적 사고의 방법에서 동양적 사고를 하게 되었다. 그러나 서양적 사고의 방법에서 다시 동양적 사고로, 또다시 동양적 사고 방법에서 서양적 사고로 왔다 갔다 하는 과정을 통해서 동서양을 이해하게 되었다. 나의 신앙 여정 가운데 영적 여행을 통해서 분명해진 것이 있다면, 영국에서 연구하는 동안 동양적 사고에만 집착하지 않고 자유롭게 동서양의 학문의 세계를 넘나들며 연구할 수 있었다는 사실이다. 합리적이고 과학적이며 분석적 방법에 의한 서구의 진리 인식에서 출발하여 서양의 방법론과 대조적인, 일반적으로 종합적이고 총체적이며 직관적인

---

1 Knitter, *No Other Name?*, 7-16.

2 R. Panikkar, "The Myth of Pluralism," *Myth Faith, and Hermeneutics* (New York: Paulist, 1979), 226.

방법에 의한 동양의 방법론으로 왔다 갔다 하면서 연구할 수 있었다. 문서비평 중심의 서구 사상은 오늘날 본문 상호 간의 해석(intertextual interpretation)을 위해 중요한 통찰력을 제공한다는 사실이다. 그러나 최근 아시아의 해석 방법론의 출발점은 서구 관점에서 본 문서비평 보다는 오히려 아시아인의 특수한 상황의 요청에 초점을 둔다. 이러한 새로운 통찰은 종교, 문화, 언어와 전통의 다양성 속에서 살고 있는 아시아인들이 진정한 아시아인으로서 그리스도인이 되기 위한 투쟁 과정에서 얻어진 귀중한 경험들이다. 아시아에서 서구화된 교회보다도 진정한 아시아인의 교회를 위한 피에리스[Aloysius Pieris]의 시도, 송천성[C. S. Song]의 아시아 상황 속에서 아시아인의 경험을 신학에 적용하기, 서남동의 두 전통과 두 이야기의 합류 등등은 현재 아시아인의 처한 상황과 본문 사이의 상호 해석의 선구적인 사례들이다.[3] 그러한 새로운 아시아의 상황적인 접근 방법은 사마르타[S.J. Samartha]의 '관계성 해석학', 곽퓨란[Kwok Pui-lan]의 '이야기 상상력', 파니카[R. Panikkar]의 '종교 간 내적인 대화', 리[Archie C.C. Lee]의 '본문 간 교차 해석학' 그리고 수기타라자[R.S. Sugirtharajah]의 '탈식민지 비평학' 등을 들 수 있다.

그러나 다석 류영모의 초월적이면서 내재적일 뿐만 아니라 인격적이면서 비인격적인 하느님 이해는 나로 하여금 어느 한쪽의 개념이나 사상에 매이지 않고, 서구의 과학적이고 분석적인 방법론에서 아시아 상황 신학이나 탈식민지 해석 방법을 넘나들며 자유롭게 사유하게 만들었다.

둘째로 음양陰陽의 상호작용에 기초한 상호보완과 상호의존 그리

---

3 Yang Guen-Seok, "Korean Biblical Hermeneutics Old and New: A Criticism of Korean Reading Practices"(Ph.D. Dissertation, the University of Birmingham, 1997).

고 조화의 정신으로 다석 류영모의 하느님을 이해하고 논자는 반대와 갈등의 개념을 조화할 수 있는 가능성을 보았다. 다석 류영모는 성리학적 관점에서 하느님을 태극太極으로, 불교의 관점에서 하느님을 무無로, 도교적인 관점에서 하느님을 '하나'로 해석하였다. 동양의 사상과 전통에 바탕을 둔 류영모의 궁극적 존재의 개념은 하느님의 개념을 화합하고 상호보완하며, 통전적으로 이해하도록 한다. 이와 같은 상호보완과 조화의 원리는 또한 동양 사상과 서양 사상을 조화하고 서로 보완할 수 있는 가능성을 보여 준다.

종교 간 대화를 위한 준비작업으로 세 측면, 즉 성리학과 불교 그리고 노장사상老莊思想의 관점에서 다석 류영모의 하느님 이해를 알아보았다. 첫째 관점으로는 2장에서 다루었다. 동양적 우주관과 사상에 바탕을 둔 태극太極으로서 하느님은 다양한 유학자의 관점에서 나왔다는 것을 알아보았다. 이러한 하느님 이해는 전통적인 하느님 개념이나 그리스도교 사상과는 매우 다른 것으로 인식된다. 왜냐하면 류영모의 하느님 개념은 종교다원주의 상황에서 류영모가 체험한 것과 관계가 있고, 특히 동양철학에 근거하고 있는 류영모의 유기체적 세계관과 관계가 있기 때문이다. 류영모는 초기 유교儒敎보다 더 철학적이고 형이상학적인 경향을 띠게 된 성리학자들의 사상과 세계관 그리고 의식意識을 혹독하게 비판하였다. 그리스도교인의 관점에서 류영모는 유교의 본래 하늘의 개념을 정의하였다. 다석 류영모는 장횡거張橫渠의 하늘과 인간의 개념을 더 바람직한 것으로 생각하였다. 다석 류영모는 초기 유교의 중요한 사상인 대동정신大同精神을 받아들였다. 그리고 장횡거의 대동정신의 사상 위에서 태극太極을 하느님으로 해석하기에 이르렀다. 류영모는 태극을 철학적인 우주의 원리나 단순히 도덕적 원칙으로만 생각하지 않고, 철학이나 형이 상학보다도 종교적인 차원에서 태극을 하느님으로 여겼다. 절대계絶 對界에서는 실체가 무극無極이라고 말하지만, 상대계相對界에서는 같은 실체가 태극이라고 불린다. 이러한 면에서 류영모는 상대적인 관점 에서는 궁극적 존재를 태극으로, 절대적인 관점에서는 무극으로 해 석한다. 상대가 절대를 만나면 상대는 사라질 수밖에 없고, 무無가 될 수밖에 없다. 따라서 빔(空) 안에서는 궁극적窮極的 존재는 그 자체 가 무無이기 때문에 무극無極이라 부른다는 것이다.

셋째로 3장에서는 인도 철학자 용수龍樹(Nāgārjuna)의 중도론中道論과 『반야심경般若心經』의 근본적인 사상에 근거하여 '비존재非存在', '무無', '공 空'으로서의 하느님에 대한 다석의 이해를 살펴보았다. 다석 류영모 자신이 종교다원적 상황 속에서 직면한 불교의 중요한 논리 중의 하나인 이중부정二重否定의 논리, '이것도 저것도 아닌' 사고를 경험한 가운데서 다석의 하느님 이해가 나왔다는 것을 살펴보았다. 자아의 절대부정을 통해서 무無와 하느님이 같은 것이 된다고 하였다. 또한 하느님 안에서 참나(眞我)를 깨달을 때 무無와 하느님이 같아질 수 있다고 다석은 생각하였다. '하느님 안에서 산다'는 말은 하느님과 인간 사이의 대등한 개념을 의미하는 것은 아니다. 다석 류영모는 자아의 절대부정을 통하여 불교의 용어인 절대무絶對無를 인식한다고 말하였다.

다석 류영모는 '빔'(空) 안에서 이 절대를 찾았다는 것을 살펴보았 다. 허공은 부정否定과 무無를 단지 직면한다는 차원에서 절대라는 개 념을 다석은 사용하였다. '이것이면서 저것도'의 논리와 '이것도 저 것도 아닌' 논리를 통하여 그리고 서로 다른 종교적 관점을 화합하고 상호보완하는 시도를 통해서 류영모는 초월적이거나 내재적일 뿐만 아니라 인격적이거나 비인격적인 하느님 개념을 발전시켰다. 존재의 힘과 근원으로서 하느님은 모든 존재 위에 있고, 모든 존재는 하느님을 의지한다고 다석은 생각한 것이다. 이러한 개념의 하느님, 무無로서 궁극적 존재는 무아無我를 넘어서 존재하며 동시에 참나(眞我) 안에서 존재한다. 그럼에도 하느님은 인간과 아주 가깝게 계시고, 궁극적 존재의 '있음'(有)과 '없음'(無)을 통해서 인격적으로 그리고 비인격적으로 체험된다는 것을 살펴보았다. 류영모는 궁극적 존재를 '없이 계시는 하느님'으로 해석한다. 따라서 무無로서 '비현상화된 다마카야'(unmanifested *Dharmakāya*)는 부다여래佛陀如來라고 부르고, '현상화된 다마카야'(manifested *Dharmakāya*)는 '타싸가타tathāgata'(法身)라고 다석은 해석한 것이다.

넷째로 4장에서는 다석의 도道와 진리로서 하느님 이해는 『역경易經』과 노장사상老莊思想으로부터 나왔다는 것을 살펴보았다. 류영모의 이러한 하느님 이해 또한 다석 자신이 '이것이면서 저것도'의 논리와 '이것도 저것도 아닌' 논리를 직면하여 경험한 다원적 종교 체험에서 왔다는 것을 말하였다. 2장에서 살펴본 태극太極으로서 하느님과 3장에서의 '없이 계시는 하느님' 이해 등 류영모의 이러한 하느님 이해는 전통적 하느님 개념이나 그리스도교의 하느님 개념과는 아주 다른 개념으로 보인다고 지적하였다. 나는 특히 장자莊子의 사상의 영향을 깊이 받은 다석의 하느님 이해를 살피기 위해서 무위無爲의 개념을 알아보았다. 다석은 사회 활동과 정치 참여보다는 오히려 자신의 마음을 닦고, 영적인 삶을 추구하였기 때문에 다석의 삶은 정치와 거리를 두고 있어서 현실을 도피하는 경향으로 보여지기도 한다고 말하였다. 그리고 다석의 삶과 사상이 어떻게 종교적이고 신비주의적인 경향을 보였는지 살펴보았다. 류영모가 정치적 활동을 하지 않는 것은 잘못된 정치를 거부한 것이지 결코 정치적 무관심을 보인 것은 아니라는 점을 지적하였다.

다른 한편으로는 다석의 사상이 왜 그렇게 불교사상과 가까운지 그리고 어떻게 불교사상을 쉽게 받아들였는지 분명히 정리하기 위하여 선불교禪佛敎와 노장사상과의 연관성을 살펴보았다. 불교 경전이 중국어로 번역될 때 도교 사상과 표현 방법은 인도 사상과 혼합되는 결과를 가져왔다. 일반적으로 불교는 인도에서 중국으로 들어온 외래 종교이지만, 당시 중국은 불교를 받아들여 자신들의 문화가 반영된 중국화된 종교로 만들었다는 것을 살펴보았다. 선불교 안에서 자연적이고, 신실한 신심의 길을 만들었다. 이 말은 도교가 선불교禪佛敎의 길 없는 길을 위해 길을 놓아 주었다는 것을 의미한다고 지적하였다.

마지막으로 다석 류영모의 도道를 더 깊이 이해하기 위하여 하느님의 비상징적 성격뿐만 아니라 도道의 비상징적 성격을 규명하였다. 또한 노장사상의 관점에서 본 이러한 하느님 이해는 종교 간 대화를 위한 신앙 간의 하느님의 상호 이해를 폭넓게 하고, 타 종교를 새롭게 이해할 수 있는 길을 제공한다. 태공太空 안에 있는 '하나'로서 궁극적 존재 이해는 도교의 사상에 근거하고 있다고 말했다. '이것이면서 저것도'의 논리와 '이것도 저것도 아닌' 논리를 통하여 그리고 서로 다른 종교적 관점을 화합하고 상호보완하는 시도를 통해서, 다석 류영모는 초월적이거나 내재적일 뿐만 아니라 인격적이거나 비인격적인 하느님 개념을 발전시켰다고 말하였다. 3장에서 무無로서 궁극적 존재는 무아無我를 넘어서 존재할 뿐만 아니라 참나(眞我)

안에 내재한다고 언급했듯이 도道로서 궁극적 존재 역시 무아無我를 넘어서 존재할 뿐만 아니라 참나 안에 내재한다는 점을 알아보았다.

여기에서 주목할 만한 일은 초월적이며 내재적일 뿐만 아니라 인격적이며 비인격적인 류영모의 하느님 이해는 부정의 논리로 보완하고 있다는 점이다. 말하자면 궁극적 존재로서 하느님은 인격적이지도 비인격적이지도 아니며, 초월적이지도 내재적이지도 않는다는 것이다. '이것이면서 저것도'의 사고와 '이것도 저것도 아닌' 논리에 적용한 하느님 개념은 초월적이거나 내재적일 뿐만 아니라 인격적이거나 비인격적이다. 이러한 하느님 개념은 종교 간 대화를 위한 창조적인 여정을 보여준다. 또한 한국인이 관용 정신으로 이웃 종교와 더불어 살 수 있게 하고, 자신이 처해 있는 다원적 현실 속에서 다른 문화와 전통을 이해할 수 있는 여지를 마련해 주고 있다.

그러므로 다석 류영모의 하느님은 총체적이다. 하느님으로서 궁극적 존재는 완전히 포괄적이고 그리고 완전히 배타적이다. 온전히 초월적이고 온전히 내재적이다. 완전히 인격적이고 완전히 비인격적이다. 그러므로 하느님은 이것이면서 저것이라고 말할 수 있다. 이러한 의미에서 초월성과 내재성은 서로를 보완해 준다. 하느님의 초월성은 하느님의 내재성 안에서 가능하다. 사실 하나는 다른 하나 없이 존재할 수 없다. '이것이면서 저것도'의 논리는 일반적인 합리성과 논리적인 범주 밖에 있는 개념이다. 가령 주님, 주인, 하늘의 계신 아버지, 왕 그리고 구세주 등등의 위대한 이름 모두를 합쳐 말한다고 해도 하느님의 위대성과 언표 불가능성에 접근할 수 없다.

이러한 다석 류영모의 하느님 개념은 한마디로 '없이 계시는 하느님'이라고 정의할 수 있다. 하느님께서 인간의 인식과 상상을 넘어

계실 때에는 하느님은 무無로 나타난다. 그러나 하느님이 인간의 상상력과 인식 안에 있을 때는 하느님은 존재로 나타난다. 그러므로 상대계나 상대적인 관점에서는 하느님이 현상화된 실체로 나타나지만, 절대계나 절대적인 관점에서는 무無로 나타난다고 본다. 총체적이고 종합적인 차원에서의 하느님 이해는 절대공絶對空 안에서 '모든 것'이면서 동시에 무無가 된다.

그러나 다석의 하느님 개념은 '하나의 실체가 있다. 이 실체는 모든 것이다'라는 가설을 제시하는 데는 위험성이 드러난다. 니터는Paul Knitter는 타 종교와 가장 심도 있는 대화를 위해서는 같은 궁극적 존재, 같은 하느님의 현존, 충만하면서 비어 있는 존재, 그리스도교의 언어로 하느님 등등의 개념이 모든 종교인에게 활력을 주고 대화의 목표와 궁극적인 근거를 반드시 제시하여야 한다고 본다.4 이러한 논리를 제시하지 못한다면 종교 간 대화는 반드시 실패할 것이다. 그러나 모든 사람의 궁극적 존재가 다 같다는 가설을 제시한다는 것 역시 위험성이 있다. 다석 류영모의 하느님 개념도 이러한 위험성을 보여주고 있다. 자세한 묘사나 설명 없이 또는 하나의 사례가 되는 증거 없이 다석은 태극太極이 그리스도인들이 믿는 하느님이고, 도道 또한 같은 하느님이라고 주장하는 경향이 있다. 또한 류영모는 불교사상의 무無나 '니르바나nirvana'가 그리스도인들이 말하는 하느님이라고 말한다. 나는 류영모의 신학을 연구하면서 다석의 비상징적 언어로 말을 하고, 논리를 비약하는 글을 쓰는 것 때문에 다석의 글과 사상 등과 씨름하지 않으면 안 되었다. 노자나 장자, 신비주의자들처럼 다석의

---

4 Knitter, *No Other Name?*, 209.

일지日誌와 어록들은 체계적인 글이 아니다. 논리적이지도 방법론적인 것도 아니다. 통찰적인 사고이고 직관으로 말한다. 모든 종교가 하나의 궁극적 실체에만 초점을 맞추고 인식할 때 사람들은 이웃 종교인에게 자신의 궁극적 존재의 정의를 자신도 모르게 강요하게 된다는 것이다. 이러한 점을 염두에 두고 존 캅^{John Cobb}은 불교의 공空 개념을 "그리스도교의 하느님을 의미한다고 주장하는 것은 불교인들을 '익명의 그리스도인'이라고 말하는 것만큼이나 오만하고 공격적인 말"이라고 지적한다.5

그러나 한국의 불교, 유교, 도교의 전승과 그리스도교 사상 사이에서 류영모의 궁극적 존재의 해석은 그리스도교의 하느님을 같은 궁극적 존재로 해석할 수 있는 가능성을 보여주고 있다. 류영모는 선교사들의 해석이나 자료에 의하지 않고, 종교다원적인 상황 속에서 그리스도교와 유교, 불교, 도교를 조화하고 상호보완하는 큰 그림을 그려낼 수 있다고 생각하였다.

19세기 말 서양의 선교사들이 그리스도교를 소개할 때, 거의 모든 선교사들이 한국 역사와 종교 전통에 근거하고 있는 한국의 문화를 거부하였다. 다석이 다원종교 상황 속에서 조화와 상호보완의 원리 입장에서 그리스도교를 재해석하였던 것은 서구 그리스도교 선교사들의 한국 문화에 대한 태도에 반대하기 위한 것이었다. 다석은 서양인들이 무無나 공空의 의미가 정확히 무엇인지 모른다고 생각하였다. 존재의 개념은 서구인들이 잘 이해하지만, 비존재나 무無는 이해하지 못하는 편이다. 다석은 서구에는 무無의 개념이 없다고는

---

5 Cobb, *Beyond Dialogue*, 41-44.

생각하지 않았다. 어떤 사물의 개념을 이해할 때 서구 사람들이 부정의 방법으로 이해하는 것이 쉽지 않다고 생각한 것이다. 서구 사상의 지배적인 논리인 '이것이냐 저것이냐'의 논리에 의해 하느님의 존재를 말할 때 비존재에서는 하느님의 존재의 반대 모습이어야 한다. 하느님의 존재가 선^善이라고 할 때 하느님의 비존재는 하느님과 관련해서 절대적으로 실체가 없는 단지 도덕적 악^惡에 적용하게 된다. 다석 류영모는 존재와 비존재의 관점에서 그리스도교의 하느님 개념을 재해석함으로써 무無나 공空에 대한 부정적인 정의를 바로 잡으려고 하였고, 불교와 노장사상의 역설을 궁극적 존재의 속성에 적용시켰다. 따라서 동양 사상과 사서오경四書五經, 동양 고전에 근거하여 하느님의 개념을 재해석하여 그리스도교와 유교, 불교, 도교를 역동적인 관계를 갖게 함으로써 류영모의 존재와 비존재로서의 하느님 개념은 항상 동시적으로 다루었다. 이러한 점에서 이 책은 '없이 계시는 하느님'이라는 제목이 지시하는 것처럼 궁극적 존재의 속성 안에 있는 수많은 역설을 연구하였다.

살펴본 바와 같이 다석 류영모의 궁극적 존재 이해는 존재의 개념이나 형식으로 정의되지 않는 하나의 신비이다. 단일론적인 종교에서는 하느님은 인간의 어떤 개념으로 살펴볼 수 없는 존재이고, 숨어 계시는 분이다. "내 생각은 너희 생각과 같지 않다. 나의 길은 너희 길과 같지 않다"(사 55: 8). 신의 형상의 금지는 하느님의 완전한 초월성을 선언하는 것이다. 하느님을 형상화하는 것은 무한한 하느님을 유한한 하느님으로 만들게 되고, 결국 우상을 섬기게 되기 때문에 하느님을 형상화하는 것을 금지하는 것이다. 불교, 힌두교, 도교는 절대자 속성에 대하여 언표할 수 없다고 말한다. 이 종교들은 어떤 말이나 지성으로도 절대자의 속성을 적절한 말로 설명할 수 없다고 말한다. 궁극적 존재는 모든 이원성을 넘어 존재한다. 예를 들어 다른 사물로부터 분리된 어떤 대상으로 생각하는 이원성을 넘어 존재한다. 또한 궁극적 존재의 속성은 공空과 긴밀히 결부되어 있다. 예를 들어 절대계絕對界에서는 실체가 무극無極이라고 말하지만, 상대계相對界에서는 같은 실체가 태극太極이라고 한다. 성리학의 차원에서 보면 절대적인 관점에서는 궁극적 존재가 무극無極으로 보이지만, 상대적인 관점에서는 태극太極으로 보인다. 불교의 관점에서는 궁극적 존재의 모습이 현상화되어 나타나거나 비현상화되어 나타난다. 비현상화된 '다마카야Dharmakāya'가 부다여래佛陀如來(Bhūtatathātā)로 불리면 '현상화된 다마카야(manifested Dharmakāya, 法身)'는 '타싸가타tathāgata'(法身)로 불린다. 노장사상의 관점에서 보면 절대공絕對空이라는 차원에서 현상화된 궁극적 존재를 '하나' 또는 도道라고 부르지만, 비현상화된 존재存在는 허극虛極이라고 부른다.

요약해서 말하자면 비현상화된 '하나'는 '빔', 허극虛極이나 무극無極, 신성神性, 부다여래佛陀如來로 부르는 반면에 현상화된 '하나'는 도道, 다르마dharma, 다마카야Dharmakāya, 타싸가타Tathāgata, 법신法身, 성령, 그리스도, 로고스 등등으로 부른다. 이러한 점에서 예를 들면 현상화된 '하나'로서 도道는 길이며 동시에 우주의 원리로 말해진다. 그러나 도道와 '하나'가 둘이 아니고 하나이듯이 현상화된 실체와 비현상화된 실체도 둘이 아니라 하나이다. 상대 세계에서는 실체가 마치 둘인 것처럼 나타나지만, 절대 세계에서는 하나이다. 이러한 사고는 성리학에서는 태극과 무극으로서 궁극적 존재의 개념과 일치하고, 불교사상에서는 타싸가타Tathāgata와 부다여래(Bhūtatathātā)로, 도교에서는 도道와

'하나'로서 궁극적 존재와 일치한다고 결론을 지을 수 있다. 결국에 가서는 류영모는 자신의 고유한 '없이 계시는 하느님'의 개념 안에 이 모든 하느님의 개념을 조화시킨다. 이러한 개념들은 동양 사상에서 근거하고 있는 '이것이면서 저것도'와 '이것도 저것도 아닌' 사고와 같은 논리를 통해서 찾아진다. 이 점에서 다석 류영모의 하느님 이해는 동양적 사고와 언어로 하느님을 재개념화할 수 있을 뿐만 아니라 동서양의 사상을 조화하고 상호보완할 수 있는 길을 보여주고 있다.

연구의 결과로써 분명해진 것은 궁극적 존재로서 하느님은 여럿이 아니라 한 분이라는 사실이다. 유무有無의 존재로서 하느님은 둘이 아니라 현상적으로 다르게 보일 뿐, 하나라고 류영모는 말한 것이다. 음양 관계의 원리에서 분리는 음陰이 되고, 연합은 양陽이 된다. 이와 같이 류영모의 절대자 이해는 상호보완과 조화의 원리에 따라서 무無로서 절대자는 유有로서 '하나'가 되는 것처럼, 유有로서 절대자는 무無로서 '하나'가 된다. 음양陰陽의 근본원리는 부정신학의 전통에 서 있는 쿠사의 니콜라스가 말한 역동적인 '반대의 일치'를 포용한다고 본다.

다석 류영모의 하느님 이해는 그리스도교의 부정신학 전통과 통하며 불교사상과 유사함을 보여준다. 부정의 부정인 이중부정, 즉 긍정을 위한 부정(paryudāsapratisedha)을 통해서 이해하는 그리스도교 신비주의자들의 하느님 개념과 동양 사고인 무無, 공空으로서의 절대자 개념과 놀라울 정도로 일치한다. 쿠사의 니콜라스가 인식한 것처럼 한편에서는 하느님으로 보이고, 반대쪽에서 보면 모든 개념이 부정되는 무無로 나타난다. 그리스도교 신비주의 전통에서는 강한 부정의 언어를 통해서 언제나 하느님의 실체를 찾았다. 니사의 그레고리, 위 디오니시우스, 『미지의 구름』의 저자, 쿠사의 니콜라우스, 마이스터 에크하르트, 십자가의 성 요한 그리고 토마스 머튼 등이 부정의 언어를 통해서 하느님을 찾은 사람들이다. 이와 반대로 긍정의 언어로 하느님을 이해하는 빛과 긍정의 전통이 있다. 부정의 길은 어둠과 부정의 관상기도의 전통인 반면에 긍정의 길은 긍정의 언어를 통하여 하느님을 이해한다. 특별하고 단정적인 말로 하느님의 모든 것을 부정하는 것이 부정의 신학에서 나타난다. 쿠사의 니콜라스의 글들은 다석 류영모의 하느님 이해를 뒷받침해 준다. 이들의 관점에서 보면 하느님은 절대무絶對無이다. 이 부정신학의 전통에서는 하느님이 단지 무無인지 아닌지 의아해한다. 그러나 그런 경우만 있는 것은 아니다. 쿠사의 니콜라우스는 하느님은 존재와 비존재 모두를 초월한다고 분명하게 말한다. 하느님은 존재이면서 동시에 무無라고 쿠사의 니콜라우스는 말한다. 쿠사의 니콜라우스는 모든 반대 개념이 하느님 안에서 나타난다고 본다. 기원 없는 기원이다. 하느님은 최대한이며 또한 최소한이다. 그러므로 하느님은 최소한과 최대한을 넘어서 존재한다. 한편을 이해하기 위해서는 음양의 관계처럼 양극이 필요하다. 모든 것 안에 담겨 있는 것이 궁극적인 것을 직면한다는 점을 설명하고 꿰뚫어 보기 위해서다.

　마찬가지로 그리스도교 부정신학에서 무無로서 하느님의 개념과 선불교에서 무無로서 하느님의 개념은 유사성을 보인다. 침묵, 언어와 사고의 거절, 마음의 몽롱함이나 어둠, 무의 생각, 공空이나 '빔' 등등은 비슷한 마음의 상태를 가리킨다. 또한 그리스도교 신비주의자들은 일치와 다양성을 동시에 말한다.6 신비주의자들은 타 신앙과 대화를 위한 공통적인 근거가 있다고 말한다. 이러한 말은 아주 의미가 있는 사고思考이다. 예를 들어 에크하르트와 류영모의 하느님 개념을 비교할 때 다석의 현상화된 실체인 태극太極이 에크하르트의 하느님과 일치한다면, 비현상화된 실체로서 무극無極은 에크하르트의 신성神性 개념과 같다. '이것이면서 저것도'와 '이것도 저것도 아니다'는 관점에서 사고하는 다석 류영모는 하느님을 총체적이고 종합적으로 인식하고 이해한다. 궁극적 존재에 대한 이러한 이해는 동양적 사고와 언어로 하느님의 개념을 재구성하고 재개념화할 수 있음을 보여준다. 또한 궁극적 존재를 더 폭넓고 깊이 있게 이해할 수 있는 잠재력을 보여준다.

다시 말하여 류영모의 하느님 사상은 신비적인 요소를 가지고 있다. 신비주의자로서 류영모는 철저한 일일주의 삶을 사는 동시에 이끄는 빛으로서 이성理性을 추구하며 살았다. 이러한 삶의 태도는 이 세상을 등진 은둔자가 아니라 자연을 벗 삼아 살려고 한 신비주의자라는 것을 보여준다. 이러한 삶의 이상은 하느님과 합일合一하는 삶이고 '하느님께 돌아가는', 즉 귀일歸一하는 일이다. 항상 하느님 앞에 선 류영모의 삶은 그의 사고를 종교적 실천으로 옮겼으며, 다른 종교의 경전과 관련된 고전 그리고 하느님 개념과 서로 통하는 사고와 함께 하느님의 개념을 설명하였다. 더 나아가서 다석 류영모는 자연스럽게 반영되는 그러한 관점으로 사물의 개념과 자신의 사고를 발전시켰다. 타 종교에 열린 마음으로 대했으며 사서오경四書五經과 불교사상을 활용하여 다양한 사상을 이해하였다. 따라서 다석 류영모의 그리스도교 사상은 동양 사상의 영향을 받은 자신의 마음

---

6 William Johnston, *The Still Point: Reflections on Zen and Christian Mysticism* (New York: Fordham University Press, 1998), 84.

안에 있는 다양한 신앙들과 내적인 대화를 통하여 분명하게 확립되었다.

존재로서 궁극적 존재는 성리학에서는 태극太極으로, 불교에서는 무無로, 도교에서는 '하나'로 나타나는 반면에 비존재非存在로서 궁극적 존재는 성리학에서는 무극無極으로, 불교에서는 부다여래佛陀如來로, 도교에서는 태공太空으로 나타난다. 이 말은 궁극적 존재는 하나이나 이름은 여럿을 가졌다는 의미이다. 다른 문화와 전통에서 절대자가 어떻게 인식되는가. 다양한 관점에서 궁극적 존재의 경험을 함으로써 다원화된 문화와 종교 속에서 하느님은 다양한 이름을 갖게 된다. 다양한 문화의 양식에 따라서 하느님 개념은 다양하게 표현되는 것이다. 이와 같이 다석의 '없이 계시는 하느님'의 사고 안에서 하느님의 모든 개념을 조화시키는 류영모의 하느님 이해는 궁극적 존재를 하나로 통일시키려는 사람들과 이 문제를 미결로 남겨 놓으려고 하는 사람들 사이의 논쟁의 문제를 해결하는 길을 제시하고 있다고 본다.

다석의 하느님 이해는 이렇게 중요한 대화의 장을 제시한다. 그럼에도 아직 더 연구해야 할 문제들이 여전히 남아 있다. 첫째로 성리학의 태극太極과 무극無極으로서의 하느님 이해는 태극과 무극의 개념이 그리스도교의 하느님 개념과 일치하느냐는 중요한 질문을 남겨 놓는다. 둘째로 불교사상에 근거한 우주적 자아나 대아大我로서 하느님 이해는 대아의 신비적 개념이 그리스도교의 하느님 개념과 일치하느냐에 관한 또 다른 의문을 던진다. 셋째의 본질적인 질문은 도道로서 하느님의 이해에 관한 것이다. 이 신비적인 절대자 개념이 그리스도교의 하느님 개념과 일치하느냐는 점이다.

태극太極, 절대무絶對無, 절대 '하나'와 그리스도교의 전통적인 하느님 개념을 함께 아우르는 것이 그리스도교 정통 신학에 하나의 도전이 된다. 그리고 완전히 새로운 방향의 논쟁을 불러일으키리라 본다. 또한 종교다원적 상황 속에서 사는 사람들에게 하나의 도전이 된다. 엄밀히 말하자면 말로 잘 표현할 수 없는 궁극적 존재는 그리스도교 정통 신학만으로는 설명될 수 없다는 사실이다. 왜냐하면 그리스도교 하느님 개념은 부분적이고, 한쪽으로 제한되어 있기 때문이다. 이러한 이유 때문에 하느님 개념이 비인격적이고 내재적이라고 말하기보다는 오히려 인격적이고 초월적이라고 강조하는 경향이 있다. 그러나 하느님은 이러한 모든 개념을 넘어서 존재한다는 것을 이해해야 한다.

이 책은 다석이 가장 흥미를 가졌던 노장사상老莊思想과 유교, 불교에 집중하여 연구하는 동안 이들 사상에 대한 다석 류영모의 해석이 애매모호성을 드러낸다는 것이다. 수기타라자R. S. Sugirtharajah는 세 가지 유형의 성서해석을 제시한다.[7] 동양적 해석 유형, 영국적 해석 유형과 토착적 해석 유형의 세 가지를 말한다. 수기타라자의 분류에 의하면 얼핏 보아 다석의 접근 방법은 동양적 성서해석 유형에 속할 것 같다. 토착적 성서해석은 특정 문화와 언어 안에서 되는 해석 방법이지만, 동양적 성서해석 방법은 아시아 그리스도인에게 아시아인 자신의 고유 전통의 진리를 가져다주는 방법이다. 동양적 성서해석학은 하나의 아시아인의 계몽주의적 해석학으로 그리스도교 경전과 아시아의 고전 간의 상호 연관성을 연구한다. 서구의 선교사들과

---

7 R. S. Sugirtharajah, *Asian Biblical Hermeneutics and Postcolonialism: Contenting the Interpretation* (New York: Orbis, 1998), 4-14를 보라.

토착의 지성인들, 두 집단이 동양적 성서해석 유형을 대표한다. 토착 지성인들은 자국민들에게 토착적인 인식을 심어주는 반면에 서구 선교사들이나 식민지 관료들은 토착민들에 대한 강한 사회질서의 통합을 위해 상반되는 입장을 취한다.

　　사실 류영모는 자기 나라의 토착 지성인들에게 자신의 사상을 가르쳤다. 한편으로는 그리스도교 경전과 동양 고전을 상호 연관하여 연구하였다. 그러나 다석의 경우는 동양적 성서해석 유형에 속하지 않는다. 다른 한편으로는 다석은 토착적 성서해석 유형의 방법론을 사용한다. 순수 한글을 사용하여 다석 류영모는 성리학, 불교 그리고 도교의 관점에서 하느님을 설명한다. 이러한 점에서 다석은 동양적 사고로 하느님의 개념을 토착화한다. 한 걸음 더 나아가 다석은 그리스도인들이 믿는 하느님을 동양 고전과 문화 속에서 발견하였다. 따라서 성리학, 불교, 도교의 입장에서 다석이 본 하느님의 개념은 어느 한 종교에 국한되는 것이 아니라 종교의 경계를 넘나들고 있다. 다석은 풍요롭고 깊은 종교적인 인품에서 나온 자신의 경험으로 하느님을 이해했다. 다석 류영모는 신화와 전승에서 나온 신화적 예수보다는 역사적 예수의 입장에서 하느님을 재해석하였다. 신비주의자로서 다석은 이러한 해석에 심원한 내적인 의미를 부여하였다. 이러한 방법으로 류영모는 성서를 재해석함으로써 대개 한국의 신학자들이 접근하지 못한 새로운 장으로 들어갔다. 이상하게도 유학자들은 다석을 유교의 사람으로 생각하고, 불교인들은 하나의 신앙의 동료로, 도교인들은 신실한 벗으로 여기나 유독 그리스도인들만은 다석 류영모를 이단으로 생각한다. 그럼에도 다석 류영모는 서구 선교사들이 전파한 교회를 거부한 한국적 그리스도인이다. 다석은 선교사들이 세운 교회에 참석하지 않았다. 더욱이 다석의 접근 방법은 일단 무시되었던 토착 전통과 한국 사상을 알리는 데 중요한 역할을 하였다. 다석은 토착 전통에서 하느님을 발견하였으나 다석은 토착 성서해석 유형의 범주 안에 머물러 있지는 않는다. 그러므로 다석의 접근방법은 수기타라자Sugirtharajah가 분류한 어느 한 성서해석 유형의 범주에 속하는 것이 아니라 절충한 유형이다. 여기에서 류영모의 하느님 접근방법이 '전체적이고 종합적인 해석 유형'이나 동서양의 사상 사이를 하나로 조화시킬 뿐만 아니라 이 관점들을 넘어서는 '상호보완과 조화의 유형'이라는 것을 말하고 싶다. '이것이면서 저것도'와 '이것도 저것도 아닌' 논리나 음양의 원리에 근거한 상호보완과 조화의 접근 방법은 앞으로 해석학에서 새로운 실험의 장이 되리라 본다.

다석 류영모는 동양적 관점에서 서양 그리스도교의 의미에 대한 자신의 견해를 표현하였다. 그리고 다석 자신의 이해로 서양의 그리스도교 정신과 동양 사상을 통합하였다. 다석의 다원종교적 관점과 그리스도교 정신에 대한 보편적 견해는 타 종교에 관용의 정신을 갖게 하였고, 타 종교와 화합하게 한다. 진리가 어느 한 사람에게 속하는 것도 아니고, 어느 특별한 종교에만 있는 것이 아니라고 다석 류영모는 생각하였다. 레이스Alan Race는 『그리스도인과 종교다원주의』 (Christians and Religious Pluralism)에서 "그리스도교를 포함한 모든 종교 안에는 부분적으로는 하느님의 지식이 들어 있다. 만약 하느님에 관한 완전한 진리가 모든 인류에게 도움이 될 수 있다면, 종교들은 서로를 필요로 하고 있다는 것을 이해해야 한다"[8]고 주장한다. 다석의 깊은 지식은 모든 종교에 대한 다석의 관용 정신에 기초하고 있다.

다석 류영모는 당시의 지성의 흐름을 환히 알고 있었다. 다석의 서구 역사와 철학 이해뿐만 아니라 동양 고전 철학과 종교 이해는 다양한 사상과 종교에 열린 마음을 갖게 하였다. 이러한 면에서 동양의 그리스도교 사상가로서의 류영모의 그리스도교 이해는 동서양의 철학의 중간 위치에 놓여 있는 것을 보여준다. 그러므로 서구화된 그리스도교 사상에 대한 보편적 인식과 이해 그리고 동양인으로서 서구 그리스도교 사상을 동양 사상으로 이해한 것은 한국 그리스도교 200년사의 위대한 유산이라고 본다.

이 책은 종교 간에 일어나는 불일치와 조화의 문제를 안고 있는 한국의 종교다원주의 상황을 전제하고 시작하였다. 그리고 불일치와 조화 문제를 다룰 수 있는 동양 사상의 체계에 바탕을 둔 전개방법론에 대하여 대략을 소개하였다. 또한 본서는 종교다원주의 상황 속에서 타 종교와 어쩔 수 없이 함께 살아야만 하고, 매일의 삶 가운데 타 종교를 직면할 수밖에 없는 사람들이 자신의 마음속에서 일어나는 신앙 간 갈등의 문제를 풀 수 있는 방법으로써 류영모의 사상을 살펴보았다. 그리고 종교다원주의를 직면한 한국의 그리스도교인들이 하느님 개념을 재개념화한 선각자, 류영모의 종교 사상을 통하여 하느님 개념을 폭넓게 이해하도록 하였다. 또한 이 글은 다원적 종교 상황 속에서 살아오면서 나 자신의 내면에서 일어난 종교적 갈등과 나의 사목 생활 동안 체험한 종교적 갈등을 해소하는 길을 찾아보았다. 나의 경험에 의하면 다른 신앙과 전통과의 진실한 만남은 마음 내부에서 일어날 수 있다는 사실이다. 한국의 종교다원주의

---

8 Alan Race, *Christians and Religious Pluralism: Patterns in the Christian Theology of Religions* (London: SCM Press, 1983), 72.

상황 속에서 살면서 자신의 내적 자아 안에서 신앙 간 갈등을 겪고 있는 사람들과 그리스도인들을 위해서 하느님 개념을 재개념화하는 데 본서가 공헌하기를 바란다.

연구를 마무리하면서 한 가지 덧붙이고 싶은 것은 다석 류영모의 성리학과 불교, 도교와의 통종교 사상과 총체적인 이해에 대하여 평가하지 못하였다는 점이다. 단지 류영모가 관심을 가졌던 성리학, 불교, 노장사상과 도교의 개념을 논하고 그 일치점을 찾는 데 중점을 두었기 때문이다. 앞으로 구체적으로 종교 간 대화의 창조적인 길을 제시하고, 종교 간 대화의 진일보를 위해 다석 류영모의 통종교적 사고와 조화 사상을 평가하는 연구들이 활발히 진행되기를 바란다.

부록

一

통종교적 사고로 이끈
종교적 다원주의 상황

지난 50년 동안 나의 삶 속에서 그리스도교 신앙생활을 꾸준히 할 수 있었던 것과 타 종교를 이해하고, 서양적 신학 사고에서 동양적 사고로 전환할 수 있게 영향을 준 사건들이 있다. 첫째는 유년 시절 어머니로부터 받은 불교 신자의 신실한 삶과 자비심을 들 수 있고, 둘째는 주일학교에서부터 배워온 그리스도교 신앙이다. 셋째로는 타 종교에 대한 관대한 생각을 가지게 된 21세 때의 감옥 생활에서 불교 신자의 만남과 감옥에서 나온 후 한학자韓學者와 만남, 그 이후의 민주화 투쟁 과정에서 그리스도교의 사회참여와 민중신학과의 만남 등이다. 그리고 한국기독교교회협의회에서 교육훈련부장으로서 세계교회협의회 프로그램 참여와 동유럽교회, 러시아 정교회 방문 프로그램을 통해서 열린 사고를 하게 되었다. 넷째로는 새벽기도 후에 갖는 요가와 선 명상을 들 수 있다. 마지막으로 영국 유학 생활을 통한 타 종교와의 대화 프로그램 참여와 종교다원주의에 대한 새로운 이해는 이 모든 경험을 통합시켜 주었다. 지금까지 서구 신학 교육을 받아왔던 나의 신학적 사고를 반추하고 새롭게 하는 경험을 통해 나는 동양적 사고에 의한 하느님 이해와 성서해석 그리고 타 종교를 더 깊이 이해하게 되었다. 특히 류영모의 어록을 보면서 동양적 사고를 통한 한국 신학의 재구성의 필요성을 알게 되었고, 이러한 재구성을 통해 서구 신학의 한계점을 극복하고 보완할 수 있는 신학으로 발전시켜야 한다고 생각하게 되었다.

첫째로 어머니의 자비로운 삶과 불교 신심은 나에게 영향을 주었다. 내가 초등학교 4학년 때, 9살의 나이에 어머니를 여의었기 때문에 어머니의 모정을 잘 느끼지 못한다. 그러나 아직도 나에게 생생하게 남아 있는 어머니에 대한 기억은 진실한 불교 신자였다는 것이다. 어머니는 가끔 목욕재계하고 절에 불공드리러 가셨는데, 절에 가시는 단정한 어머니의 뒷모습은 아직도 나의 마음속에 생생하다. 또 보부상들이 물건을 팔다가 해가 넘어가면 잠을 재워달라고 할 때가 있었는데 저녁 식사와 함께 잠자리를 마련해 주신 어머니가 저녁 내내 보부상과 함께 말씀을 나누시던 모습도 기억난다. 지나가는 나그네를 잘 대접하시는 어머니의 자비심은 아직도 나의 마음 한구석에서 숨 쉬고 있다. 또 다른 어머니에 대한 기억은 쌀을 도둑맞은 후 어머니께서 대처하시던 모습과 나에게 들려주시던 말씀이다. 우리 집에는 도둑이 자주 들었다. 당시에는 마을 사람들이 가난하였기 때문에 하루에 두 끼니만 먹거나 죽을 쑤어서 끼니를 때우는 가정이 많았다. 우리 집에서 잃어버리는 것은 대부분 쌀 뒤주에서 식량을 잃어버리는 것이었다. 그때마다 어린 나는 흥분된 어조로 어머니께 도둑을 잡자고 말하였다. 그러나 어머니는 "괜찮다, 애야. 배가 고픈 그들도 먹고살아야지" 하시며 그냥 내버려 두셨다. 내가 성장하여 가난한 사람에 대한 배려를 먼저 하게 되는 것은 어머니의 이러한 자비심에서 나왔다고 생각한다.

어머니의 자애로운 모습과는 대조적으로 아버지는 엄격하시고 성격이 매우 급하셨다. 내가 잘못을 저지를 때마다 아버지는 매를 들었고 분을 이기지 못하여 사정없이 때리셨다. 아버지는 엄격한 유교 신자였지만 어머니의 불교 신앙을 존중하셨다. 아버지는 술을 좋아했고, 담배를 즐겨 피우셨다. 내가 초등학교 3학년 때부터 동네에 있는 교회에 나갔는데, 아버지는 교회 다니는 것을 막지는 않으셨다. "그래, 교회 다니면 술도 마시지 않고 담배도 피우지 않으니, 착실하게 살 수 있을 거야. 정의롭고 양심적으로 살아야지. 사람이 목에 칼이 들어와도 주장을 굽히지 않고 자기 지조를 지켜야 한다. 사람은 항상 양심을 지키며 바른말을 해야 한다"고 하시며 교회 다니는 것을 막지 않으셨다. 양심에 따라 바르게 살고 바른말을 하며 정의를 위해 목숨을 걸 줄 알아야 사람 구실 할 수 있다는 것이 아버지의 변하지 않는 신념이었다.

그러나 조상에게 제사를 드릴 때마다 아버지는 어린 나에게 강요하였다. "교회에 나가는 것은 좋지만 조상께는 절을 드려야 한다"고 야단을 치셨다. 나는 그 강요에 무릎을 꿇어야만 했고 주일학교에서는 우상을 섬기는 일이라고 배웠기 때문에 하느님께 용서를 구해야만 했다. 그런데 무슨 제사가 그렇게 자주 돌아오는지, 하느님께 자주 용서를 비는 것도 사람이 할 짓이 못되었다. 그런데도 불교 신자인 어머니와 유교 신자인 아버지 사이에서 나는 교회를 열심히 다녔다. 10살의 어린 나이임에도 불구하고 새벽 4시면 교회에 나갔다. 이런 환경 속에서 신앙생활을 하며 고등학교를 마칠 때까지 아버지와 살았다.

둘째로 나는 10살 때부터 동네에 있는 교회를 다녔기 때문에 그리스도교 근본주의 신앙의 영향을 받았다. 그래서 교회의 밖에는 구원이 없다고 믿었다. 그러나 21살의 나이에 서대문 구치소[1]에서 신실한 불교 신자를 만난 이후에 교회 밖에도 선한 일을 하고 착하게 사는 사람이 많다는 것을 알게 되었다. 1976년 5월에 국가보안법 4조 1항을 위반하였다는 죄명으로 기소되었고 재판에 회부되었다. 서대문 구치소 4사하舍下 23호실에 구속된 나는 깊은 절망감에 빠졌다. 고문의 후유증으로 아침마다 코피를 쏟았고, 심신은 지칠 대로 지쳐있었다. 1.75평(5.78m2)의 작은 공간에 구속된 나는 답답하여 견딜 수가 없었다. 불안에 떨며 평정을 찾지 못하였으나 시간이 지남에 따라 작은 공간에 차츰 적응해 갔다. 마음이 안정됨에 따라 내 주위의 사람들이 눈에 들어왔다. 내가 구속된 작은 방에는 5명이 수용되었는데

1 1973년 11월에 고향에서 고등학교 졸업을 2개월 앞두고 대학에 진학하기 위해 서울로 올라갔다. 나는 공과대학에 들어가려고 하였으나 아버지는 법과대학에 들어가기를 원했다. 아버지의 강력한 요구에도 불구하고 나는 서울대 공과대학에 응시하였으나 불행하게도 입시에 실패하였다. 입시에 실패한 나는 재수학원을 다니며 재도전하려고 대학 입학시험을 준비하였다. 하루 수업이 끝나면 학원에서 사귄 학생들과 가끔 다방에 가서 이야기를 나누며 앞으로 대학 생활에 대한 이야기를 나누었다. 당시에 친구들과 만나면 나누는 이야기는 유신헌법에 대한 불만이었다. 박정희 정부에 대한 비판과 독재정권에 대한 불만들이었다. 그리고 대학에 들어가면 나라의 민주화와 정의를 위해 데모를 해야 한다는 이야기를 가끔 나누었다. 그런데 우리들의 대화 모임에 참석한 한 친구가 몇 개월 동안의 우리들의 이야기를 메모하여 중앙정보부에 고발하고 말았다. 1976년 5월 8일 나는 학원 수업 중에 두 명의 정보원에 의해 체포되어 1주일 동안의 갖은 고문과 심문을 받아야만 하였다. 심한 고문에 못 이겨 결국에는 그들이 원하는 대로 그리고 그들이 불러주는 내용에 따라 진술서를 썼고 손도장을 찍었다. 주요 진술 내용은 공산주의를 고무 찬양했다는 점과 모택동을 존경하고 그의 공산혁명을 지지했다는 것이다. 100여 일 동안의 구속되어 재판을 받았다. 나는 징역 1년 6월과 자격정지 1년 6월의 형을 선고받았으나 다행히도 그 형량을 3년간 유예한다는 판사의 언도를 받았다. 1976년 8월 20일경에 감옥에서 석방되었다. 쏟아져 오는 눈부신 햇살과 푸르고 높은 하늘을 바라보며 마음껏 숨을 들어 쉬었다. 아! 자유 얼마나 고귀한 것인가! 그러나 그 자유도 일순간이었다. 감옥에서 나온 나의 생활 영역은 제한되었고 정보원의 감시를 받아야 했다. 오히려 감옥에서보다 더 불안한 하루하루를 보내야 했다. 일단 서울을 벗어날 때는 경찰서에 신고를 해야만 했다.

그중에 특히 한 사람이 눈에 들어왔다. 그는 차분하게 정좌를 하고 조용히 눈을 감고 명상에 잠기곤 하였다. 그의 흰 피부의 얼굴은 평온해 보였고 이마에서는 빛이 나고 있었다. 그는 외국어대학 시위 주동자로 긴급조치법 위반으로 2년간의 징역을 언도받아 복역 중이었다. 그는 독서와 명상으로 하루하루를 보내는 불교 신자였다. 그리스도인 나는 그를 경계하였으나 오히려 그는 항상 평온한 마음으로 나를 다정하게 대해 주었다. 그와 작은 감방에서 3개월 동안 함께 생활하면서 신앙이 다르다는 이유로 서로 미워하거나 인간관계를 단절해서는 안 된다는 것을 깨닫게 되었다. 나와 다른 신앙을 가진 사람들일지라도 함께 더불어 살아야 하고 상대방의 신앙을 존중해야 한다는 사실을 깨닫게 되었고 그때부터 다른 신앙인들의 의견을 귀담아듣는 습관을 가지게 되었다.

셋째로 작은 마을의 서당에서 한문과 사서오경 공부는 동양 사고를 이해할 수 있는 유익한 시간이었다. 1980년 5월 광주 민주화 투쟁으로 대학에 휴교령이 내렸다. 잠시 고향에 내려온 나는 아버지의 권유로 이웃 마을에 있는 서당에 가서 도강 선생님으로부터 한학을 배웠다. 한자 쓰는 법과 해석하는 법을 배웠다.[2] 대학생인 나에게

---

2 국가보안법을 위반한 나는 취업할 수도 없고 어떤 직업을 가질 수도 없었다. 나의 꿈이 물거품이 되자 어쩔 수 없이 공학도가 되겠다는 꿈을 포기하고 신학을 선택하여 1978년도에 연세대 신학과에 들어갔다. 그러나 여전히 대학 생활도 정보원의 감시를 받아야만 하였다. 따라서 대학 생활의 낭만을 즐길 수 없었다. 1979년 봄학기부터는 대학가의 민주화 투쟁이 고조되기 시작하여 대학가는 반정부 시위와 소요가 그칠 날이 없었다. 잦은 휴교령과 휴교령으로 학업에 전념하기는 어려운 시기였고, 많은 학우들이 시위에 참석하여 교문 밖으로 진출하곤 하였다. 그해 10월에 부마항쟁이 일어나 군부정권 지도층 내의 의견 충돌이 일어났다. 그 결과 독재자 박정희는 그의 심복인 경호실장 김재규에 의해 1979년 10월 26일 총살되었다. 드디어 새로운 시대, 민주화 시대가 왔다고 생각하였다. 그러나 민주화의 봄은 잠시뿐이었다. 1980년 5월

온 정성을 다해 도강 선생님께서는 한학을 가르치셨고, 나 또한 될 수 있는 대로 열심히 배웠다. 유교의 예절과 사상, 인격 수양과 인간 됨 그리고 선비정신에 대해 배웠다. 이때 한학漢學을 공부한 것이 본 주제 연구에서 한자 원문을 해석하고 한문漢文과 한글로 쓰여진 다석 일지의 사상을 이해하는 데 큰 도움이 되었다.

넷째로 내가 대학 4년 동안 배운 것은 서양철학과 독일신학, 서양 기독교사상사와 성서 역사비평학 그리고 서구 학자들의 관점에서 분석된 성서신학 등이었다. 그래서 나는 서구적 사고로 모든 것을 분석하고 평가하는 데 이미 익숙해 있었다. 몸은 한국 사람이나 정신 은 이미 서구화되어 서구적 사고에 의해 행동하고 판단하였다. 그러 나 한문학을 공부하면서 나의 것, 한국적인 것에 관점을 갖기 시작하 였고 중국 고전과 동양학에 관한 책을 읽기 시작하였다.

다섯째로 1970년대 말과 1980년대 초에 있었던 민주화 투쟁 속 에서 민중신학을 접하게 되면서 사회운동에 깊은 관심을 갖게 되었 다. 대학 강의 시간에 배운 신학은 대부분 미국이나 독일에서 박사학 위를 받은 교수들로부터 서구의 최신 성서비평학, 조직신학, 성서신 학 등등 이었다. 모두가 서구의 신학을 그대로 이식하는 것들이었다. 한국의 문화를 재해석하거나 한국 사상을 적용하는 강의는 들어보 지 못했다. 서구의 교회 모델을 제시하고 서구의 교회 흐름을 앞다투 어 소개하였다. 당시 진보 신학을 가르치는 것은 한계가 있었다. 사 회 비판적인 교수들의 강의는 정보원들의 감시를 받아야 했고, 반정 부 운동에 관계된 내용의 강의를 하면 체포되는 상황이었기 때문이

광주항쟁을 끝으로 전두환 군부에 의해 대학은 휴교 되었고, 나는 고향으로 내려갔 다. 고향에 있는 동안 서당에서 한학을 공부하였다.

다. 구약 신학자 김찬국 교수와 민중신학자 서남동 교수는 정부를 비판했다는 이유로 이미 감옥에 갇혀 있었다. 따라서 강의 시간에 진보 신학을 들을 수 없었다. 금지된 서적을 몰래 보면서 또는 사회참여 활동을 통해서 진보 신학을 접할 수밖에 없었다. 나는 학생운동과 사회운동 과정에서, 강의를 통해서가 아니라 몸으로 민중신학과 예언자 신학은 배워야 했다.

1982년 2월 연세대를 졸업하고 주위의 권유로 그해 3월에 사제가 되기 위해 구로구 항동에 있는 성공회 사목신학연구원에 들어갔다. 민족의 공의와 정의를 위해서는 사제가 되는 것이 가장 적합하다는 생각으로 사목신학연구원에 들어간 것이다. 2년간의 연구원 과정에서 배운 신학도 대부분 서구적인 관점에서 본 내용이었다. 영국교회사와 앵글리칸니즘, 성서신학, 교리신학, 윤리신학도 서구 신학의 소개였다. 그러나 김용복의 민중신학 과목은 서구의 사회과학적인 분석 방법을 통해 한국 사회의 새로운 조명과 상황 해석을 하는 방법을 다루었다. 물론 동양적 사고로 분석하고 이론을 적용하는 데에는 한계가 있었지만 내게는 꽤 새로운 가르침이었고 내가 참여하고 있는 민주화 운동에 이론적 근거를 제공해 주었다.

1982년 9월에 신학원 갱신을 위해 "천신의 내일을 위하여"라는 제목의 신학원생 전원이 서명한 성명서3를 내었다. 신학생들의 교회 갱신을 위한 성명은 조용한 성직자 사회에 큰 파문을 일으켰다. 이

---

3 정부의 각종 신학교 정비 사업으로 그동안 사용해 왔던 성미카엘신학원을 천신신학교로 개명하여 학부 4년 과정을 신설하였고, 신학원은 사목신학연구원으로 개명하여 새로 성직후보자를 모집하였다. 1982년 3월 사목신학연구원 1기에 8명이 입학하였다. 1982년 9월에 연구원생 전원이 서명하여 새로운 시대의 교육 개혁과 교회 갱신을 위한 성명서를 내었다.

사건이 계기가 되어 1983년 3월 25일 성공회 서울대성당 주일미사 시간에 "선교사 하수인 시대를 종언하며…"라는 제목의 성명서를 배포하였다. 주요 내용은 한국성공회 세 교구의 갈등으로 인한 전국 의회 유산에 대한 책임을 의장 주교인 이 주교에게 있다는 점과 새로운 시대에 새 교회상을 위해서는 선교사 밑에서 공부한 세 주교가 퇴진해야 한다는 사실 그리고 교회의 사회참여와 이를 위한 교회 갱신을 해야 한다는 것이 주요 내용이었다. 이 성명서는 한국성공회에 큰 파문을 일으켰고 결국 세 주교는 다음 해부터 점차로 한 명씩 은퇴하고 말았다. 서울교구는 3.25사건이 신학원생의 성명서사건에서 기인한 것으로 판단하고 신학원생을 징계하였다. 나는 신학원 성명서를 작성한 주동자로 지목되어 친구 이춘기와 함께 무기정학의 징계를 받고 신학원을 떠나야 했다.

신학원에서 쫓겨난 나는 마땅히 할 일이 없었다. 당시 신학원 교수인 이 신부님과 문 신부님의 도움으로 양동 성매매 지역 선교를 위해 쪽방에 들어가 살기 시작하였다. 서울 양동 성매매 지역은 남대문 시장에서 남산 쪽으로 올라가는 길 바로 오른쪽에 자리 잡은 슬럼가였다. 지금 힐튼 호텔이 들어선 자리에 있던 7~8층 높이의 5동짜리 맨션이었으나 오래된 건물이라 서울시에서는 도시 미관을 위해 재개발 계획을 세운 지역이었다.[4]

---

4 이춘기와 나는 하루에 1인당 2,000원을 주고 방 한 칸에서 함께 머물렀는데, 둘이 누워 자면 좀 여유 공간이 있고, 3명이 자면 비좁을 정도의 크기의 방이었다. 우리가 그곳에 갔을 때는 거의 모든 성매매 여성들이 다른 곳으로 이주했고 몇 명 정도만 음성적으로 성매매를 하고 있었다. 나머지 방들은 대부분 남대문 시장에서 행상을 하거나 거리에서 구걸하는 장애인이나 앵벌이들이 하루하루 방값을 지불하고 잠을 자는 공간으로 바뀌었다.

1983년 9월 초가을 보슬비가 아침부터 지루하게 내리는 날이었다. 앞으로 무엇을 할 것인가를 고민하면서 거리를 배회하다가 오후 10시경에 양동 거처로 돌아왔다. 방 앞에는 두 사람의 신발이 놓여 있었다. 친구들이 찾아왔나보다 생각하고 얼른 방문을 열었는데, 의외로 낯선 두 사람이 자고 있었다. 방 안에서는 매캐한 냄새가 나서 들어가서 잘 수가 없었다. 한 사람은 거지였고 다른 한 사람은 군에 간 후배였다. 인기척에 놀라 잠에서 깨어난 후배는 "미안합니다. 거지 할아버지가 비에 젖어 덜덜 떨면서 잠깐만 쉬자고 하여 함께 있습니다"라고 말하는 것이었다. 군에서 휴가 나온 후배는 "나의 방도 아니고 나도 이곳을 방문한 사람이다"라고 말했는데도 거지 할아버지는 계속해서 조금만 쉬어가자고 사정을 하여 어쩔 수 없어 들어와 잠깐 쉬라고 했다는 것이었다. 그런데 거지 할아버지는 방에 들어오자마자 그만 드러누워 자더라는 것이었다.

　　이윽고 나의 친구도 돌아왔다. 그날 밤 좁은 방에서 4명이 지그재그로 몸을 세우고 칼잠을 잘 수밖에 없었다. 새벽 4시쯤 할아버지는 일어나서 발로 잠자고 있는 나를 깨웠다. 내가 자리에서 일어나자, 할아버지는 "젊은이, 허락도 없이 잠을 자게 되어서 정말 미안하네. 어제는 돈도 떨어지고, 비가 내려 몸이 추워서 어쩔 수 없었네. 미안하지만 냉수 한 바가지만 떠다 주겠는가?" 나는 부엌으로 가서 물 한 바가지를 떠다 할아버지께 드렸다. 그는 갈증이 심했는지 벌컥벌컥 한입에 물을 다 마신 후에 "젊은이, 내 이야기를 들으려나? 내가 이곳에서 젊은 날을 보내며 산 사람인데 …"라고 말문을 열었다. 자신의 이름은 송바우로라는 것과 양동의 상황과 성매매 여성들의 생활, 자신의 결혼 이야기, 이혼하고 나서 방황한 생활 그리고 그 이후

술에 절어 살게 된 자신의 이야기 등등을 두세 시간을 걸쳐 흥미롭게 이야기하였다. 특별히 주목되는 이야기는 충청도 무극에 있는 부랑인과 인생의 말로를 사는 사람들의 보금자리인 음성 무극에 꽃동네에서 오웅진 신부와 함께 살았던 이야기였다. 꽃동네는 오 신부님이 걸인들을 모아 함께 살면서 시작되었는데 그 과정에 최귀동 씨가 함께 참여했다는 사실과 거지들을 돌보면서 자신이 변하게 되었다는 사실을 송바우로 할아버지는 힘주어 말했다. 자신의 과거사를 이야기하면서 나에게 한마디 뼈 있는 말을 하였다. "젊은이, 이러한 곳에 살지 말고 오 신부님처럼 젊었을 때 좋은 일을 많이 하기 바라네." 오 신부님께서 "송바우로 씨, 서울에 올라가면 다시 폐인이 될 텐데 서울에 가지 말고 나와 함께 이곳에서 살아야 해"라고 당부했는데, 서울에 올라와서 다시 이렇게 술을 마시고 폐인이 되었다고 말하였다. "나도 다시 꽃동네로 내려가려고 하네." 그런데 "젊은이 좋은 일 많이 하고 살아가기 바라네"라는 말을 듣는 순간 『사랑이 있는 곳에 하느님이 있다』는 톨스토이 단편 이야기가 문득 나의 머릿속에 섬광처럼 스쳐 지나갔다. 그리고 지나가는 나그네를 잘 돌보았더니 하느님은 송바우로라는 할아버지를 통해 하느님 자신을 계시했다는 것을 깨닫게 되었다. 그를 통해 내가 조사하려 했던 양동 성매매 지역 이야기며 내력을 소상하게 알게 되는 뜻밖의 성과를 얻게 되었다. 그는 아침 일찍 꽃동네로 내려간다고 말하고 사라졌는데 그 이후로 다시는 그를 만나 보지 못했다.

무기정학 당한 지 6개월 만인 1983년 9월에 나는 복학이 되어 다시 사제 수업을 받았다. 이듬해 9월에 신학원을 졸업했으나 어느 교회에서도 받아 주지 않았다. 이유는 3명의 주교를 내쫓은 사람이라는 사실과 너무 개혁적인 사람이기 때문에 교회에 도움이 되지 않는다는 것이었다. 나를 지도했던 이대용 신부님이 하루는 부르더니 농촌 선교를 하지 않겠느냐고 물었다. 특별한 대안이 없는 상태이고 무료하게 시간을 보낼 수도 없어서 농촌으로 내려가겠다고 대답하였다. 농촌 선교를 위해 1984년 9월 나는 고향으로 내려갔다.[5]

마음을 가다듬고 농민운동을 위해 기지개를 켜고 있던 나에게 1985년 3월 서울 베다교회 관할 사제인 박경조 신부님에게서 전화가 왔다. 당장 서울로 올라와 베다교회 전도사로 일하라는 것이었다. 박 신부님은 이대로 나를 방치했다가는 이춘기처럼 객사할 수 있다는 생각 때문에 나를 부른 것이다. 나는 다음 날 간단히 짐을 꾸려 서울로 올라와 베다교회 전도사로 일하기 시작하였다.

베다교회 전도사로 일하던 나는 그동안 상계동 빈민 지역에서 야학교 교사로 일하던 아내를 만나 결혼하였고 지리산을 여행하게 되었다. 지리산 화계사는 큰절인데다 유명한 관광지라 머무를 곳이

---

5 이대용 신부님은 농촌선교 기금을 마련하여 매달 5만 원씩을 나에게 송금해 주었다. 아버지 농사일을 도우면서, 농촌개발원에서 농민 의식화를 위해 진행 중이던 프로그램에 참석하고 농촌 개발 교육을 받았다. 그곳에서 여러 명의 농촌운동 지도자들을 만났다. 농민들을 조직하고 피폐화되어 가는 농촌 문제를 해결하기 위해 농민들을 설득하고 함께 생존권을 위한 투쟁에도 참여하였다. 그들 중에 몇 명은 훌륭한 농민운동 지도자가 되어 아직도 농촌을 지켜 가고 있다. 농민운동을 위해 동분서주하던 나는 함께 무기정학 당했던 친구 이춘기가 객사했다는 청천벽력 같은 부음을 들었다. 그는 무기정학을 당한 후 기독교신문 기자 생활을 6개월 정도 하다가 기자 생활은 자신이 할 일이 아니라 판단하여 사표를 내고 교회 갱신을 위해 고향 안성으로 내려갔다. 그러나 의외로 평택교회 관할 사제인 ㄹ 신부는 교회에 출석하는 그에게 성체배령을 금하고 교회에 나오지 못하게 하였다. 그는 ㄹ 신부님의 부당한 대우에 고민하면서 고향에서 방황하다가 1984년 12월 17일 새벽 그의 방에서 심장마비로 이 세상을 떠나고 말았다. 나는 교회 갱신을 위해 싸울 친구이자 나의 동지였던 훌륭한 벗을 잃었다. 그의 장례식을 마치고 한쪽 날개를 잃은 한 마리의 새처럼 좌절의 쓴 눈물을 흘리며 농촌 선교의 장으로 다시 발길을 돌려야만 했다.

많을 것으로 생각되어 잠자리를 예약하지 않고 무작정 기차를 탔다. 기차에서 내려 버스를 타고 화계사를 지나 더 깊은 산속에 있는 칠불사를 찾아 버스가 가는 곳까지 갔다. 이미 어둠이 깔리고 있었다. 버스 종점은 산촌이었고 10호 정도의 집이 있었다. 아무리 둘러봐도 우리가 머무를 곳은 없었다. 하는 수 없이 산속에 있는 절을 향해 걸어 올라갔다. 10여 분 정도 걸어 올라가는데 등 뒤에서 콧노래를 부르며 올라오는 사람이 있었다. 그는 우리를 멈추어 세우고 우리의 짐을 달라고 하였다. 자신은 산에서 살고 있기 때문에 짐을 들면 더 잘 올라갈 수 있으니 짐을 모두 달라고 하는 것이다. 처음에 몇 번이나 사양했지만 계속되는 그의 요청에 못 이겨 우리는 그에게 짐을 주었다. 함께 산길을 걸어 올라가면서 이런저런 이야기를 나누었다. 그는 칠불사에 속해 있는 작은 암자에 사는 중인데 화계에서 예비군 훈련을 받고 술 한잔하고 올라오는 길이라고 자신을 소개하였다. 우리는 신혼여행으로 지리산에 왔는데 아직 숙소를 잡지 못했다고 말하자, 그는 잘못 올라오는 길이라고 말하는 것이었다. 이 깊은 산 속에는 숙소가 없고 화계사로 내려가야 숙소를 잡을 수 있다는 것이었다. 이미 날은 어두워져 산길을 내려갈 수도 없었다. 우리가 가던 길을 멈추어 서자 그 스님은 우리 절에 올라가면 잠자리가 있으니 오늘은 우리 절에서 보내자고 하였다. 그리스도인들인 우리가 신혼 첫날 밤에 절에서 지내다니 뭔가 이상한 생각이 들었다. 그러나 이 밤에 머무를 곳이 없으니 다른 대안은 없었다. 우리는 가파른 산길을 30여 분 더 걸어 올라가면서 민중불교에 대해서 의견을 나누었다.[6]

---

6 이야기 가운데 스님은 1년 동안 30여 명씩 지리산에서 인명을 구한다는 것이었다. 지리산에 겨울 등산 온 사람들이 길을 잃고 눈 위에 쓰러져 죽어가는 사람들이 가끔

스님은 우리를 법당으로 데리고 들어가더니 부처님께 문안드리라는 것이었다. 우리는 법당으로 들어가 절은 할 수 없어서 무릎을 꿇고 하느님께 우리의 여행을 돌보아 주신 것에 감사기도를 드렸다. 10분 정도 법당 안에 무릎을 꿇고 있는데 스님의 목소리가 들려왔다. 예불을 드렸으면 함께 저녁을 먹자는 것이었다. 손님방으로 안내된 우리는 스님들이 하는 간단한 식사를 하였다. 식사를 마치자 스님은 절에서는 남녀가 함께 잘 수 없으므로 "보살님은 부엌에서 일하는 보살님 방에서 자고, 거사님은 손님 방에서 자라는 것"이었다. 우리는 각각 나누어져 지친 몸의 피로를 풀며 단잠을 잤다. 아침 식사를 마치고 난 우리는 스님이 너무 고맙고 감사해서 밥해 주시는 할머니께 하룻밤 머문 비용을 지불하겠다고 하였다. 할머니는 스님께서 아침 일찍 밖에 나가시면서 손님들을 그냥 보내라고 하셨다고 한다. 그러면 감사헌금으로 내겠다고 하니까 할머니는 절 수리하는 데 쓰도록 스님께 전하겠다 하셨다. 우리가 인사를 하고 토끼봉을 향해 등산하러 올라가려고 절을 나오는데, 아침 일찍 일을 마치시고 절에 돌아오는 스님과 마주쳤다. 스님은 우리를 잠깐 세워 놓고 주소를 남기고 가라 하셨다. 절 소식이나 법회가 있을 때 연락을 하겠다고 하셨다. 우리는 주소를 남기고 잘 쉬었다가 간다고 인사를 드리고 토끼봉을 향해 올라갔다.

그 후 법회가 있을 때마다 엽서가 날아왔다. 그러나 불행하게도 칠불사는 서울에서 너무 멀리 떨어져 있고 나는 교회 일에 바쁘다 보니 한 번도 그곳에 가보지 못했다. 스님과 좋은 관계를 가질 수

있는데, 그들을 업고 자신이 기거하는 토굴에 데리고 가 그들을 살려낸다는 것이다. 여러 이야기를 함께 나누면서 어둠 밤에서야 칠불사에 우리는 도착하였다.

있는 기회였는데, 그 기회를 살리지 못했다. 칠불사에서 느꼈던 것은 종교가 달라도 양심의 소리에 따라 사는 것은 매한가지라는 사실을 알았다. 또한 지나가는 나그네를 잘 대해 주는 스님의 태도에서 마음을 비운 사람의 참모습을 볼 수 있었다. 욕심 없이 무소유의 정신으로 선한 일을 하는 이들을 누가 사탄이라 지탄할 수 있단 말인가? 그러나 근본주의 신앙을 가진 한국의 그리스도교 신자들은 스님들을 우상 섬기는 자들로 그리고 불교 신자들을 마귀 섬기는 사람으로 보고 불교에 대하여 이해하려고 하지 않는다. 단지 피상적으로 이해하고 있으면서도 불교를 다 아는 것같이 말한다. 정확하게 이해하지 못하고 맹목적으로 비판한다. 사탄을 없애야 한다고 생각하고 일부 근본주의 광신자들은 밤에 몰래 사찰의 기물을 파괴하기도 한다.

신혼 생활을 베다교회 사택에서 하면서 1년 2개월 동안 교회 일을 열심히 돌보았다. 그러던 중에 박 신부님의 추천으로 부제 고시를 보았다. 부제 고시에 합격한 나는 1985년 5월 8일 부제 서품을 받았다. 그러나 이날 사제 3명과 부제 3명이 서품받는 자리에 뜻밖의 일이 일어났다. "이들 6명이 서품받는 데 결격사유나 서품을 받아서는 안 되는 중대한 죄를 알고 있는 사람이 있으면 말하시오"라고 집전자인 서울 교구장 김시몬 주교님의 말이 떨어지기가 무섭게 ㄹ신부님이 손을 드는 것이었다. "부제 서품 후보자 윤정현은 교회와 전주교들 그리고 성직자에게 중대한 죄를 범했으므로 서품을 주어서는 안 된다"고 주장하는 것이었다. 아찔한 순간이었다. 서울대성당 안에 가득 찬 신자들이 술렁거리기 시작하였다. 대한성공회 90년사에 처음 있는 일이기에 신자들은 당황하였다. 긴장의 시간이 몇 분 흘렀다. 이윽고 김시몬 주교는 신자들에게 차분한 목소리로 사제들의 문제 제기에 답변하였다. 답변을 들은 참석자들이 더 이상 어떠한 문제를 제기하지 않고 모두 잠잠하자 김 주교는 서품식을 계속 진행하였다.7

부제 서품을 받은 그날 오후 김시몬 주교는 제일 먼저 경기도 남양주에 있는 음성 나환자촌인 성생원으로 새로 서품받은 우리 6명을 데리고 가셨다. 가장 소외받는 교인들이 있는 곳에 가서 첫 미사를 드린 것이다. 그 이유는 성직자는 가난하고 소외된 자의 벗이 되어야 한다는 김 주교의 의지 때문이다. 서품식 장소에서 일어났던 일이 앞으로 나의 성직 생활에 어떤 모양으로든지 영향을 줄 것이라는 생각 때문에 마음은 편치 않았다. 그러나 나환자들과 함께 미사를

---

7 "교우 여러분! 처음 있는 일이라 놀랍고 당황하겠지만, 조용히 하시기 바랍니다. 그렇지 않아도 류요선 신부님과 5명의 신부님들로부터 윤정현의 부제 서품을 연기해 달라는 내용의 건의안을 어제 받았습니다. 이 건의안을 받고 고위 성직자들이 긴급히 모여 이 문제를 논의하고 다음과 같은 결론을 내렸습니다. 첫째로 윤정현이 과거의 잘못을 뉘우치지 않는다는데, 윤정현은 무기정학을 받고 그 대가를 치르고 나서 신학원에 복학하여 성직자 훈련 전 과정을 마쳤습니다. 이미 신학원에서 그 문제가 매듭지었다고 생각됩니다. 둘째로 이러한 문제가 있을까 봐 나는 1985년 1월에 베다교회 관할 사제 박경조 신부님께 윤정현의 전도사 실습 과정 1년을 잘 관찰하라고 부탁한 바가 있습니다. 나도 특별한 관심을 가지고 윤정현의 실습 과정을 지켜보았습니다. 그리고 다른 신부님들의 조언도 들었습니다. 윤정현은 신자들과 화합을 잘 이루며 교회 모든 업무 과정에서 나무랄 데 없는 성실성과 능력을 발휘하였다는 박 신부님의 소견서와 베다교회 신자 회장과 교인들의 추천에 의해 나는 윤정현에게 부제 고시를 보게 했고, 성직고시위원장으로부터 윤정현은 우수한 점수를 받았으며 면접 결과도 아주 좋은 것으로 보고 받았습니다. 이러한 종합적인 검정 과정을 걸쳐 윤정현의 부제 서품을 결정하게 되었습니다. 만약 윤정현이 문제가 있다면 제일 먼저 베다교회 전도사로 발령내렸을 때, 신부님은 문제를 제기해야 했었고, 그때 미처 문제 제기를 못했다면 부제 고시를 공고했을 때 윤정현이 시험에 응하지 못하도록 했었어야 했습니다. 또한 그때도 미처 문제를 제기하지 못했다면 부제 서품을 공고했을 때 문제를 제기할 수 있었습니다. 이렇게 여러 차례 문제제기를 할 수 있는 기회가 있었는데도 불구하고 ㄹ 신부님이 오늘 이 자리, 거룩한 이 자리에서 문제 제기하는 것은 윤정현에 대한 문제보다는 교권에 대한 불손한 저의가 있는 것으로 보입니다. 윤정현에 대한 ㄹ 신부님의 지적은 타당한 것이 아니라고 판단되어 서품 예식을 계속 진행하겠습니다."

드리면서 '그래 소외된 자, 가난한 자, 삶의 의미를 잃을 사람들을 위해 일하는 것은 이보다 훨씬 어렵다는 것을 각오하라'는 하느님의 가르침이라는 생각이 들었다. 이러한 생각을 하자 마음속 깊은 곳에서 평화를 느낄 수 있었다. 그때 "성직자는 항상 그리스도의 종으로서 가난한 자의 친구가 되어야 한다"는 김 주교님의 설교 말씀이 귀에 들어왔다.

1986년 6월 27일 춘천교회 보좌부제로 발령을 받았다. 직전 관할 사제였던 석 신부님이 평택교회로 이동하고, 공석인 춘천교회를 부제인 내가 맡아 사목을 하게 되었다. 춘천교회 신자들은 신부님을 보내 주지 않고 부제를 보내 준 것에 대하여 불만이 이만저만이 아니었다. 석 신부님의 인도로 교회에 나온 사람들은 항의 표시로 교회에 나오지 않았다. 그래서 내가 제일 먼저 한 일은 잡초로 뒤덮인 교회 정원과 잔디밭을 정리하는 일이었다. 그리고 시간이 나면 교회 정원수들을 손질해 주는 일로 사목 생활을 시작하였다. 5일 정도 땀을 흘리며 정원을 손질하고 나자 교회 정원은 정말 아름다웠다. 나는 교회 대문을 활짝 열어 놓고 누구든지 들어와 쉬도록 하였다. 지나가는 사람들이 잔디밭에 와서 쉬기도 하고 아이들과 함께 기념 촬영도 하였다. 새로 부임하여 20여 명의 교인과 함께 첫 미사를 드렸다. 나는 교인들에게 죄송한 마음을 전했다. "관할 사제가 와서 춘천교회 사목 활동해야 하는데, 이제 막 부제 서품을 받은 제가 교회를 맡게 되어 죄송합니다" 하고 말씀드리고 "열성을 다해 교회를 섬기고 하느님께 헌신하겠으니 저에 대한 경계의 눈길을 늦추어 달라"고 하였다. 그리고 "이 땅의 정의와 평화를 위해, 하느님 나라 확장을 위해 함께 일해 보자"고 설교하였다. 시간이 지남에 따라 경계하던 교인들은 다시 교회 일에 열심히 참여하였고 예전의 교회 분위기를 찾게 되었다.

강원대, 한림대 운동권 학생들과 춘천지역 민주화 운동에 참여하는 투사들이 교회를 방문하였다. 그리고 춘천지역 목사님들이 나를 찾아와 함께 인권운동에 참여해 줄 것을 요청하였다. 이들의 요청에 따라 1987년부터 1990년 7월까지 춘천지역 인권위원장으로서 강원지역과 춘천지역 민주화 운동에 앞장을 섰다. 학생운동을 하다가 구속된 학생들의 석방을 위해 그리고 춘천지역 전교조 활동을 위해 온 힘을 다해 싸웠다. 나의 활동이 점점 알려지자 인권 침해를 받거나 인권 시비가 일어나면 고통받는 사람들이 문제 해결을 위해 춘천교회로 찾아왔다.

춘천지역은 강원도 도청소재지이자 휴전선에 가까이 위치하고 있기 때문에 그리고 공무원들과 군인 가족이 많이 사는 지역적 상황 때문에 지역주민들은 보수적인 성향을 가지고 있었다. 민주화 운동에 부정적인 성향을 가지고 있는 사람이 많아 춘천지역의 어느 교회도 민주화를 위한 집회 장소로는 빌려주지 않았다. 자연히 인권위원장을 맡고 있는 우리 교회에서 집회를 가질 수밖에 없었다.[8]

경찰들의 원천 봉쇄에도 불구하고 내가 맡고 있는 교회에서 민주

---

8 1987년 초에 서울대생 박종철 고문치사 사건이 발생하였다. 대학생들과 종교인들은 고문 규탄대회를 갖고 시위를 계속하였다. 그 결과 6월 10일 민주화 대항쟁 집회가 성공회 서울대성당에서 있었다. 성공회 사제들은 고문 반대와 민주화를 위한 1주간의 단식기도에 들어갔다. 시위는 연이어 대규모로 일어났다. 시위가 전국적으로 확산되었고, 춘천지역에서도 춘천 도심에서 시위가 일어났다. 전국적으로 시위가 확산되는 과정 중에 연세대학생 이한열이 경찰이 쏜 최루탄에 사망하는 사건이 일어났다. 이 일로 인해 1987년 6월은 한국 역사에 있어 가장 시위가 많이 일어났다. 그리고 전두환 군사정권의 강압과 고문에 저항하는 학생들의 분신사건이 계속 일어났다. 학생들의 희생을 막기 위해 종교계에서도 전두환 정권에 저항할 수밖에 없었다.

화 집회와 전교조 춘천지부 결성을 위한 집회 등 다양한 시위성 집회
가 열렸다. 5.18광주항쟁 기념일과 8.15민족해방절, 12월 둘째 주일
의 인권주간 그리고 학생들의 구속사건이 있을 때마다 춘천교회에
서 집회가 열렸다. 경찰들이 교회를 둘러싸고 지나가는 사람들을
검문하는 사건이 빈번히 일어났다. 이런 일로 인하여 교회 인근 주민
들이 불편한 심기를 드러내고 나를 비난하기도 하였다. 우리나라
도청소재지 중에서 유일하게 조용하던 춘천에서도 학생들이 시내
로 나가 시위를 벌이게 되었다. 이러한 상황에 이르자 경찰 쪽에서는
여러 방법을 동원하여 나를 괴롭히기 시작하였다. 한편으로 누군가
가 교회 간판을 떼어가는가 하면, 늦은 밤에 취객이 교회에 들어와
폭압적인 말로 욕을 하고, 생명에 대한 위협적인 말을 하기도 하였
다. 어떤 청년은 큰소리로 "정치 신부 나와, 윤 신부 이리 나와, 오늘
한번 겨뤄보자. 윤 신부, 당신이 그렇게 힘이 있어, 누가 힘이 센지
나와 한번 겨뤄보자!" 하고 고래고래 소리를 지르며 횡포를 부렸다.
내가 밖으로 나가지 않자 사제관 창문을 향해 돌을 던졌다. 어떤 날은
교회 안에 똥을 누기까지 하였다.

춘천에 있는 동안 이러한 어려움을 겪는 가운데서도 타 종교인들
과 사회단체와 함께 연대하여 일하면서 얻은 교훈이 있다. 비록 종교
가 다르고, 추구하는 목적이 달라도 공동선을 위해 함께 연대하는
것이 얼마나 중요한 일인지를 절실하게 느꼈다. 또한 인간의 존엄성
을 지켜주는 것은 하느님 나라를 이 땅에 실현하는 일 중의 중요한
부분이라는 것을 확인할 수 있었다. 그리고 사회정의와 평화를 위한
일이 얼마나 어렵고 힘든 일인지 새삼 느낄 수 있었다. 그것은 우리가
꼭 짊어지고 가야만 하는 무거운 십자가라는 것을 깨달았다. 폭력에

의해 생명의 위협을 받을 때마다 "하느님 나에게 힘을 주소서. 이
두려움을 이길 수 있는 용기를 주소서"라고 기도할 수밖에 없었다.
새벽 4시 30분에 일어나 새벽기도를 드리며 하느님께 간구하고 나
서 한 시간 이상의 묵상기도와 선^禪을 하는 시간을 가졌다. 선을 하면
서 불교 문화에 대한 새로운 이해와 선^禪 자세를 그리스도교 기도
생활에 적용하였다. 선을 통하여 역동적인 신앙생활을 할 수 있었다.
이러한 경험은 춘천교회에서 내가 4년간의 사목 생활을 하면서 얻은
큰 수확들이다.

춘천의 활동은 중앙에 있는 한국기독교교회협의회에 알려졌고
총무 권 목사는 서울교구장 김 주교를 통하여 나를 교회협의회에
파송해 줄 것을 요청하였다. 나는 김 주교의 명을 받아 1990년 7월
15일부터 한국기독교교회협의회 선교훈련원 간사로 일하기 시작하
였다. 한국기독교교회협의회에 나가 일한 지 얼마 되지 않아 우리
사회에 엄청난 충격을 준 사건이 일어났다. 그것은 중앙정보부가
아닌 군인들의 보안 문제를 다루는 군 보안사가 민간인들을 사찰하
고 감시하였다고 양심선언을 한 사건이었다. 윤석양 이병이 민간사
찰의 증거물인 보안사 정보 자료 파일을 가지고 한국기독교교회협
의회 사무실을 찾아온 것이다. 연일 보안사 정보 자료 파일은 공개되
고, 주요 일간신문은 사찰 대상자 명단을 보도하였다.[9]

그런데 문제는 윤석양 이병을 연행하려는 경찰의 감시를 피해

---

9 1,000명가량의 자료가 공개되었고 그중 200여 명은 국가를 상대로 인권침해에 대한
소송을 내었다. 나도 그중의 한 사람으로 소송을 내었고 7여 년간의 재판을 통해 53명
이 1998년 승소하였다. 50명은 300만 원, 3명은 500만 원 배상금을 받았다. 나는 50명
중의 한 사람으로 300만 원을 보상받았는데, 이 돈이 영국에서 공부하는 자금이 되었다.

건물 밖으로 윤 이병을 안전하게 피신시켜야 했다. 나도 피신시키는 작전에 참여하게 되었다. 발각되면 다시 감옥에 가야 한다는 두려움이 있었지만, 잡힐 각오로 맡겨진 일을 실천하였다. 그리하여 윤석양 이병을 변장시켜 무사히 피신시켰다. 이 피신 과정에 참여하면서 나는 하느님께 기도드렸다. "하느님, 왜 제가 이 일에 참여해야 합니까? 제가 또 구속되기를 바랍니까? 고문받는 것은 이제 싫습니다. 하느님, 생각만 해도 정말 끔찍한 일입니다. 하느님, 감옥 생활은 이제 더 이상 하고 싶지 않습니다"라고 하소연하였다. 다행히 하느님의 도움으로 연행되지는 않았다.

여섯째로 나는 한국기독교교회협의회 선교훈련원 실무자로서 1990년 7월부터 1993년 9월까지 3여 년간 일을 하였다. 전국 지역을 돌며 교회갱신과 일치를 위한 목회자 세미나를 1년이면 5~6차례씩 하면서 교회 일치는 신학적인 견해 차이보다도 인간관계가 영향을 미친다는 사실을 알게 되었다. 또한 한국기독교교회협의회에서 일하면서 다양한 국제회의와 훈련 프로그램에 참여하여 세계와 인류를 바라보는 지평을 넓혀 갔다. 세계교회협의회 국제회의와 에큐메니칼 프로그램, 아시아기독교협의회 정의 평화를 위한 워크숍 참여 그리고 1991년과 1992년에 두 번에 걸쳐 한국교회 지도자들을 인솔하여 보세이 에큐메니칼 훈련원과 동유럽교회, 러시아 정교회 본부와 신학교를 방문하는 프로그램을 진행하면서 교회 선교에 대한 새로운 이해를 하게 되었다. 이때 나는 하느님과 세계와의 관계에 대한 새로운 이해도 하게 되었다. 3년 동안 다양한 교회 전통과 신학을 경험하면서 하느님의 선교를 교회 안에만 국한시킬 수 없다는 것을 확인하였다. 특히 필리핀 빈민촌과 슬럼가인 스퀘터를 방문하면서 한국의 문제를 해결하려고 노력하는 것도 중요하지만 세계 곳곳에서 일어나는 문제에 대하여 깊은 관심을 갖고 참여하여야 한다는 생각을 하였다. 교회 차원을 넘어서 인류 동포애를 가지고 제삼세계의 가난과 인권 문제에 관심을 가져야 한다는 것을 실감하였다.

나는 1993년 9월 1차 임기를 마치게 되자 한국기독교교회협의회 권 총무는 함께 4년을 더 일하자고 제의하였다. 나는 그 제의를 사양하고 더 공부해야겠다는 생각으로 농촌교회를 선택하여 충북 청원에 있는 조그만 마을 교회의 관할 사제로 일하려 내려갔다. 거대한 현대화의 물결 속에서도 전통 사상과 문화를 나름대로 간직하고 있는 농촌지역의 마을 교회였다. 신자들은 대부분 노년층으로 구성되어 있었고 젊은이들은 찾아보기 힘들었다. 농촌을 떠나 도시로 모두 떠났던 이농 현장의 현주소를 확인할 수 있었다. 묵방리에는 150호 가구로 구성되었는데 그리스도교, 불교, 유교, 샤머니즘을 믿는 사람, 토착 종교를 믿는 사람 등 다양한 종파의 사람들이 함께 모여 살고 있었다. 그리스도인을 제외하고는 모든 종파가 갈등을 일으키지 않고 서로 화합하며 서로 잘 통교하였다. 그러나 문제는 그리스도인들이 민족문화에 대한 배타심이 강하다는 점과 타 종교인을 개종하는 데 공격적이라는 사실 때문에 동네 사람들이 그리스도인들과 잘 어울리지 않으려고 하였다.

나는 13년 동안 교회 일을 하면서 한 가정에서 서로 다른 신앙 때문에 가족 간에 갈등을 겪는 것을 보았다. 시어머니는 무당을 찾아가고 시동생은 절에 나가기 때문에 개신교회에 나가는 며느리는 시어머니와 시동생 구원을 위해 열심히 기도를 하였다. 교회에서 돌아온 며느리는 시어머니와 시동생에게 "예수를 믿지 않으면 지옥에

간다"고 말하곤 하였다. 자연히 고부간의 신앙 문제로 갈등을 겪게 되었고 집안의 분위기는 바람 잘 날이 없는 가정을 보았다. 또한 세례를 받은 사람들이 믿지 않는 사람과 결혼할 때 신앙 문제로 심각한 갈등을 겪는 것을 자주 보았다. 그러한 것을 볼 때마다 종교 간의 대화가 필요하다는 것을 절실하게 느꼈다. 다른 종교를 이해하고 존중하려는 마음의 자세 없이는 이 갈등을 피할 수 없다는 것을 알기 때문에 종교 다원적 상황에 놓여 있는 한국 사회는 종교 간의 대화가 꼭 필요하다는 것을 깨달았다.

묵방교회에는 노인들이 많은 관계로 가끔 장례식을 치렀다. 장례가 있을 때마다 집안에는 장례 절차 문제로 서로 의견이 대립되었다. 교회식으로 장례를 치를 것인가 또는 유교식으로 장례를 치를 것인가 아니면 불교식으로 치를 것인가에 대하여 가족 내에 이견이 항상 발생하였다. 문제는 그것으로 그치는 것이 아니었다. 상여를 메고 나가는 것에도 동네식으로 메고 가느냐 아니면 교회식으로 하느냐는 문제가 동네 사람들 사이에 항상 발생하였다. 나는 죽은 자의 장례 절차가 중요하다고 생각하지 않기 때문에 그 집안 사람들이 협의하여 절차를 결정하도록 하였다. 일단 결정이 되면 교회에서 관여할 부분은 관여하고, 나머지 부문은 그들이 원하는 대로 하도록 하였다. 교회식으로 할지라도 장례미사와 묘지 축복, 하관식, 매장 기도는 교회식으로 하였고, 상여를 메고 가는 일이나 묘지를 만드는 일은 동네 전통과 관습에 따라 하도록 하였다. 동네 사람들도 자신들이 참여할 부분을 성실히 함으로써 자연히 역할 분담이 되었고 동네 관습과 교회식이 묘한 조화를 이루게 되었다. 물론 교인 중에 이교 요소가 개입되지 않느냐는 우려도 하였다. 동네 사람들과 조화를 이루는 것이 좋다는 것과 인간은 평화롭게 함께 더불어 살아야 한다는 점 그리고 우리 전통문화가 악마적인 것이 아니라 우리가 지키고 발전시켜나갈 문화유산이라는 점을 기회가 있을 때마다 말씀드렸다. 우리 전통문화 속에 하느님의 역사하심을 찾아볼 수 있다는 점을 말씀드리고, 아울러 그 문화 속에서 하느님께서 우리에게 말씀하시고자 하는 그 뜻을 찾아야 한다고 말하였다. 무조건 서양식, 그리스도교식은 좋고 우리 것은 열등하다는 편견을 버려야 한다고 말하였다. 교인들은 점점 나의 의견에 따랐고 이의를 제기하는 사람은 없었다. 또한 동네 사람들과 교인들 간에 조화를 이루고, 동네 사람들은 교회 일을, 교인들은 동네 사람들의 일을 서로 돕고 조화롭게 살아가는 것을 볼 수 있었다. 이에 따라 그리스도교인, 유교인, 불교인이나 샤머니즘을 믿는 사람 사이의 종교 갈등이나, 교파 간의 신앙 갈등도 차츰 줄어들고 더불어 평화롭게 서로 도우며 사는 것이 하느님의 가르침이라는 것을 교인들이 이해하기 시작하였다.

어느 정도 교회 일이 정착되자 나는 공부를 더 하기 위해 1995년 1월 서강대학 대학원 종교학과 시험을 보았다. 대학을 졸업한 지가 13년이나 지나 대학원 시험이 어려웠으나 다행히 합격하였다. 서강대학교 대학원에서 영성 신학 부분에서도 특히 신비주의 신학에 대하여 연구할 수 있었다. 서강대는 예수회에 의해 운영되는 학교로서 타 종교와 종교다원주의에 대하여 한국의 어느 대학보다도 관용적이었다. 또한 거기에는 훌륭한 종교 신학자가 여럿이 있었다. 서강대는 한국 사회에서 종교 간의 대화를 위해 연구 활동과 출판을 많이 하고 있는 대학교이다. 이 학교에서 석사과정을 하면서 하느님과 일치 체험하는 데 있어 그리스도교 밖에서도 가능하다는 것을 배울 수 있었다. 특히 내가 배울 수 있었던 것은 신비체험가의 경험 속에서 종교의 벽을 넘어 서로 만날 수 있는 여지가 있다는 사실을 알게 되었다. 1년 6개월 동안 대학원을 다니면서 내가 내내 도전받은 것은 하느님은 그리스도교 밖에도 계시는 영원한 우주의 하느님이라는 사실이었다. 우주의 하느님을 다른 종교인들도 그들의 신앙 안에서 만날 수 있고, 그들 자신의 문화와 전통을 통해서 같은 하느님을 전할 수 있다는 사실을 배울 수 있었다.

류영모의 제자인 박영호가 쓴 류영모의 생애와 사상, 류영모의 그리스도교 사상, 유교 사상, 불교사상 그리고 다석의 가르침 등등의 책을 읽으면서 우리 동양 문화 속에서 활동하고 계시는 하느님의 섭리를 재발견해야 한다는 사명감 같은 것을 나는 느꼈다. 류영모의 책을 처음 읽었을 때 이제껏 다른 책에서 느껴보지 못했던 묘한 감응을 받았다. 종교의 심연에서 나오는 맑은 생수를 제공해 주는 책이었다. 과거나 현재의 어느 그리스도교 사상가도 모든 종교를 초월하여 하느님을 믿을 수 있다는 것과 진리에 대한 사랑의 깊이를 가르쳐 준 책을 접해보지 못했다. 그리스도인으로서 류영모는 동양의 고전인 사서오경과 불교의 정수인 『반야심경』과 노자의 『도덕경』을 통해 하느님을 설명하였다. 다석 류영모는 하느님과 세계를 이해하는 데 뛰어난 예지와 통찰력을 가진 종교적 천재이자 사상가였다. 그의 그리스도교 사상은 독특하여 동양적 사고로 하느님께 접근할 수 있는 영감을 나에게 제공해 주었다.

마지막으로 서강대 대학원에서 1년 6개월 동안 공부하던 중에 영국교회 해외선교부(USPG)의 초청을 받아 1996년 7월 영국 셀리옥에 있는 아센션 칼리지College of Ascension로 공부하러 갔다. 셀리옥 칼리지에서 석사(MA)과정을 하면서 나는 "종교 간의 대화를 위한 장으로서의 신비주의 연구"라는 제목으로 논문을 썼다.

논문을 쓰면서 윈게이트Andrew Wingate 박사가 진행하는 종교 간의 대화의 프로그램에 참석하였다. 윈게이트 신부와 함께 힌두교의 아쉬람Ashuram, 불교의 스님의 거처(Vihara), 이슬람의 사원(Mosque), 시크교의 템플과 신앙 공동체를 방문하였다. 이들 공동체의 지도자 그리고 신앙인들과 대화를 통해서 느낄 수 있었던 것은 절대자를 믿는 마음은 어느 종파나 신실하다는 점이다. 그리고 모두 종교가 가르쳐 준 대로 선하게 살아가려고 하는 데 공통점을 가지고 있다는 점이다. 그들 모두는 방문객인 우리를 친구로 대해 주었다. 나는 그들을 방문하여 대화를 나눔으로써 선한 일과 이웃 사랑에 있어 그들과 함께 일 할 수 있다는 사실과 그들도 우리와 똑같은 하느님의 자녀들이라는 것을 발견할 수 있었다.

종교 간의 대화 프로그램을 통해서 대화는 서로를 풍요롭게 하고 자신의 신앙을 더 신실하게 한다는 사실을 배웠다. 타 종교를 이해함으로써 완전한 진리를 이해하게 되고, 그 진리의 길을 걷는 데 서로 영향을 주고 영향을 받게 된다는 것을 알았다. 그뿐만 아니라 종교 간의 상호 이해는 서로를 풍부하게 하며, 우리 신앙인들이 갈망하고 고대하는 공동선과 선한 의지를 함께 실천할 수 있다는 것을 확인하였다.

이렇게 버밍엄에서 17개월간의 생활은 나로 하여금 다른 사람과 신앙을 폭넓게 이해하도록 하였고 타 종교에 대해 깊은 이해를 하게 된 동기가 되었다. 또한 토착 문화에 대한 새로운 이해를 하게 되었다.

버밍엄대학에서 석사 논문을 쓰면서 종교 간 대화를 실천하고 있는 사람들과 인터뷰를 하였다. 버어마에서 온 스님 다마[Dr. Rewata Dhamma10] 박사는 버밍엄 셀리옥 칼리지에서 불교 특강을 하고 있었다. 다마 스님은 나에게 말하기를, "당신의 나라에서는 종교 간 대화를 하는 것이 쉽지 않지만, 당신과 같은 사람들이 종교 간 대화를 위해 노력해야 한다"고 하였다. 다마 스님은 한국을 방문해서 경험했던 일들을 들려주었다. "나는 한국을 두 번 방문해서 종교 간 대화가 어느 정도 어렵다는 것을 압니다. 그러나 우리 인간들은 이웃 종교를 존중하고 사랑해야 합니다. 우리 인류가 평화롭게 살고 공존하기 위한 여건을 만들려면 종교 간 대화의 장애가 되는 것들을 제거해내야 합니다"라고 말하였다. 다마 스님은 종교인들이 타 종교를 이웃 종교로 생각하고 형제자매의 사랑을 가지고 함께 살아야 한다는 것을 강조하였다. 그리고 "종교 간 대화를 함에 있어 지켜야 할 가장 중요한 부분이 무엇이라고 생각하느냐"는 나의 질문에 세 가지를 강조하였다. 첫째로 서로를 잘 이해하기 위해서는 다른 종교의 경전을 공부해야 한다. 둘째로 서로의 신앙을 풍요롭게 하기 위해서는 타 종교인들과 종교 간 대화를 자주 가져야 한다. 마지막으로 종교가 출발하게 된 본래의 정신으로 돌아가기 위해서는 우리는 제도적 종교를 갱신하여야 한다.

또한 일본에서 온 유카코[Yukako11]는 다도茶道에 남다른 조예를 가지

---

10 다른 종교나 신앙에 관하여 내가 다마 스님에게 물어보았더니 친절하게 대답해 주셨다. "우리 불교인들은 단순한 삶, 비폭력, 관용, 인간과 자연의 존엄성을 추구하지만 제2차 세계대전까지는 기독교 선교사들은 타 종교인들을 개종시키는 데 공격적인 경향이 있었습니다. 타 종교는 그릇되고 우상을 숭배한다고 예수 이름으로 개종시키는 것이 사명이었습니다. 그러나 2차 세계대전 이후 선교사들은 이웃 종교인들의 친절과 배려심을 경험하고 공격적인 태도를 바꾸었습니다. 무엇보다도 우리 종교인들은 이웃 종교를 존중하고 타 신앙도 동등하게 대해야 합니다."

고 있는 여성으로서 종교 간 대화를 몸으로 실천하는 사람이었다. 유카코는 종교 간 대화에 대해 흔치 않은 활동과 사고를 하고 있는 일본 개신교의 목회자였다. 유카코는 가정교회에서 성찬례를 드리며 목회하는 목사이다. 동시에 불교 신자들을 위해 조동종曹洞宗의 선禪의 가르침에 따라 좌선坐禪을 인도한다. 이러한 활동을 하면서 어떤 갈등을 느끼지 않고 서로를 자연스럽게 조화시킨다. 유카코는 불교와 그리스도교의 영성 둘 다 좋아하나 다른 점이 있다고 이해하였다. 그녀는 모든 종교를 존중하고 종교 그 자체가 좋다고 하였다. 그럼에도 불구하고 그녀에게는 예수가 중심이고, 실제로 예수는 그의 모든 것이라고 말하였다. 유카코는 종교 간 대화에서 '얼굴을 마주 보고 직접하는 대화'(face to face dialogue)가 중요하다고 강조하였다. '페이스 투 페이스' 대화는 종교 생활을 하면서 야기되는 갈등을 피할 수 있는 방법이라고 하였다. '페이스 투 페이스' 대화는 타 종교를 이해하는 핵심적인 방법으로써 각자가 자신의 종교를 신실하게 따르면서 다원종교 사회에서 조화를 이루고 평화롭게 함께 살아갈 수 있게

---

11 1997년 6월 26일에 영국 버밍엄 셸리옥 칼리지에서 차문화와 불교에 대하여 가르치고 있는 일본 목사인 유카코 맞추오까와 대담하였다. 나는 유카코를 1996년 9월에 처음 만나고 다음 해인 1997년 7월 7일까지 아센션 칼리지에서 함께 지냈다. 우리는 종교 간 대화와 이웃 종교에 대하여 자주 이야기를 나누었다. 유카코는 일본기독교협의회(NCCJ) 안에 있는 일본의 일본적 종교연구소의 연구위원이며 국제일본선불교연구원의 실무자이기도 하다. 유카코는 한때 성공회에 다녔고 20대 초까지는 근본주의 신앙을 가졌었다. 24세에 불교 가르침을 받아들인 후에 일본연합그리스도교에 가입하여 1987년 목사 안수를 받았다. 유카코는 교토에 있는 하나조노 대학교에서 불교인들에게 기독교를 가르친다. 유카코의 주요 관심사는 13세기 선불교 철학자 도겐이다. 예수와 도겐에 관한 책을 쓰고 있다(Andrew Wingate, "Yukako Matsuoka," *News and Views* 22[March 1997], Selly Oak Colleges). 유카코는 1990년에 700명의 젊은이들과 평화선을 타고 20여 개국을 돌아다녔다. 종교 간, 부족 간 갈등이 있는 나라, 예를 들면 베트남, 사이프러스, 쿠바, 인도와 스리랑카 등을 방문하였다.

한다고 말하였다.

나는 버밍엄대학과 셀리옥에서 불교를 가르치는 라모나[12]를 아센션 칼리지의 종교 간 대화 프로그램에서 여러 차례 만났다. 라모나와 신앙의 상호 이해를 위한 바람직한 자세에 대하여 인터뷰를 하였다. 라모나는 타 종교와의 만남에서 가져야 할 태도와 관점은 무엇보다도 타 종교를 판단하려는 태도를 버려야 한다고 말했다. 그리고 타 종교에서 온 사람에 대해 애정을 가지고 대해야 하고, 상호이해와 대화를 통하여 타 종교에 대한 자신의 편견을 없애야 한다고 말하였다.

인터뷰에서 라모나는 자신의 신앙 여정을 말하였다.

내가 불교를 접하기는 35년 전이에요. 길을 걷고 있던 다마 파다라는 스님이 길을 물었어요. 그때 나는 그에게 바르게 길을 안내해 주었지요. 그 후 그 스님을 다시 보지는 못했어요. 아직 내가 다른 종교를 생각할 준비가 아직 안 되었지요. 스님이 길에서 준 다마의 책을 읽었습니다. 그때부터 불교를 믿게 되었지요. 그 책을 통해서 내가 알고자 하는 것을 알게 되었습니다. 1972년 나는 영국에 왔습니다. 그때 불교사상을 실천하는 사람들에게서 불교를 배웠습니다. 그때는 불교 서적이 아니라 사람들로부터 배운 거지요. 스코틀랜드에서 나는 불교 신앙 공동체에 머물렀습니다. 거기서

---

12 1997년 7월 3일 영국의 불교학자 라모나와 대담하였다. 라모나는 로마 가톨릭 신자이다. 라모나의 언니는 프란시스코 수도회의 수녀이고 아저씨는 예수회의 수사이다. 1986년 이후 다종교, 다인종, 다문화의 도시인 버밍엄에서 종교 간 대화에 참여하고 있다. 버밍엄 종교협의회의 회원이고 의장도 맡았었다. 라모나는 1981년에 메리 홀 박사의 '종교간대화센타'에 참여한 후 15년 동안 활동하여 오고 있고 셀리옥 칼리지에서 불교를 가르친다.

인생에 관한 진리를 많이 배웠습니다. 다른 신앙을 가진 사람들과 토론할 필요가 없었지요. 나는 잔디가 초록색이라는 것을 압니다. 내가 그 사실을 안다는 것은 분명합니다. 어떤 사람이 잔디가 붉은색이라고 말하면 결코 그 말을 받아들일 수 없지요. 왜냐하면 나는 잔디가 초록색이라는 사실을 알기 때문이지요. 1975년 불교를 나의 거처로 삼았습니다. 말하자면 사람들에게는 종교라는 거처가 필요합니다. 나는 불교가 내 인생의 길이라 생각되어 불교를 나의 쉼터로 삼았듯이, 어떤 사람은 힌두교를, 어떤 사람은 이슬람이나 그리스도교를 거처로 삼게 되지요.

라모나는 달관한 사람같이 아주 차분하게 자신의 영적 여정을 말해 주었다. 그리고 모든 사람은 영적 존재라고 말하였다.

나는 모든 사람은 영적인 존재라고 생각합니다. 사람들은 자신의 영성을 표현할 필요가 있습니다. 어떤 사람은 자신의 영성을 어렵게 표현하기도 합니다. 어떤 면에서는 개인의 영성이 표현될 필요가 있습니다. 그렇지 않으면 사람들은 스스로 평화롭지 못하지요. 예술, 음악, 문학, 음식 등과 같은 형식을 통해서 사람들은 자신의 영성을 나타냅니다. 교회나 사원에서 예배를 드리는 사람들만이 아니라, 모든 사람이 자기 나름대로의 방법으로 자신의 영성을 드러낸다고 생각합니다.

특히 라모나는 타 종교를 판단하려는 태도는 대화에 있어 위협적인 요소가 된다고 강조하였다.

사람이 남을 판단하는 태도를 취하게 되면 종교 간 대화에서 상대방을 위협하는 일이 됩니다. 애정을 가지고 타 종교인을 대해야 합니다. 그러므로 종교 간의 대화에서 남을 비판하지 않는 태도가 우선적으로 고려되어야 한다고 봅니다. 우리가 종교에 너무 열정적이어도 위험합니다. 다른 사람의 영성을 구속하게 만들거든요. 그러므로 다른 사람들도 같은 영성을 가진 사람이라고 이해하여야 합니다. 그러한 관점으로 타 종교를 바라보아야 자신이 가지고 있는 편견을 제거할 수 있습니다. 종교 간의 대화에 신실한 자세로 임하더라도 사람들은 갑자기 어려움을 겪게 되기도 합니다. 결국에는 타 종교는 자신의 종교와 자신의 영성과는 다르다는 것을 발견하기 때문이지요. 그러나 그러한 위험을 감수하고라도 종교 간 대화를 가져야 한다고 봅니다. 왜냐하면 그러한 자세를 통해서 자신 안에 있는 더 넓고 깊은 영성을 알게 되기 때문입니다. 제 경험에 의하면, 이러한 자세로 종교 간 대화를 가질 때, 오히려 나의 영성 생활을 강화하였습니다.

스리랑카에서 온 페르난도[Abraham Ferando]와 란지니[Ranjini]13 부부의 경우는 서로 종교가 다른 사람이 결혼하였을 때 대화와 관용 정신, 상호 이해와 존중이 얼마나 중요한지를 보여준다. 란지니를 인터뷰하면서 느낀 것은 세계 어느 곳에서나 인간이 사는 곳에서는 비슷한 문제점을 안고 있다는 사실이다. 여기에서 그리스도인인 페르난도[Abraham Ferando]보다도 불교도인 란지니가 더 포용성을 가지고 있다는 것을 볼

---

13 페르난도는 스리랑카 콜롬보 웨슬리대학의 부학장이고 버밍엄대학에서 석사과정을 하고 있다. 그가 다니는 교회의 주일학교의 교장이기도 하다. 페르난도의 부인, 란지니는 스리랑카 라트나푸라에 있는 프린스톤 국제학교의 교장이다. 란지니는 불교인이다. 1976년 페르난도와 결혼한 이후 개종하지 않고 21년 넘게 조화롭고 평화롭게 각각 자신의 신앙을 지키며 살고 있다. 결혼하기 전에는 페르난도는 란지니를 기독교로 개종시키기 위해 부단히 노력했으나 포기하고 오히려 란지니의 불교 신앙을 존중하고 있다.

수 있었다. 이러한 사실은 일반적으로 기존의 그리스도교의 교리가 타 종교에 대하여 배타적이기 때문에 오는 결과로 보인다. 란지니는 예수를 부처와 같이 깨달은 사람으로 여기고 있으므로 예수를 존경한다고 하였다. 그녀는 비록 불교 신자이지만, 주일에는 남편 페르난도를 따라 교회에 출석하여 예배를 드린다고 하였다. 또한 란지니가 절에 갈 때는 남편도 그녀를 따라간다고 하였다.[14]

유카코가 이해하고 있는 것과 마찬가지로 모든 종교는 남에게 선을 베풀고 인류의 행복과 복지를 위해 좋은 일을 하라고 가르친다고 란지니도 말하였다. 불교는 진리 추구와 자아 발견, 개인의 체험을 통하여 선을 실천하고 그리스도교는 믿음을 통하여 선한 일을 하라고 가르치고 있다고 란지니는 나름대로 이해하였다. 그리고 란지니는 그리스도인들이 관용의 정신을 가져야 한다고 강조하면서 자신의 종교관을 폈다.

나는 공동선共同善을 위하는 종교는 모두 존중합니다. 나는 자녀들에게 어떤 특정한 종교를 가지라고 강조하지 않아요. 아이들이 자유의지로 자신의 종교를 선택하도록 배려합니다.

란지니는 종교 간의 대화에서 타 종교에 대한 올바른 이해와 관용 정신을 강조하였다.

---

14 페르난도와 대담하는 중에 나를 더 놀랍게 했던 것은 신실한 기독교 신자인 페르난도 누이는 불교 신자와 결혼했다는 것이다. 페르난도 매제는 예수나 부처님 두 분 모두 깨달은 사람으로 존경하고 있기 때문에 교회에도 출석하고 있다는 것이다.

종교 간 대화에 있어서 가장 중요한 것은 타 종교인의 신앙을 올바로 이해하는 것이다. 타 종교인의 생각과 종교 실천에 관용의 정신을 가져야 타 종교를 올바로 이해할 수 있다고 생각합니다. 관용과 이해의 정신을 통하여 타 종교에 대한 존중심이 생기거든요. 제 경험에 의하면 종교 간 대화는 나와 다른 신앙인과 다른 삶의 방법, 다른 신앙을 이해하게 하지요. 그리고 종교 간 대화는 사람들이 살고 있는 세계를 더 넓게 이해하게 만들어요. 이러한 사고는 다양한 생각을 가지고 사는 사회에서 서로가 조화롭게 살게 만들어 갑니다.

버밍엄에서 타 종교인들과 함께 프로그램을 진행하는 성공회 동정녀 성모 마리아 수도회의 수녀 스텔라Sister Stella15와도 인터뷰하는 시간을 가졌다. 스텔라 수녀는 힌두교인, 시크교도, 불교인과 무슬림인들과 종교 간 대화를 하며 함께 묵상하는 프로그램을 인도하는 수녀이다. 또한 스텔라 수녀는 영성이 깊으면서도 지역사회를 잘 돌보는 활동가며 신학적으로는 아주 진보적인 지도자이다. 스텔라 수녀는 부활하여 우주적인 그리스도가 된 예수와 역사적 예수를 구분하여 말하였다. 우주적 그리스도란 그리스도교 밖의 문화로 나타나거나 체험되는 그리스도를 말한다고 정의하였다. 그녀는 말씀이 육신이 되었다는 것을 중요하게 생각한다고 하였다. 그러므로 타

15 스텔라는 버밍엄 근교의 스메쓰윅(Smethwick)의 성마리아동정녀수도회의 수녀이다. 1992년 이후 불교인, 시크교도, 힌두교인, 무슬림 등 이웃 종교인들과 한 달에 한 번 함께 하는 명상 시간을 가지고 있다. 스텔라 수녀는 버밍엄에 사는 무슬림과 시크교도 가정을 방문하고 그들을 위해 기도해 주며 이웃 종교인들의 필요한 사항을 살피고 있다. 나는 1997년 6월 20일 수녀원에 찾아가 스텔라 수녀가 인도하는 명상 모임에 참석하였다. 다양한 이웃 종교인 지도자 11명이 모였다. 7월 10일 나는 수녀원에 다시 찾아가 스텔라 수녀와 대담을 하였다.

종교의 이야기와 다른 종교 경전의 말씀을 듣고 응답할 필요가 있다고 하였다. 특히 관상기도와 타 종교의 신비적인 체험과 전통에 관심을 가진 스텔라 수녀는 타 종교인 안에서도 그리스도교의 진리를 부분적으로 볼 수 있다고 하였다.

> 성령에 의한 진리의 완전한 계시가 아직 개종하지 않는 신앙인의 지혜와 직관을 통해서 부분적으로 실현되기를 바라고 있지요. 종교 간 대화에서는 예의가 있어야 하고 다른 사람의 신앙을 겸손하게 들어주는 자세는 가장 중요하다고 봅니다.

타 종교인과 만남과 종교 간 대화를 말하고 실천하는 전문가를 통하여 나는 관용 정신과 동정심, 존중심과 판단하지 않는 태도가 서로를 이해하고 존중하는 데 있어 무엇보다도 중요하다고 정리하였다. 라모나가 주장한 것과 같이 타 종교의 신앙인도 우리가 똑같은 영성을 가지고 있는 존재라는 것을 이해하기 위해서는 타 종교에 대한 자신의 편견을 버려야 한다고 본다. 영국에서 있었던 종교 간 대화 프로그램과 인터뷰를 통해서 나는 한국의 다원종교 사회 속에서 종교 간의 대화를 실천해야겠다는 결심을 하게 되었다. 버밍엄에서의 종교 간 대화 경험도 한국의 다원종교 사회에 적용해 볼 수 있는 좋은 기회를 주었다.

이상과 같은 신앙 여정과 경험을 통해서 나는 서구 신학적인 관점에서 동양 신학적 관점으로 성서를 이해하고 신앙에 대한 새로운 이해를 갖게 되었다. 동양적인 신앙 이해는 나에게 타 종교에 대한 관용 정신과 한국문화를 수용하고 발전시킬 수 있는 혜안을 주었다.

하느님은 모든 종교 안과 밖에 존재하고, 어느 종교의 교리에 갇혀 있지 않는 분이라는 사실이다. 이러한 하느님을 인간들의 편견과 편협한 교리로 하느님의 활동 영역을 제한하고, 그 교리로 서로 정죄하고 미워한다. 모든 교리와 종파를 넘어 활동하시는 하느님을 이해하면서 나는 모든 인류가 하느님의 백성이요, 하느님의 아들, 딸이라는 열린 시각을 자연스럽게 갖게 되었다. 이러한 시각은 나로 하여금 타 종교인들을 나의 형제자매로 그리고 타 종교를 이웃 종교로 이해하게 하였다.

참고문헌

1. 류영모 일차자료

단행본

유영모. 『中庸 에세이』. 박영호 편, 서울: 선천문화재단, 1994.

_____. 『老子 에세이』. 박영호 편, 서울: 홍익재, 1993.

_____. 『다석강의』. 다석학회 편, 서울: 현암사, 2006.

_____. 『多夕語錄』. 박영호 편, 서울: 홍익재, 1993.

_____. 『多夕日誌』 卷一. 서울: 홍익재, 1990.

_____. 『多夕日誌』 卷二. 서울: 홍익재, 1990.

_____. 『多夕日誌』 卷三. 서울: 홍익재, 1990.

_____. 『多夕日誌』 卷四. 서울: 홍익재, 1990.

에세이

유영모. "나의 一, 二, 三, 四." 「청춘」 2호 (1914).

_____. "부르신지 三十八年만에." 「성서조선」 157호 (1942. 2).

_____. "消息. 四: 우리가 뉘게로 가오리까." 「성서조선」 158호 (1942. 3).

_____. "奇別: 落傷有感." 「성서조선」 152호 (1941. 9).

_____. "저녁 찬송." 「성서조선」 139호 (1940. 8).

_____. "活潑." 「청춘」 6호 (1915).

_____. "農牛." 「청춘」 7호 (1915).

_____. "오늘." 「청춘」 14호 (1918).

_____. "無限大." 「청춘」 15호 (1918).

_____. "南崗 李先生님!" 「동명」 (1922. 8).

_____. "故 三醒 金貞植 先生." 「동명」 100호 (1937. 5).

_____. "湖岩 文一平 兄이 먼저 가시는데." 「동명」 124호 (1939. 5).

_____. "決定함이 있으라." 「성서조선」 135호 (1940. 4).

_____. "消息." 「성서조선」 154호 (1941. 11).

_____. "消息. 二." 「성서조선」 155호 (1941. 12).

_____. "消息. 三." 「성서조선」 156호 (1942. 1).

2. 류영모 연구문헌

단행본

김흥호.『다석일지 공부』1-7권. 서울: 솔, 2001.

_____.『제소리』. 서울: 풍만, 1986.

_____.『柳永模의 명상록』I, II. 서울: 선천문화재단, 1998.

박영호 편.『多夕 柳永模의 명상록』. 서울: 두레, 2000.

_____.『多夕 柳永模의 생애와 사상』상. 서울: 문화일보, 1996.

_____.『多夕 柳永模의 생애와 사상』하. 서울: 문화일보, 1996.

_____.『多夕 柳永模의 불교사상』. 서울: 문화일보, 1995.

_____.『多夕 柳永模의 기독교사상』. 서울: 문화일보, 1995.

_____.『多夕 柳永模의 유교사상』상. 서울: 문화일보, 1995.

_____.『多夕 柳永模의 유교사상』하. 서울: 문화일보, 1995.

_____.『多夕 柳永模의 생각과 믿음』. 서울: 문화일보, 1995.

_____.『多夕 思想精解』. 卷一. 서울: 홍익재, 1994.

_____.『동방의 성인 다석 류영모』. 서울: 무애, 199IV.

_____.『오늘』. 서울: 성천문화재단, 1993.

_____.『씨알: 多夕 柳永模 의 生涯와 思想』. 서울: 홍익재, 1985.

논문

김선보. "多夕 柳永模 의 宗敎觀."「씨알마당」126-127호 (1995).

강돈구. "多夕 柳永模의 宗敎思想 1, 2."「한국정신문화 연구」65-66호 (한국정신문
　　　화연구원, 1996, 1997).

박경서. "다석 류영모의 그리스도 신앙이해." 한신대학교 대학원 석사학위 논문,
　　　1995.

이정배. "기독론의 한국적, 생명신학적 연구."『조직신학으로서 한국생태신학』.
　　　서울: 감신, 1996.

최인식. "그리스도의 유일성과 보편성."『다원주의 시대의 교회와 신학』. 천안: 한
　　　국신학연구소, 1995, ²1998.

_____. "다석 류영모의 그리스도 이해."「宗敎硏究」11집 (1995).

심일섭. "多夕 柳永模의 東洋的 基督敎 信仰 연구."「학술논문집」27호 (강남대학
　　　교, 1996).

_____. "다석 류영모의 종교다원사상과 토착신앙."「기독교사상」1993년 10월호.

정양모. "多夕 柳永模 先生의 信仰."「宗敎神學硏究」6집 (1994).

Park, Myung-woo. "Building a Local Christian Theology in the Context of Korean Religious Pluralism: A Critical Analysis of the Theology of Ryu Yŏng-mo (1890-1981)." Ph.D. Diss., the University of Edinburgh, 2001.

3. 일반 참고문헌

강영계. 『기독교 신비주의의 철학』. 서울: 철학과현실사, 1992.
공자. 『論語』. 계명원 역. 서울: 삼중당, 1975.
______. 『大學 ㆍ 中庸』. 김학주 역. 서울: 명문당, 1985.
김하태. 『東西哲學의 만남』. 서울: 종로서적, 1985.
맹자. 『孟子』. 호경진 역. 서울: 청하출판사, 1988.
변선환. 『한국적 신학의 모색』. 천안: 한국신학연구소, 1997.
원효 ㆍ 의상 ㆍ 지눌. 『韓國의 佛教思想』. 이기영 역. 서울: 삼성출판사, 1976.
윤이흠. 『宗教多元主義와 宗教倫理』. 서울: 집문당, 1991.
이성배. 『儒教와 그리스도교』. 왜관: 분도출판사, 1979.
장자. 『莊子』. 조관희 역. 서울: 청하출판사, 1988.
장재. 『正蒙』. 정해왕 역. 서울: 명문당, 1991.
정병조. 『韓國宗教思想史』. 서울: 연세대학교 출판부, 1992.
______. 『周易』. 최완식 역. 서울: 혜원출판사, 1990.
주희. 『朱子四書語類』. 上海: 상해고적출판사, 1992.
______. 『朱熹四書集註』 I-II. trans. Han Sang-kap. 서울: 삼성출판사, 1976.
한기두. 『한국불교사상연구』. 서울: 일지사, 1985.
______ 외. 『한국불교』. 서울: 한겨레신문사, 1992.
함석헌. 『씨알의 옛글풀이』. 서울: 삼인사, 1982.

4. 영문 단행본과 논문

Abe, Masao. *Zen and Western Thought.* Honolulu: University of Hawaii Press, 1985.
Adam, A. K. M. *What is Postmodern Biblical Criticism?* Minneapolis: Fortress Press, 1995.
Allen, E. L. *Christianity Among the Religions.* London: George Allen & Unwin, 1960.
Anderson, H. & F. Stransky. *Christ's Lordship and Religious Pluralism.* New York: Orbis, 1981.
Ariarajah, S. Wesley. "Today's a Theology of Dialogue." in *Interreligious Dialogue.*

ed. Rechard W. Roussau. Montrose, Pa.: Ridge Row Press, 1981.

Aśvaghoṣa. *The Awakening of Faith in the Mahayna*. Surrey: Shrine of Wisdom, 1964.

Barrett, William. *Zen Buddhism: Selected Writings of D.T. Suzuki*. New York: Doubleday Anchor Book, 1958.

_____. *Basic Writtings of Mo Tzu, Hsün Tzu and Han Fei Tzu*. trans. Burton Watson. New York: Columbia University Press, 1963.

Berling, Judith A. *The Syncretic Religion of Lin Chao-en*. New York: Columbia University, 1980.

Bevans, Stephen B. *Models of Contextual Theology*. New York: Orbis, 1992

Bilington, Ray. *East of Existentialism: The Tao of the West*. London: Unwin, 1990.

_____. *Understanding Eastern Philosophy*. London: Routledge, 1997.

Blakney, R. H. trans. *Meister Eckhart*. New York: Harper and Brothers, 1941.

Bracken, Joseph A. S. J. *The Divine Matrix: Creativity as Link between East and West*. New York: Orbis, 1995.

Broad, C. D. *Religion, Philosophy, and Psychical Research*. N.Y.: Harcourt, Brace and Company, Inc., 1953.

Bruce, J. Persy. *Chu Hsi and his Masters*. London: Probsthain, 1923.

Chae, Taeg-su. "Son Philosophy." In *Buddhist Thought in Korea*, ed. by The Korean Buddhist Research Institute, 38-65. Seoul: Dongguk University Press, 1994.

Chan, Wing-Tsit. *A Source Book in Chinese Philosophy*. Princeton: Princeton University, 1973.

Chang, Chong-sik. "Minjung Theology: Postcolonial Critique." Ph.D. Disser., The University of Birmingham, 2002.

Chang, Cursum. *The Development of Neo-Confucian Thoughts*. New York: Bookman Associates, 1957.

Ching, Julia. *Mysticism and Kingship in China*. Cambridge: Cambridge University Press, 1997

_____. *Chinese Religions*. New York: Orbis, 1993.

_____. *Confucianism and Christianity*. Tokyo: Kodansha International Ltd., 1977.

_____ and Küng, Hans. *Christianity and Chinese Religions*. N.Y.: Orbis, 1988.

Clark, C. A. *Religions of Old Korea*. Seoul: CLS, 1961.

Clasper, Paul. *Eastern Paths and the Christian Way*. New York: Orbis, 1980.

Cleary, Thomas. *The Flower Ornament Scripture*. Boston: Shambhala Publications, 1993.

Chop, Rebecca S. & Mark L. Taylor. *Reconstructing Christian Theology*. Minneapolis: Fortress Press, 1994.

Chung, Edward Y. J. *The Korean Neo-Confucianism of Yi T'oegye and Yi Yulgok: A Reappraisal of the "Four-Seven Thesis" and Its Practical Implications for Self-Cultivation*. N. Y.: State University of New York Press, 1995.

Cobb, John. B. Jr. *Beyond Dialogue*. Philadelphia: Fortress Press, 1982.

_____. *Christ in A Pluralistic Age*. Philadelphia: Westminster Press, 1975.

_____ and C. Ives. eds. *The Emptying God: A Buddhist-Jewish-Christian Conversation*. New York: Orbis, 1990.

_____ and David Ray Griffin. *Process Theology: An Introdutory Exposition*. Belfast: Christian Journals Limited, 1977.

Collins, Steven. *Selfless Persons*. Cambridge: Cambridge University Press, 1992.

Conward, H. *Pluralism and World Religions*. New York: Orbis, 1985.

Conze, Edward. *Selected Saying from the Perfection of Wisdom*. Boulder: Prajna Press, 1978.

_____. *Buddhist Thought in India*. Michigan: the University of Michigan, 1967.

_____. *Buddhist Scripture*. London: penguin Books, 1959.

_____. trans. *Buddhist Texts Through the Ages*. Oxford: Oneworld, 1997.

Coward Harold. *Sacred Word and Sacred text*. New York: Orbis, 1988.

Dasgupta, S. B. *An Introduction to Tantric Buddhism*. Berkeley: Shambhala, 1974.

Davaney, Sheila Greeve. ed. *The Theology at the End of Modernity*. Philadelphia: Trinity Press International, 1991.

Davies, O. trans. *Meister Eckhart: Selected Writings*. London: Penguin Books, 1994.

D'Costa, G. ed. *Christian Uniqueness Reconsidered*. N. Y.: Orbis, 1990.

_____. *Theology and Religious Pluralism*. Oxford: Basil Blackwell, 1986.

_____. *John Hick's Theology of Religions: A Critical Evaluation*. Laxham: University press of America, 1987.

De Silva, Lynn A. *The Problem of the Self in Buddhism and Christianity*. London Macmillan Press LTD, 1975.

_____. *Dhammapada* (法句經). Bangalore: Buddha Vacana Trust, 1987.

Dumoulin, Heinrich. *Zen Enlightenment: Origin and Meaning*. N.Y.: Weatherhill, 1979.

Dunne, John S. *The Way of All the Earth*. New York: Macmillan, 1972.

Egan, Harvey D. *Christian Mysticism*. New York: Pueblo Publishing Co., 1984.

Evans, C. de B. trans. *Meister Eckhart*. London: John M. Watkins, 1924.

Finley, James. *Merton's Palce of Nowhere*. Indiana: Ave Maria Press, 1985.

Fredericks, James L. *Faith among Faith: Christian Theology and Non-Christian Religions*. New York: Paulist Press, 1999.

Fung Yu-lan. *A History of Chinese Philosophy*. Vol. I, II, trans. Derk Bodde. Princeton: Princeton University Press, 1983.

_____. *The Spirit of Chinese Philosophy*. trans. E. R. Hughes. Boston: Beacon Press, 1967.

Giles, Hebbert A. trans. *Chuang Tzu*. London: George Allen & Unwin LTD, 1961.

Goulder, Michael. *Why Believe in God?* London: SCM, 1994.

Grayson, James H. *Early Buddhism and Christianity in Korea*. Leiden E. J. Brill, 1985.

Hakeda, Yoshito S. *The Awakening of Faith: Attributed to Asvanghosha*. New York: Columbian University, 1967.

Harnack, Adolph. *What is Christianity?* trans. Thomas B. Saunders. New York: G. P. Putnam's Son, 1901.

Hartshorne, Charles. "Pantheism and Panentheism." *The Encyclopedia of Religion*. Vol. II, ed. By M. Eliade. New York: Macmillan, 1987.

Heim, S. Mark. *Salvations: Truth and Difference in Religion*. N. Y.: Orbis, 1995.

Heine, Steven. ed. *Zen and Comparative Studies*. London: Macmillan Press, 1997.

Hick, John. *The Fifth Dimension*. Oxford: Oneworld Publication, 1999.

_____. *The Myth of God Incarnate*. London: SCM, 1993.

_____. *Problems of Religious Pluralism*. New York: St. Martin Press, 1985.

_____. *God has Many Names*. Philadelphia: Westminster Press, 1982.

_____. *God and the Universe of Faiths*. New York: St. Martin's Press, 1973.

_____. *The Existence of God*. London: Macmillan, 1964.

_____. and Knitter, Paul. F. ed. *The Myth of Christian Uniqueness*. N. Y.: Orbis, 1998.

_____. et al. *More than One Way?: Four Views on Salvation in a Pluralistic World*. Michigan: Zondervan Publishing House, 1995.

_____. and Hebblethwaite, B. ed. *Christianity and Other Religions*. Glasgow: Fount, 1980.

_____. & Arthur C. McGill, ed. *The Many-faced Argument*. London: Mcmillan, 1968.

Hokins, Jasper. trans. "De docta ignorantia." ch. 24, *Nicholas of Cusa on Learned Ignorance: A Translation and an Appraisal of De docta ignorantia*. Minneapolis: A. J. Banning Press, 1981.

Humphreys, Christmas. *A Popular Dictionary of Buddhism*. Surrey: Curzon, 1997.

Israel, M. *An Approach to Mysticism*. Kent: The Courier Printing Co., 1968.

Ives, Christopher. *Zen Awakening and Society*. Honolulu: University of Hawaii Press, 1994.

James, E. O. *The Concept of Deity: A Comparative and Historical Study*. London: Hutchinson's University Library, 1950.

James, William. *The Varieties of Religious Experience*. Brace and Company, Inc., 1953.

Johnston, William. *Arise, My Love: Mysticism for a New Era*. N.Y.: Orbis, 2000.

_____. *The Still Point: Reflection on Zen and Christian Mysticism*. Seventh Printing, New York: Fordham University Press, 1998.

_____. *The Mirror Mind: Zen – Christian Dailogue*. New York: Fordham University Press, 1990

_____. *The Inner Eye of Love: Mysticism and Religion*. London: Collins, 1978.

_____. *Christian Zen*. N. Y.: Harper & Row Publisher, 1971.

Jones, C., Wainwright G. & E. Yarnold. eds. *The Study of Spirituality*. London: SPCK, 1986.

Kajiyama, Yuichi. "Three Kinds of Affirmation and Two Kinds of Negation in Buddhist Philosophy." *Wiener Zeitschrift für die kunde Südaseins und Archiv für Indische Philosophie*. 1973.

Kalton, Michael C. ed. *The Four-Seven Debate: An Annotated Translation of the most famous Controversy in Korean Neo-Confucian Thought*. New York: State University of New York Press, 1994.

Kaufman, Gordon D. *God, Mystery, Diversity: Christian Theology in Pluralistic World*. Minneapolis: Fortress Press, 1996.

_____. *An Essay on Theological Method*. Atlanta: Scholar Press, 1995.

_____. *God The Problem*. Massachusetts: Harvard University, 1972.

Keel, Hee-sung. *Chinul: The Founder of the Korean Sŏn Tradition*. Seoul: Po-chin-chaip Ltd., 1981.

Kim, Duk-whang. *A History of Religions in Korea*. Seoul: Daeji Moonhwa-sa, 1988.

Kim, Sung-hae. *The Righteous and the Sage: A Comparative Study on the Ideal Images of Man in Biblical Israel and Classical China*. Seoul: Sogang University Press, 1985.

King, W. L. "East-West Religious Communication." *The Eastern Buddhist* I/2(New Series, Otani University, 1966), 91-110.

Klein, Anne. *Knowledge and Liberation: The Sautrāntika Tenet System in Tibet*. Ithaca,

New York: Snow Lion Publishions, 1986.

Knitter, Paul F. *Introducing Theologies of Religions*. New York: Orbis, 2002.

_____. *Jesus and the Other Names: Christian Mission and Global Responsibility*. Oxford: Oneworld, 1996.

_____. *No Other Name?* London: SCM Press, 1985.

Korean Overseas Information Service. *Korea Basic* 1995. Seoul, 1995.

_____. *Religions in Korea*. Seoul, 1986.

Kwok, Pui-lan. *Discovery the Bible in the Non-Biblical World*. New York: Orbis, 1995.

Lao Tzu. *Tao Te Ching*. trans. by John C. H. Wu. Boston & London: Shambhala, 1990.

_____. *Tao Te Ching*. trans. by Ch'u Ta-Kao. London: George Allen & Unwin, 1985.

_____. *Tao Te Ching*. trans. by Gia-Fu Feng & J. London: Wildwood House, 1978.

Lau, D. C. *Mencius*. London: Penguin Books, 1970.

Leaman, Oliver. *Eastern Philosophy*. London: Routledge, 2000.

Lee, Jung-young. *The Trinity in Asian Perspective*. Nashville: Abingdon Press, 1996.

_____. *The Theology of Change: A Christian Concept of God in an Eastern Perspective*. New York: Orbis Books, 1979.

_____. *Death and Beyond in the Eastern Perspective*. New York, 1974.

_____. *Cosmic Religion*. N. Y.: Philisophycal Library, 1973.

Lefebure, L. D. *The Buddha & the Christ: Explorations in Buddhist and Christian Dialogue*. N.Y.: Orbis, 1993.

Legge, James. *The Texts of Taoism*. Vol. I, II. New York: Dover, 1962.

_____. trans. *Confucius: Confucian Analects, The Great Learning & The Doctrine of the Mean*. New York: Dover, 1971.

_____. trans. *The Works of Mencius*(孟子). vol. I-II. Taipei: Wen hsing shu tien, 1966.

Leong, Kenneth S. *The Zen Teachings of Jesus*. New York: Crossroad, 1999.

Lin, Yutang. *My Country and My People*. New York: John Day, 1935.

Lopez, Donald S. Jr. *The Heart Sūtra Explained: Indian and Tibetian Commentaries*. New York: State University of New York Press, 1988.

Malalasekera, G. P. *The Buddha and his Teachings*. Ceylon: the Buddhist Council of Ceylon, 1957.

Matilal, B. K. *Epistemology, Logic, and Grammar in Indian Philosophical Analysis*. The Hague: Mouton, 1971.

Matteo Ricci, S.J. *The True Meaning of the Lord of Heaven*(天主實義). St. Louis: The

Institute of Jesuit Sources, 1985.

Mascarro, Juan. trans. *The Upanishads*. Middleessex: Penguin Books, 1970.

_____. *The Bhagavad Gita*. London: Penguin, 1962.

Merton, Thomas. *Mystics and Zen Masters*. New York: The Noonday Press, 1996.

_____. *Zen*. London: Shelton Press, 1976.

_____. *The Asian Journal of Thomas Merton*. NY: New Directions Books, 1975.

_____. *The Seven Storey Mountain*. New York: Sheldon Press, 1975.

_____. *The Way of Chuang Tze*. London: Unwin Books, 1975.

_____. *Contemplative Prayer*. Essex: DLT, 1973.

_____. *Zen and the Birds of Appetite*. New York: New Directions, 1968.

_____. *The Ascent to Truth*. London: Hollis & Carter, 1951.

_____. *Seeds of Contemplation*. London: Hollis & Carter, 1949.

Miura, Hiroshi. *The life and Thought of Kanzo Uchimura*. Cambridge: William B. Eerdmans Publishing Co., 1996.

Moore, Charlse A. ed. *Essays in East-West Philosophy*. Honolulu: University of Hawaii Press, 1951.

Mullins, Mark R. *Christianity Made in Japan: A Study of Indigenous Movements*. Honolulu: University of Hawaii Press, 1998.

Murray, John Courtney. *The Problem of God: Yesterday and Today*. New Haven: Yale University Press, 1964.

Murti, T. R. V. *The Central Philosophy of Buddhism*. London: George Allen & Unwin, 1974.

Nagao, Gadjin. *the Foundational Standpoint of mādhyamaka Philosophy*. trans. John P. Keenan, New York: the State University of New York Press, 1989.

Needam, Joseph. *Science and Civilization in China, vol. 2: History of Scientific thought*. Cambridge: Cambridge University Press, 1956.

Nims, John F. trnas. *The Poems of St. John of the Cross*. Chicago: The University of Chicago Press, 1979.

Nishida, Kitaro. *Intelligibility and the Philosophy*. Tokyo: Maruzen Co. Ltd., 1958.

_____. *Last Writing: Nothingness and the religious Worldview*. Honolulu: University Press, 1987.

Northrop, F. S. C. *The Meeting of East and West*. New York: Macmillan, 1953.

Ogden, Schubert. *The Reality of God and Other Essays*. N.Y.: Harper & Row, 1966.

_____. *Is There Only One True Religion or Are There Many?* Dallas: Southern Methodist

University Press, 1992.

Otto, R. *Mysticism: East and West*. trans. L. Bertha and Rechenda C. Payne, New York: Living Age Books, 1957.

Panikkar, Raimundo. *The Unknown Christ of Hinduism*. Maryknoll, N.Y.: Orbis, 1981.

_____. "The Myth of Pluralism." *Myth Faith, and Hermeneutics*. New York: Paulist, 1979.

_____. *Intra-religious Dialogue*. New York: Paulist, 1978.

Phillips, Bernard. ed. *The Essentials of Zen Buddhism*. London: Rider & Co., 1963.

Pieris, A. *Love meet Wisdom: A Christian Experience of Buddhism*. N. Y.: Orbis, 1993.

Ralaula, Walpola. *What the Buddha taught*. New York: Grove Press, 1959; reprint, Evergreen Edition, 1962.

Race, Allan. *Interfaith Encounter: the Twin Tracks of Theology and Dialogue*. London: SCM, 2002.

_____. *Christian and Religious Pluralism*. London: SCM Press, 1983.

Ray Billington. *Understanding Eastern Philosophy*. London: Routledge, 1997.

Raymond, Dawson. trans. *The Analects*. Oxford: Oxford University Press, 1993.

Ryusei Takeda and John B. Cobb, Jr. "Mosa-Dharma and Prehensions: A Comparison of Nāgārjuna and Whitehead." *Philosophy of Religion and Theology*. Proceedings, American Academy of Religion, 1973.

Samartha, S. J. *Courage for Dialogue*. New York: Orbis, 1981.

_____. *One Christ, Many Religions: Toward a Revised Christology*. New York: Orbis, 1991.

Schilling, Paul. *God in an Age of Atheism*. Nashville: Abingdon Press, 1969.

Scholem, G. G. *Major Trends of Jewish Mysticism*. N. Y.: Schochen Books Inc., 1954.

Setton, Mark. *Chŏng Yagyong: Korea's Challenge to Orthodox Neo-Confucianism*. New York: State University of New York Press, 1997.

Shannon, William H. *Thomas Merton's Dark Path: The Inner Experience of a Contemplative*. N. Y.: Farrar. Straus. Giroux 1981.

Shim, Jae-ryong. *Korean Buddhism: Tradition and Transformation*. Seoul: Jimundang Publication, 1999.

Smith, Wilfred C. *The meaning and End of Religion*. Minneapolis: Fortress Press, 1991.

_____. *Towards a World Theology*. Philadelphia: Westminster, 1981.

_____. *The Faith of other Man*. New York: New American Library, 1963.

Stace, W. T. *Mysticism and Philosophy*. London: The Macmillan, 1980.

Stcherbatsky, F. Th. *Buddhist Logic*. Vol. I. New York: Dover Publishing, 1962.

Stead, Christopher. *Divine Substance*. Oxford: At The Clarendon Press, 1977.

Streng, Frederick J. *Emptiness: A Study in Religious Meaning*. Nashvill: Abingdon Press, 1967.

Sugirtharajah, R. S. *The Bible and the Third World*. Cambridge: Cambridge University Press, 2001.

_____. *Asian Biblical Hermeneutics and Postcolonialism: Contenting the Interpretation*. New York: Orbis, 1998.

_____. *The Postcolonial Bible*. Sheffield: Sheffield Press, 1998.

_____. ed. *Asian Faces of Jesus*. London: SCM, 1993.

_____. ed. *Frontiers in Asian Christian Theology*. New York: Orbis Books, 1994.

Suzuki, D. T. *The Field of Zen*. London: The Buddhist Society, 1980.

_____. *Mysticism: Christian and Buddhist*. London: Mandala Books, 1979.

_____. *Essays in Zen Buddhism*. Third Series, London: Rider & Company, 1958.

_____. *Zen Buddhism: Selected Writings of D. T. Suzuki*. ed. By William Barrett, New York: A Doubleday Anchor Books, 1956.

_____. & Erich From and Richard De Martino. *Zen Buddhism and Psychoanalysis*. held in Cuernvaca, Mexico in August 1957.

Swarupananda, Swami. Trans. *Srimad-Bhagavad-Gita*. Calcutta: Advaita Ashrama, 1972.

_____. *The Book of Changes(I Ching)*[『易經』]. trans. James Legge. N. Y.: Gramercy Books, 1996.

_____. *The Dhammaapada*(法句經). Dorset: Element, 1997.

_____. *The Diamond Sutra and The Sutra of Hui Neng*(金剛經과 六祖壇經). trans. A. F. Price and Wong Mou-Lam, Colorado: Shambhala Boulder, 1969.

_____. *The I Ching*(『易經』). trans. Richard Wilhelm, Reading: Cox & Wyman Ltd., 1984.

The Korean Buddhist Research Institute. ed. *Buddhist thought in Korean*. Seoul: Dongkuk University Press, 1994.

_____. *The History and Culture of Buddhism in Korean*. Seoul: Dongkuk University Press, 1993.

The Saddharma-Pundarika(The Lotus of the True Law, 法華經). trans. H. Karren, Oxford: Clarendon Press.

The Surangama Sutra(Leng Yen Ching, 楞嚴經). London: Rider & Company, 1969.

Tillich, Paul. *Systematic Theology*. Vol. I-III. Chicago: University of Chicago Press, 1951~1963.

Waldenfels, Hans. *Absolute Nothingness: Foundation for a Buddhist-Christian Dialogue*. New York: Paulist Press, 1980.

Waley, Arthur. *The Way and Its Power*. London: Unwin Books, 1934

Walshe, M. O'C. trans. and ed. *Meister Eckhart: Sermons & Treaties V*. Vol. I-III. Dorset: Element Books, 1987.

Ward, Graham. ed. *The Postmodern God*. Oxford: Blackwell, 1997.

Ward, Keith. *Concept of God*. Oxford: Oneworld, 1998.

Watts, Alan W. *The Way of Zen*. Middlesex: Penguin Books, 1957.

_____. *Tao: the Watercource Way*. Middlesex: Penguin Books, 1975.

Wilson, Andrew. ed. *World Scripture: A Comparative Anthology of Sacred Texts*. New York: Paragon House, 1995.

Wood, R. ed. *Understanding Mysticism*. London: The Athlone Press, 1980.

Wu, John C. H. *The Golden Age of Zen*. Taipei: The National War College, 1967.

Yagi, Seiichi and Leonard Swidler. *A Bridge to Buddhist-Christian Dialogue*. New York: Paulist Press.

Yang, Guen-Seok. "Korean Biblical Hermeneutics Old and New: A Criticism of Korean Reading Practices." Ph.D. Dissertation, the University of Birmingham, 1997.

Yi, T'oegye. *To Become a Sage: The Ten Diagrams on Sage Learning*. trans. and ed. Michael C. Kalton. New York: Columbia University, 1988.

Yu, Chai-shun. *Early Buddhism and Christianity*. Delhi: Motilal Banarsidass, 1981.

Zaehner, R. C. *Mysticism: Sacred and Profane*. N. Y.: Galaxy Book, 1961.